Medea in den
Untersuchungen zur ovidis

C000133005

Europäische Hochschulschriften

Publications Universitaires Européennes
European University Studies

Reihe XV

Klassische Sprachen und Literaturen

Série XV   Series XV
Philologie et littérature classiques
Classics

Bd./Vol. 62

PETER LANG

Frankfurt am Main · Berlin · Bern · New York · Paris · Wien

Christine Binroth-Bank

Medea in den Metamorphosen Ovids

Untersuchungen zur ovidischen Erzähl- und Darstellungsweise

PETER LANG
Europäischer Verlag der Wissenschaften

Die Deutsche Bibliothek - CIP-Einheitsaufnahme

Binroth-Bank, Christine:

Medea in den Metamorphosen Ovids : Untersuchungen zur
ovidischen Erzähl- und Darstellungsweise / Christine Binroth-
Bank. - Frankfurt am Main ; Berlin ; Bern ; New York ; Paris ;
Wien : Lang, 1994
    (Europäische Hochschulschriften : Reihe 15, Klassische
    Sprachen und Literaturen ; Bd. 62)
    Zugl.: Gießen, Univ., Diss., 1993
    ISBN 3-631-46721-4

NE: Europäische Hochschulschriften / 15

Angabe zur Umschlagabbildung:

Medea auf dem Drachenwagen (vgl. Met. 7, 218ff. 350ff).
Lucan. Calyx-Krater, circa 400 B.C. (N.B. Hunt Collections,
Fort Worth; D.v. Bothmer (Hrsg.), Wealth of the Ancient
World, Abb. 14)

D 26
ISSN 0721-3433
ISBN 3-631-46721-4

© Peter Lang GmbH
Europäischer Verlag der Wissenschaften
Frankfurt am Main 1994
Alle Rechte vorbehalten.

Printed in Germany 1   3 4 5 6 7

Für Elke

Vorwort

Die vorliegende Studie ist die weitgehend unveränderte Fassung meiner Dissertation, die im April 1993 vom Fachbereich 11 (Sprachen und Kulturen des Mittelmeerraumes und Osteuropas) der Justus-Liebig-Universität Gießen angenommen wurde.

An dieser Stelle gilt mein erster und herzlichster Dank Herrn Prof. Dr. Jochem Küppers, der die Arbeit in den wichtigsten Phasen ihrer Entstehung betreut und in jeder Weise gefördert hat. Seine immerwährende Gesprächsbereitschaft, seine kritischen Anregungen und Ratschläge wie auch seine persönlichen Ermutigungen waren mir stets eine wertvolle Hilfe. Weiterhin danke ich Herrn Prof. Dr. Manfred Landfester, dem zweiten Gutachter der Dissertation, für sein Interesse an ihrem Fortgang und seine hilfreichen Hinweise für die endgültige Fassung.

Herzlich danken möchte ich an dieser Stelle auch meinem akademischen Lehrer, Herrn Prof. Dr. Joachim Adamietz, für die vielfältige Förderung während meines Studiums; ihm verdanke ich den eigentlichen Anstoß zu dieser Arbeit.

Der Maria und Dr. Ernst Rink-Stiftung danke ich für die großzügige finanzielle Unterstützung, vor allem in Form eines Druckkostenzuschusses.

Besonderer Dank gebührt Herrn Dr. Peter Gummert für die sorgfältige Durchsicht des Manuskriptes, vor allem jedoch für sein beständiges Interesse an meiner Arbeit und seine große Geduld in zahlreichen fruchtbaren Diskussionen. Des weiteren danke ich Herrn Peter Kuhlmann sowie den Mitgliedern des Instituts für Alte Geschichte für die Hilfe bei der Lösung drucktechnischer Probleme.

Nicht zuletzt gilt mein persönlicher Dank meinen Eltern, die mir durch ihre Unterstützung mein Studium ermöglicht haben, sowie meinem Mann, der mir durch seine Ermutigungen und sein Verständnis sehr geholfen hat.

Gießen, im Juli 1993   Christine Binroth-Bank

Inhalt

I. Einleitung

Obgleich sich innerhalb der Forschung der zweiten Hälfte unseres Jahrhunderts zunehmend die Tendenz zu einer positiven Beurteilung Ovids abzeichnet[1], ist seine umfangreichste Schöpfung, die Metamorphosen, wenn auch das einflußreichste und bekannteste, doch immer noch das umstrittenste seiner Werke[2]. So besteht bis heute kein Konsens darüber, welcher literarischen Gattung die Metamorphosen zuzuordnen sind[3]. Während Heinze, der die Diskussion einleitete, sie als "typisch episch" einstufte[4], spricht zuletzt z.B. Holzberg in seiner Einführung zu den Metamorphosen stark einschränkend lediglich davon, daß sie nur aufgrund ihres Versmaßes "rein formal in gewisser Hinsicht der Gattung 'Epos' zuzuordnen" seien[5]. Gleichzeitig wird jedoch kein Zweifel daran gelassen, daß andere Gattungen[6], vor allem die Elegie und das

---

[1] Arbeiten wie die von H.Kienzle, Ovidius qua ratione compendium mythologicum ad Metamorphoseis componendas adhibuerit, Diss. Basel 1903 und A.Laudien, Studia Ovidiana, Diss. Greifswald 1905, die mythologische Handbücher als Vorbild für die Metamorphosen voraussetzen und Ovid jede dichterische Eigenständigkeit absprechen, zeigen, wie negativ das Werk Ovids noch zu Beginn dieses Jahrhunderts beurteilt wurde. Daß die Ovidforschung auch in der Folgezeit von Vorurteilen belastet blieb, wird deutlich durch W.Marg, Rez.: H.Fränkel, A poet between two worlds, Gnomon 21, 1949, 44-57, der nach einem Forschungsüberblick zu dem Schluß kommt: "Man muß Ovid loben, aber man mag ihn nicht" (ebd. 57).
[2] Ein ausführlicher Forschungsüberblick zu den Metamorphosen würde angesichts der umfangreichen und ständig anwachsenden Literatur zu diesem Thema den Rahmen dieser Arbeit sprengen, ich verweise daher auf: W.Kraus, Der Forschungsbericht: Ovid I, AAHG 16, 1963,1-14; M.v.Albrecht, Der Forschungsbericht: Ovid II, AAHG 25, 1972, 267-290; H.Hofmann, Ovids 'Metamorphosen' in der Forschung der letzten 30 Jahre (1950-1979), in: ANRW II 31,4, 1981, 2161-2273. Den neuesten Überblick gibt N.Holzberg, Einführung zu: P.Ovidius Naso, Metamorphosen in dt. Hexameter übertr. u. hrsg. v. E.Rösch, München 1988, 712-734.
[3] Vgl. dazu Holzberg 713-715.
[4] R.Heinze, Ovids elegische Erzählungen, SB Leipzig 71, 7, 1919, jetzt in: E.Burck (Hg.), R.Heinze: Vom Geist des Römertums, Darmstadt 1960, 308-403, stellt vor allem die Unterschiede zu Ovids zweitem größeren Werk, den in elegischen Distichen abgefaßten Fasten, heraus und sieht vor allem hiervon ausgehend in den Metamorphosen vielfach eine Fortsetzung der vergilischen Tradition. Die Gattungszugehörigkeit zum Epos betont auch B.Otis, Ovid as an Epic Poet, Cambridge 1966.
[5] Holzberg 720.
[6] Daß die Mischung verschiedener Gattungselemente in der antiken Literatur eine durchaus übliche Praxis darstellt, wurde erstmals ausdrücklich hervorgehoben von W.Kroll, Die

Drama, bedeutenden Einfluß auf die Gestaltung des ovidischen Epos genommen haben.

Noch sehr viel kontroverser ist die Diskussion über die Strukturprinzipien, den Aufbau und die erzählerischen Absichten des Werkes[7]. Die Ergebnisse, die hier nicht noch einmal im einzelnen referiert werden sollen, reichen von dem Versuch, einen exakten Bauplan des Werkes zu rekonstruieren, bis hin zu der eher resignierenden Feststellung, man könne im Bezug auf die Metamorphosen überhaupt nicht von Struktur sprechen[8]. Noch immer wird dabei das

Kreuzung der Gattungen, in: ders., Studien zum Verständnis der römischen Literatur, Stuttgart 1924, 202-224.

[7] Einen umfaßenden Überblick über die Diskussion um Struktur und Aufbau der Metamorphosen geben Holzberg 715ff; H.B.Guthmüller, Beobachtungen zum Aufbau der Metamorphosen Ovids, Diss. Marburg 1964, 1-13; J.Latacz, Ovids Metamorphosen als Spiel mit der Tradition, WJ N.F. 5, 1979, 133-155 hier 133ff; M.Dippel, Die Darstellung des trojanischen Krieges in Ovids Metamorphosen, Ffm 1988, 11-14.

[8] Es sei hier nur kurz auf die bedeutendsten der zahlreichen Strukturierungsversuche hingewiesen: Als unbestritten galt zunächst eine Dreiteilung der Metamorphosen in Urzeit (1,1 - 451), mythische Zeit (1,452 - 11,193) und historische Zeit (11,194 - 15,879), vgl. dazu Holzberg a.a.O. Der erste maßgebliche Versuch einer weitergehenden Strukturierung stammt von M.M.Crump, The Epyllion from Theocritus to Ovid, Oxford 1931, 263, der die 'mythische Zeit' noch einmal thematisch unterteilt in einen Teil, der überwiegend von Göttergestalten erzählt (1,452-6,420), und einen zweiten, in dem Helden vorherrschen (6,421 - 11, 193). Insgesamt zwölf nach genealogischen bzw. thematischen Gesichtspunkten geordnete Großteile unterscheidet W.Ludwig, Struktur und Einheit der Metamorphosen Ovids, Berlin 1965, der diese Großteile wiederum in drei Abteilungen zusammenfaßt, die der oben genannten Dreiteilung in Urzeit, Mythische Zeit und Historische Zeit entsprechen. Einen weiteren umfangreichen Versuch einer Strukturanalyse der Metamorphosen bietet die Arbeit von B.Otis, Ovid as an Epic Poet, Cambridge 1966. Er gliedert thematisch in vier Sektionen mit den Hauptthemen: 1.The Divine Comedy (met. 1 - 2); 2. The Avenging Gods (3 - 6, 400); 3. The Pathos of Love (6, 401 - 11); 4. Rome and the Deified Ruler (12 - 15). Diese Blöcke werden dann weiter untergliedert in zentrale Stücke, Rahmenhandlungen, Kontrasterzählungen. Nach Otis gehen die Anstrengungen, einen genauen "Bauplan" der Metamorphosen zu rekonstruieren, stark zurück. O.St.Due, Changing Forms, Studies in the Metamorphoses of Ovid, Diss Copenhagen 1974 hält es für besser, im Bezug auf die Metamorphosen das Wort 'Struktur' überhaupt nicht zu verwenden. G.K.Galinsky, Ovids Metamorphoses, Oxford 1975, 99 hält die schematische oder logische Anordnung der Geschichten für nebensächlich. In neuester Zeit tritt dagegen wieder eine Forschungsrichtung hervor, die in Analogie zur Aeneis den Buchgrenzen eine wichtige strukturierende Funktion unterstellt und die 15 Metamorphosenbücher in drei klar abgegrenzte Blöcke von jeweils fünf Büchern, sog. Pentaden, unterteilt, also nach Buch 5. 10 u. 15 scharfe Einschnitte sieht, so R.Rieks, Zum Aufbau von Ovids Metamorphosen, WüJbb N.F. 66, 1980, 85-103; A.Bartenbach, Motiv- und Erzählstruktur in Ovids Metamorphosen, Diss. Ffm 1990, bes. 310ff. Gegen diese Einteilung in Pentaden bei Rieks, vor allem

ovidische Epos bewußt oder unbewußt an aristotelischen Normen gemessen[9], obgleich bereits am zeitlichen Rahmen des Werkes - vom Anfang der Welt bis zur Gegenwart (Met. 1,3f) - leicht zu erkennen ist, daß es kaum Ovids Absicht gewesen sein dürfte, die Forderungen des Aristoteles nach einer einheitlichen, zielgerichteten und zeitlich geschlossenen Handlung mit Anfang, Mitte und Schluß zu erfüllen[10]. Anstatt eine solche vollständige Entwicklung darzustellen, gestaltet Ovid eine Vielfalt von Themen, wie etwa Verwandlung, Liebe, Rache usw.[11], in allen denkbaren Konstellationen und unter unterschiedlichen Aspekten aus jeder nur möglichen Perspektive. Er strebt damit eine ganz andere Form der Vollständigkeit an als die von Aristoteles postulierte[12].

Entsprechend ist ein Vergleich des Aufbaus der Metamorphosen insgesamt mit dem der Aeneis Vergils, der den Prinzipien strenger Symmetrie, enger Beziehung zwischen einzelnen Buchgruppen und der Ausrichtung auf ein dominierendes Handlungsziel folgt, kaum oder nur sehr eingeschränkt möglich[13].

jedoch gegen die Strukturierungsmethoden von Ludwig und Otis wendet sich neuerdings E.A.Schmidt, Ovids poetische Menschenwelt. Die Metamorphosen als Metapher und Symphonie, SBHeid, Phil.-hist. Kl. 1991, 2, Heidelberg 1991, hier bes. 80-86, der auch die bislang anerkannte chronologische Dreiteilung ablehnt (ebd.20ff) und sich grundsätzlich gegen eine historisch-chronologische Strukturierung wendet. Schmidt vergleicht die Metamorphosen in ihrer Komposition mit der verwobenen Themenführung und Motiventwicklung in einem Musikstück (bes. 87ff).

[9] So bemängelt z.B. H.Herter, Ovids Kunstprinzip in den Metamorphosen, AJPh 69, 1948, 129-148, jetzt in: M.v.Albrecht (Hg.) Ovid, Darmstadt 1982, 340-361, daß Ovid aristotelische Anforderungen nicht erfüllen könne, und stellt fest "bei aller Organisationskunst ist Ovids Epos kein wirkliches ἕν geworden", ohne danach zu fragen, ob dies denn in Ovids Absicht lag (ebd. 359).

[10] Im 7. u. 8. Kapitel seiner Poetik verlangt Aristoteles sowohl für die Tragödie als auch für das Epos eine einheitliche und in sich geschlossene, zeitlich überschaubare Handlung (1451a 32-35), die auf ein festes Ziel ausgerichtet ist (1459a 28). Als beispielhaft nennt er die Epen Homers; so behandle die Ilias nicht etwa den gesamten trojanischen Krieg, sondern habe den Zorn des Achill zum Thema, wodurch eine in sich geschlossene Einheit geschaffen werde. Vgl. dazu M.Fuhrmann, Einführung in die antike Dichtungstheorie, Darmstadt 1973, 20f. 42ff. passim und S.Koster, Antike Dichtungstheorie, Wiesbaden 1970 (Palingenesia V), 42-80. Daß die Forderungen des Aristoteles für Ovid nicht maßgebend gewesen sein können, zeigt bereits die grundsätzliche Anlage des Epos, dem eine überschaubare Handlungszeit, wie etwa die 40 Tage der Ilias, ebenso fehlt wie eine zielgerichtete Entwicklung einer einzigen Handlung.

[11] Eine Aufzählung der Hauptthemen der Metamorphosen findet sich mit leichten Verschiebungen bei allen oben genannten Autoren, vgl. Holzberg 723. Schmidt 89.

[12] Schmidt 42 stellt fest, daß sich vom Anfang der Metamorphosen bis zu Buch 15 kein im eigentlichen Sinne geschichtlicher Prozeß nachvollziehen läßt.

[13] Besonders die teleologische Handlungsführung im Epos Vergils, bei der alle Elemente dem einen, außerhalb der Handlung liegenden Ziel, nämlich der Gründung Roms und dem

Häufig führt der von Vergil ausgehende Vergleich vielmehr dazu, daß die
Aeneis zum alleinigen Maßstab eines 'guten' Epos gemacht wird[14]. Die Folge
sind peiorative Bewertungen wie etwa die, daß die Metamorphosen
"bestenfalls ein Stiefbruder der Aeneis" seien[15]. Dieser absolute Stellenwert
des vergilischen Epos versperrt den Blick für ovidische Neuerungen in Hinsicht auf eine mögliche Weiterentwicklung der Gattung 'Epos'[16].
Beschränkt man sich jedoch nicht nur darauf, die Metamorphosen negativ
gegenüber den aristotelischen Normen oder den Prinzipien Vergils abzuheben,
sondern räumt Ovid bei der Gestaltung seines Epos eine andersartige, eigenständige Intention ein, so steht man vor dem Problem, daß angesichts der
Komplexität des Inhalts und der Variabilität des Aufbaus eine umfassende Aussage über *die* Struktur bzw. *die* Erzählweise des Gesamtwerkes kaum möglich
scheint. Um der unüberschaubaren Fülle des Stoffes gerecht zu werden, ist die
Absicht Ovids daher häufig auf einen bestimmten Aspekt - z.B. den Humor,
das Spiel, das Pathos usw. - reduziert worden[17]. Doch auch diese Vorgehensweise muß zwangsläufig zu einer Vereinfachung komplexer Zusammenhänge
und zu pauschalierenden Aussagen führen. Die zahllosen Einzelinterpretatio-
nen[18] verfolgen dagegen, von wenigen Ausnahmen abgesehen[19], meist sehr
spezielle Fragestellungen, die allgemeinere Schlüsse kaum zulassen.

Lob des Augustus, untergeordnet sind, unterscheidet die Metamorphosen grundsätzlich von
der Aeneis. Zur Einhaltung der aristotelischen Forderungen bei Vergil vgl. R.Heinze, Virgils epische Technik, Berlin 1914[3], 436ff.
[14] Auf diese Weise an der Aeneis 'gemessen' werden die Metamorphosen z.B. von S.Döpp,
Vergilischer Einfluß im Werke Ovids, Diss. München 1968, der einen starken Einfluß Vergils in den Metamorphosen sieht und erkennen will, wie sich Ovid um das "Epische bemüht" (Döpp 143). F.Bömer, Ovid und die Sprache Vergils, Gymn. 66, 1959, 268-287,
betont dagegen, daß es nicht in Ovids Absicht liegt, in Konkurrenz zu Vergil zu treten.
[15] E.J.Bernbeck, Beobachtungen zur Darstellungsart in Ovids Metamorphosen, München
1967 (Zetemata 43), 133.
[16] Wie Ovid traditionelle Gattungsformen verändert, weiterentwickelt und erneuert, zeigt
F.Spoth, Ovids Heroides als Elegien, München 1992 (Zetemata 89) am Beispiel der Elegie.
Er spricht dabei von "metamorphotischer Poetik" (ebd. 23 u.ö.).
[17] Vgl. M.v.Albrecht, Ovids Humor und die Einheit der Metamorphosen, AU 6,2, 1963,
47-72; Latacz a.a.O.; E.Hehrlein, Die pathetische Darstellung in Ovids Metamorphosen,
Diss. Heidelberg 1960.
[18] Vgl. Hofmann 2206ff.
[19] Solche Ausnahmen bilden z.B. die Arbeit Bernbecks, der ausgehend von der Interpretation der Ino-Erzählung (Met. 4,416-542) allgemeine Schlüsse für die Darstellungsweise
Ovids zieht und die Untersuchung von T.Döscher, Ovidius Narrans, Heidelberg 1971, der
exemplarisch die Callisto- (2,401-535) und Aktäon-Erzählung (3,131-255) untersucht. In
beiden Arbeiten steht jedoch die Aeneis als 'Idealepos' im Hintergrund, vgl. o. Anm. 15.

Angesichts der dargestellten Forschungslage ergibt sich die dringliche Aufgabe, die Erfassung grundsätzlicher Intentionen Ovids nicht wie bisher den Gesamtuntersuchungen zu überlassen, sondern sie mit Hilfe der Analyse einzelner, möglichst repräsentativer Ausschnitte der Metamorphosen zu ermöglichen.

Als Gegenstand der vorliegenden Arbeit soll daher ein einzelner, relativ überschaubarer und inhaltlich klar abgegrenzter Textabschnitt dienen, anhand dessen in fortlaufender, detaillierter Interpretation[20] die Spezifika ovidischer Erzähl- und Darstellungsweise exemplarisch herausgearbeitet und aufgezeigt werden können. Besondere Beachtung gilt dabei der Frage, wie Ovid innerhalb einer Episode - gleichsam 'im Kleinen'- seinen Stoff strukturiert, welche Schwerpunkte er setzt und welche Auffassung von Einheit und Geschlossenheit erkennbar wird. Die Antwort soll neue Aspekte und Fragestellungen auch im Hinblick auf die Betrachtung des Gesamtwerkes eröffnen.

Ausgewählt wurde die ovidische Darstellung des Mythos um die Königstochter und Zauberin Medea (Met. 7,1-424), eine Gestalt, die das besondere Interesse des Dichters erregt zu haben scheint. Macht er sie doch bereits vor der umfangreichen Behandlung in den Metamorphosen zu einer der fiktiven Briefschreiberinnen in seinen Heroides (Her. 12), vor allem jedoch widmet er dem Stoff seine einzige, bedauerlicherweise jedoch nicht mehr erhaltene Tragödie[21].

Die Auswahl gerade dieses Mythos aus der Vielzahl der Sagen innerhalb der Metamorphosen erscheint jedoch auch aus anderen Gründen gerechtfertigt. So ist die Medea-Episode insofern ein Spiegel der gesamten Metamorphosen in ihrer Vielfalt und Komplexität, als Ovid auch hier nicht eine einzige, abgeschlossene Handlungeinheit aus dem Gesamtmythos entwickelt, wie etwa Euripides, der in seiner Tragödie die Rache der betrogenen Medea thematisiert, sondern den gesamten Medea-Mythos zur Darstellung bringt und dabei verschiedene, inhaltlich durchaus eigenständige Abschnitte in ihrer vorgegebenen chronologischen Abfolge aneinanderfügt, nämlich die Kolchishandlung der Argonautensage, die magische Verjüngung Aesons, den Mord an Pelias, Medeas Kindermord und ihren Mordversuch an Theseus. Wie im ganzen Werk wird damit auch innerhalb dieser Episode nicht die aristotelische Norm gewahrt, nach der die bloße Einheit der Person noch kein ausreichendes Bindeglied zur Schaffung einer Handlungeinheit darstellt.

---

[20] Mit Rücksicht auf die Vielfältigkeit der zu beobachtenden ovidischen Besonderheiten wird eine textchronologische Gliederung der Untersuchung einer systematischen vorgezogen, wobei jedoch die Fragen nach Erzählweise und Strukturierung die thematischen Schwerpunkte bilden.

[21] Vgl. dazu F.Della Corte, La Medea di Ovidio, Studi Classici e Orientali 19/20, 1970/71, 85-89; A.G. Nikolaides, Some Observations on Ovids lost Medea, Latomus 44, 1985, 383-387; H.Fränkel, Ovid: Ein Dichter zwischen zwei Welten, Darmstadt 1970, 50f.

Von größter Bedeutung für die Interpretation ist daneben besonders die Tatsache, daß die beiden wichtigsten literarischen Vorlagen Ovids für den Medea-Mythos, die Medeatragödie des Euripides, vor allem jedoch die ebenfalls epischen Argonautica des Apollonios Rhodios, vollständig erhalten sind. Dieser Umstand ermöglicht einen direkten Vergleich sowohl mit Euripides als auch mit dem hellenistischen Epos, daneben jedoch auch mit der Aeneis Vergils, der sich in seinem gesamten Epos, besonders jedoch im vierten Buch, stark von den Argonautica beeinflussen läßt und dessen Dido-Episode deutliche inhaltliche Parallelen zum Medeamythos aufweist[22]. Der in der Forschung immer wieder angestrebte Vergleich mit Vergil steht somit auf einer inhaltlichen Grundlage.

Innerhalb der fortlaufenden Interpretation soll die auf zeitliche, räumliche und inhaltliche Kontinuität bedachte epische Erzählweise des Apollonios und Vergil[23] der in dieser Hinsicht sehr viel weniger gleichmäßigen Darstellung des Ovid gegenübergestellt werden. Dabei soll untersucht werden, ob in den ovidischen Abweichungen, die oft von vornherein als Schwäche oder Unfähigkeit angesehen werden, nicht vielmehr gewollte dichterische Besonderheiten zu sehen sind, die einer bestimmten künstlerischen Absicht entspringen. Unter dieser Prämisse sollen auch die von Ovid durchaus zahlreich eingesetzten traditionellen Stilelemente des Epos, wie Zeitumschreibungen, Gleichnisse, Ekphraseis, Kataloge usw. in ihrer Verwendung verglichen und auf ihre Ausführung und Funktion hin untersucht werden.

Neben dem Vergleich mit anderen Epen bietet der Stoff jedoch auch die Möglichkeit, weitere Besonderheiten ovidischer Gestaltung an einem konkreten Beispiel zu analysieren, nämlich die innerhalb der Metamorphosen unbestritten vorhandenen Einflüsse anderer literarischer Genera[24].

Durch die Gegenüberstellung mit der Medea des Euripides kann gezeigt werden, welche gattungsspezifischen Elemente des Dramas Ovid verwendet und auf welche Weise er die für die Metamorphosen typische Dramatisierung einzelner Szenen erreicht[25].

Ausführlich erörtert werden soll außerdem, wie stark der Elegiker Ovid auch in den Metamorphosen in den Vordergrund tritt. Besonderes Interesse gilt

---

[22] Heinze, Virgil 118; A.S.Pease, Kommentar zu Aen.4, Darmstadt 1967 (zuerst 1935), 13f.

[23] Zur vergilischen Erzählweise vgl. Heinze, Virgil 318-435. passim.

[24] Zum Einfluß der Elegie auf die Metamorphosen vgl. H.Tränkle, Elegisches in Ovids Metamorphosen, Hermes 91, 1963, 459-476; P.E.Knox, Ovids Metamorphoses and the Traditions of Elegie, Diss. Harvard 1982. Daß Ovid auch Elemente des Dramas verwendet, räumt bereits Heinze, O. e. E., 397ff ein; ähnlich auch Hehrlein 4.14 et passim u.a.

[25] Döscher 243.245.249 konstatiert eine solche Dramatisierung innerhalb der Metamorphosen mehrfach, ohne dies jedoch näher zu erläutern.

dabei nicht nur der Übernahme von spezifisch elegischen Motiven[26], sondern
vor allem der bereits in Ovids elegischer Dichtung erkennbaren psychologisierenden Darstellungsweise individueller Gefühle und Konflikte.

Ansätze einer solchen Psychologisierung finden sich bereits in den Monologen der verzweifelten Medea des Euripides und in den Selbstgesprächen der
vergeblich gegen ihre Gefühle ankämpfenden und sogar einen Selbstmord er-
wägenden verliebten Medea in den Argonautica. Erst bei den Neoterikern und
in der Elegie jedoch werden diese Ansätze zu einer Gefühlsdarstellung aufge-
griffen und zum eigentlichen Gegenstand der Dichtung gemacht. Dabei erinnern z.B. die Vorwürfe der verlassenen Ariadne in Catulls c.64 deutlich an die
der euripideischen Medea[27]. Der vergebliche Versuch, den die apollonische
Medea unternimmt, gegen ihre Liebe anzukämpfen und der Vernunft zu folgen, wird in ähnlicher Form von den Elegikern in zahlreichen Absage-Ge-
dichten thematisiert[28]. Was die elegische Dichtung jedoch entscheidend von
den psychologisierenden Gefühlsdarstellungen innerhalb der erzählenden
Dichtung unterscheidet, ist neben dem stark eingegrenzten, feststehenden Motivik das weitgehende Zurücktreten einer äußeren Handlung gegenüber der Do-
minanz der Gefühlsdarstellung, des 'inneren Geschehens' also. Im Folgenden
soll gezeigt werden, inwieweit Ovid dieses der Elegie eigene betonte Vorherrschen der inneren Handlung gegenüber der äußeren in das Epos integriert und
wie sich infolgedessen seine psychologisierende Gestaltung des Liebesthemas
von der des Vergil und des Apollonios unterscheidet. Auch soll erörtert werden, wie es dem Dichter schließlich gelingt, den erzählerischen Übergang von
eben dieser Schilderung einer 'Liebesgeschichte' zu der anschließenden Beschreibung der durch äußere Aktivitäten geprägten, zunehmend grausameren
Zauberin Medea zu schaffen und damit in seiner Hauptfigur den Aspekt der
Liebenden mit dem der Hexe zu vereinen, eine Aufgabe, an der Apollonios,
schenkt man seinen Kritikern Glauben[29], gescheitert zu sein scheint.

---

[26] Zur klar umrissenen Motivik der Elegie vgl. N.Holzberg, Die römische Liebeselegie,
Darmstadt 1990; G.Luck, Die römische Liebeselegie, Heidelberg 1961; R.Müller, Motivkatalog der römischen Elegie, Diss. Zürich 1952.

[27] Vgl. dazu H.Hross, Die Klagen der verlassenen Heroiden, Diss. München 1958, bes.
32-71. "Das eigentliche Vorbild für seine (sc. Catulls) Ariadneklage findet sich in der Vor-
wurfs- und Klagerede der Medea des Euripides..." (ders. 8). Zum Fortwirken der Ariadneklage in der Elegie, vor allem in den Heroides, vgl. Spoth bes. 91f

[28] Zu dieser spezifischen Form von Elegien vgl. M.Keul, Liebe im Widerstreit, Ffm. 1989
passim.

[29] Schon U.v.Wilamowitz-Moellendorff, Hellenistische Dichtung in der Zeit des Kallimachos, Bd.II, Berlin 1924, 214 bemerkt: "..., daß er (Apollonios) der Medea zwei Seelen
gegeben hat, die sich nicht miteinander vertragen". Vgl. auch P.A.Hübscher, Die Charakteristik der Personen in Apollonios' Argonautika, Diss Freiburg 1936/1940, 36ff u. E.-R.
Schwinge, Künstlichkeit von Kunst, München 1986 (Zetemata 84), 136ff.

Um die erzählerischen Kategorien erfassen und beschreiben zu können, die es Ovid ermöglichen, die Medeagestalt aus völlig unterschiedlichen Perspektiven heraus zu betrachten und sie gleichzeitig zum Zentrum der Handlung zu machen, sollen dort, wo es angebracht erscheint, die Erkenntnisse moderner Literaturwissenschaft herangezogen werden, die auch insgesamt für die Beschreibung der "andersartigen" epischen Darstellungsweise Ovids zu Hilfe genommen werden[30].

---

[30] Als Grundlage dienen dabei vor allem die Arbeiten von E.Lämmert, Bauformen des Erzählens, Stuttgart 1955; J.H.Petersen, Kategorien des Erzählens, Poetica 9, 1977, 167-195; F.K.Stanzel, Theorie des Erzählens, Göttingen 1979. An Stellen, wo deren Terminologie verwendet wird, wird jedoch noch einmal ausdrücklich darauf hingewiesen.

II. Aufbau der Medea-Episode und Einordnung in den Gesamtkontext

Im Mittelpunkt des letzten Abschnittes des 6. Metamorphosenbuches[1], dem sich mit Beginn des 7.Buches die Medea-Episode anschließt, steht die Sage um Tereus und die Pandion-Töchter Procne und Philomela (6,424-674)[2]. Folgendes ist in knappen Zügen der Inhalt dieses Textteiles: Nach einem kurzen Bericht über die von unglücklichen Vorzeichen begleitete Hochzeit zwischen dem Helden Tereus und Procne, der Tochter des athenischen Königs Pandion (6,424-438), erzählt Ovid, wie Tereus, von seiner Frau überredet, aufbricht, um deren Schwester Philomela für einen Besuch aus Athen zu holen, und wie er nach seiner Ankunft in Athen von leidenschaftlichem Verlangen nach seiner Schwägerin ergriffen wird. Durch geschickte Täuschungen und unter dem Vorwand falscher *pietas* (474: *creditur esse pius*) gelingt es ihm, seinen Schwiegervater zu überreden, ihm Philomela anzuvertrauen (439-510). Sogleich nach der gemeinsamen Rückkehr nach Thrakien entführt Tereus die Schwägerin und hält sie in einer im Wald versteckten Stallung gefangen. Die grausame Vergewaltigung und anschließende Verstümmelung Philomelas wird von Ovid eindringlich und mit auffälliger Betonung äußerer, makabrer Details beschrieben (511-571).

Erst als es der Gefangenen schließlich nach einem Jahr gelingt, ihrer Schwester Procne heimlich eine Nachricht zukommen zu lassen, kann sie befreit werden (571-600). Es folgt die Darstellung der Rache Procnes an ihrem Gatten (601-674). Feinfühlig schildert Ovid mit besonderer Betonung der inneren Vorgänge, wie in Procne langsam der Plan entsteht, den gemeinsamen Sohn Itys zu ermorden, wie sie dennoch, als dieser mit ausgestreckten Armen vor ihr steht, zwischen Mutterliebe (629: *pietate labare*) und Verbundenheit mit der Schwester schwankt und wie sie schließlich zu dem Schluß kommt, daß

---

[1] Folgt man der chronologischen Dreiteilung nach Crump (vgl. o. Anm. 8), so befinden wir uns im "mythischen Zeitalter". Nachdem zu Beginn des 6.Buches verschiedene Beispiele für die Bestrafung menschlicher Hybris durch die Götter gegeben wurden (6,1-145: Arachne; 146-312: Niobe; 313-381: Die lykischen Bauern), gehören sowohl die Sage von den Pandiontöchtern wie auch die Medea-Episode zu den Schilderungen menschlicher [Liebes-]Leidenschaften, die unbestritten als ein Hauptthema der Metamorphosen gelten: vgl. Holzberg, Einf. 723; Schmidt 89. Nach Otis beginnt mit der Erzählung um die Pandiontöchter der dritte Hauptteil, "The Pathos of love". Ludwig läßt hier seinen 6.Großteil, in dessen Mittelpunkt Sagen um Athen stehen, beginnen (insges. vgl. o. S.12, Anm.8.

[2] Vgl. dazu A.Ortega, Die Tragödie der Pandiontöchter, in: FS Büchner, hrsg. v. W.Wimmel, Wiesbaden 1970, 215-223 u. H.Herter, Schwalbe, Nachtigall und Wiedehopf. Zu Ovids Metamorphosen 6,424-674, WüJbb N.F. 6a, 1980, 161-171.

pietas gegenüber Sohn und Gatten in ihrem Fall ein Verbrechen wäre (635: *scelus est pietas*). Itys wird ermordet, seine Leiche gekocht und seinem Vater als Mahl vorgesetzt (636-666). Die paradoxe und makabre Vorstellung, daß Tereus mit seinem eigenen Fleisch und Blut seinen Hunger stillt, wird dabei von Ovid in manieristischer Weise ausgemalt.

Nachdem Tereus die Wahrheit entdeckt hat und beide Schwestern mit dem Schwert bedroht, folgt als knapper und pointierter Abschluß der Handlung die Verwandlung der drei Protagonisten in Vögel (667-674).

Die knappe Paraphrase macht bereits deutlich, daß das hier gestaltete Geschehen in wesentlichen Punkten deutliche thematische Parallelen zur anschliessenden Medea-Episode aufweist: Die Schilderung einer Mutter, die ihr eigenes Kind ermordet, um sich so an ihrem Gatten zu rächen, weckt in dem antiken Leser sogleich den Gedanke an die Medeatragödie des Euripides. Vertieft wird diese Verbindung noch durch die auffällige Parallelität in der Darstellung der in ihrem Entschluß schwankenden Procne vor der Tat (Met. 6,624-635) und dem entsprechenden Verhalten der euripideischen Medea (Eur. Med. 1040-1080). Einen weniger deutlich erkennbaren Anknüpfungspunkt bildet das Motiv der *pietas* bzw. deren Verletzung, das Ovid in der Medea-Episode in verschiedener Form wieder aufgreifen wird[3].

Die zusätzliche äußere Überleitung zum Medea-Mythos wird durch Einfügen einer kurzen Zwischenerzählung geschaffen (6,675-721)[4]: Von dem aus Trauer über den Verlust seiner Töchter gestorbenen Pandion übernimmt Erechtheus die Herrschaft über Athen. Dessen Tochter wird von Boreas, dem Nordwind, entführt und schenkt ihm zwei Söhne, die Boreaden, die, nachdem sie herangewachsen sind, an der Argonautenfahrt teilnehmen und schließlich mit den anderen Helden in Kolchis landen (7,1-6).

Ein Überblick über den Aufbau[5] der sich nun anschließenden Medea-Episode, die in ihrer Gesamtstruktur deutlich von den traditionellen Darstellungen dieses Mythos abweicht, zeigt bereits, daß Ovid auch inhaltlich durchaus andersartige Zielsetzungen als seine Vorgänger verfolgt.

---

[3] Die anschließende Kolchishandlung dient also nicht, wie es Ludwig darstellt, dazu, die "sagenarme" Zeit in Athen zu überbrücken (Ludwig 40), sondern ist thematisch fest in den Gesamtzusammenhang eingebunden.

[4] Eine ähnliche Verknüpfung verwendet Ovid bei der Überleitung von der Weltentstehung zur Daphne-Erzählung (1,438ff); vgl. auch 9,394ff.795ff; 11,89 und dazu R.Schmidt, Die Übergangstechnik in den Metamorphosen des Ovid, Diss. Breslau 1938, 86ff.

[5] Die folgende Gliederung, deren Einschnitte sich äußerlich bereits aus dem Wechsel der Schauplätze ergeben, entspricht im wesentlichen der von Bömer, Komm. ad loc.; Anderson, Komm. ad loc.; Otis, 168. Daß der Mordversuch Medeas an Theseus vielfach bereits zur Theseus-Handlung gezählt wird, also zugleich letzter Abschnitt der Medea-Episode und erster der Theseus-Sage ist, spricht für den nahtlosen Übergang zwischen beiden Erzählungen.

Der erste Abschnitt der Handlung (7,7-158) fußt zwar auf der von Apollonios in den Argonautica erzählten Kolchis-Handlung (Apol. Rhod. Arg. 3,1 - 4,211); Ovid beschränkt sich jedoch im wesentlichen auf drei beherrschende Szenen, die in ihrer Ausführung und Intention durchaus originell sind:

-      den Monolog der verliebten Medea (9-73),

-      die Begegnung zwischen Medea und Iason am Hekatetempel (74-99),

-      die Erfüllung der von Aietes gestellten Aufgaben (100-158).

Die ersten beiden Szenen dienen vor allem dazu, die Gefühlsschwankungen der kolchischen Königstochter Medea nachdrücklich darzustellen, die zwischen der Liebe zu Iason und dem Pflichtgefühl gegenüber dem den Argonauten feindlich gesonnenen Vater hin- und hergerissen ist: Nachdem sie gegen jede Vernunft in Liebe zu dem Argonautenführer entflammt ist (9-11), gelingt es Medea nach einem längeren Selbstgespräch (11-73) zunächst, ihre Gefühle zu unterdrücken. Bei der folgenden Begegnung mit Iason flammt diese Liebe jedoch umso stärker wieder auf. Medea beschließt wider bessere Einsicht, dem Fremden bei der Erfüllung seiner Aufgaben zu helfen, und erhält von ihm ein Eheversprechen. Das Auf und Ab dieser Gesamtbewegung findet seinen Ausdruck in dem in direkter Rede wiedergegebenen Monolog (11-73), der den emotionalen Konflikt, das Hin- und Hergerissensein des verliebten Mädchens zwischen Gefühl und Vernunft, veranschaulicht.

Bei dem anschließenden Kampf Iasons gegen die Stiere und die Erdgeborenen (100-148) ist Medea als Zuschauerin zugegen. Neben dem eigentlichen Kampf stehen vor allem die Angst des Mädchens um den Geliebten und ihre Scham, sich zu ihrer Liebe zu bekennen, im Vordergrund. Außerdem wird Medea jedoch an dieser Stelle zum erstenmal beim aktiven Ausüben ihrer Hexenkunst gezeigt - ihre Zaubergesänge unterstützen den kämpfenden Iason. Nach dem Sieg des Argonautenführers findet die Kolchishandlung mit einem kurzen Bericht über den Raub des goldenen Vlieses und die Heimkehr der Argonauten ihren Abschluß (149-158).

Mit dem anschließenden Handlungsabschnitt, der Verjüngung des Aeson (159-293), geht Ovid über die inhaltliche Vorlage des Apollonios hinaus. Er beginnt mit einer kurzen Exposition (159-178), in der die eigentliche Zauberhandlung durch die Bitte Iasons an Medea, seinen Vater zu verjüngen, motiviert wird. Medea, die sich an ihren eigenen Vater erinnert fühlt, gibt nach. Die nun folgende Verjüngungsszene (179-293) ist geprägt von der detaillierten Beschreibung magischer Rituale und Aktivitäten der Zauberin - es dominiert die äußere Handlung.

Nachdem der Zauberakt gelungen ist, wird kurz davon berichtet, daß Medea auf Bitten des Bacchus auch die Ammen des Gottes verjüngt (293-296).

Daß sie den Pelias ebenfalls auf diese Weise verjüngen könne, täuscht Medea dessen Töchtern in der folgenden Schilderung des Peliasmordes vor (297-

349). Die scheinbare Parallelität der Vorgänge (Verjüngung des Aeson - Verjüngung des Pelias), die Ovid auch sprachlich zum Ausdruck bringt, trügt jedoch. Die erneut im Vordergrund stehende Zauberkunst Medeas dient nicht mehr einem positiven Zweck, sondern der grausamen Ermordung des Pelias. Die Flucht der Übeltäterin auf ihrem Drachenwagen nimmt Ovid zum Anlaß, in Zusammenhang mit den überflogenen Orten zahlreiche kleinere Verwandlungssagen einzuflechten (350-393). Eine weitere Bluttat Medeas, nämlich der grausame Kindermord, den die Medeatragödie des Euripides zum Gegenstand hat, wird dabei, gleichsam im Rahmen einer kurzen "Zwischenstation" der fliehenden Medea in Korinth, in Form eines zunehmend knapper werdenden Berichtes kurz angedeutet (394-397). Ihre weitere Flucht bringt Medea nach Athen - ihr dort verübter Mordversuch an Theseus wird von Ovid ebenfalls nur kurz berichtet (398-424). Medea, deren Gestalt im letzten Abschnitt der Episode zunehmend in den Hintergrund rückt, muß erneut fliehen und entschwindet damit geradezu lautlos aus der Erzählung. Ovid nimmt einen neuen Handlungsfaden auf und spinnt die Geschichte des soeben dem Anschlag Medeas entgangenen Theseus weiter, dessen Rettung Anlaß für seinen Vater Aigeus ist, ein Fest zu veranstalten (425-452). Die Wiedersehensfreude zwischen Vater und Sohn wird jedoch getrübt durch den Feldzug des Kreterkönigs Minos gegen Athen, der wiederum für den Tod seines Sohnes Rache nehmen will (453ff).

III. Medea in Kolchis

1. Vorgeschichte und Überleitung zum Monolog

Wählt Catull die Argonautenfahrt zum Anlaß, um einen der Helden, nämlich Peleus, aus der Besatzung der Argo herauszugreifen und dessen Geschichte zu erzählen (c.64), so erzählt Ovid, gleichsam umgekehrt, zunächst die Herkunftsgeschichte der Boreaden, die er dann gemeinsam mit anderen Helden ausfahren läßt, um das goldene Vlies zu erobern, und gewinnt damit den Ausgangspunkt dafür, seine Version der Argonautensage anzuknüpfen (V.6,720f):

> *vellera cum Minyis nitido radiantia villo*
> *per mare non notum prima petiere carina.*[1]

Die näheren Umstände, die zur der Fahrt führen, kann er dabei, ebenso wie Catull, als bekannt voraussetzen. Denn die Argonautica des Apollonios Rhodios und deren Übertragung ins Lateinische durch P.Terentius Varro[2] waren dem damaligen Lesepublikum allgemein geläufig. Ovid beschränkt sich daher zunächst darauf, zwei der markantesten Wesenszüge dieser Sage zu nennen und sie damit dem Leser ins Gedächtnis zu rufen: Die Wendung *prima carina* betont den innovativen Charakter der Unternehmung - es ist die erste Schiffsreise überhaupt - und die kurze Andeutung *vellera radianta...petiere* erinnert an den Sinn und Zweck der Fahrt, nämlich den Erwerb des goldenen Vlieses.

Mit den beiden genannten Versen, die in erster Linie die Verbindung zwischen den Boreaden und der Argonautenfahrt ziehen, endet das 6.Buch.

Der Beginn des 7.Buches wird äußerlich deutlich markiert durch den Neueinsatz der Erzählung mit *iam(que)...*, das den Leser unvermittelt in die schon fortgeschrittene Handlung hineinversetzt - die Argonauten befinden sich bereits mitten auf ihrer Fahrt - und damit verstärkte Aufmerksamkeit erregt (V.7,1):

> *Iamque fretum Minyae Pagasaea puppe secabant.*

Ovid bedient sich damit anscheinend der epischen Technik, die Haupthandlung, bzw. eine neue Handlungsstufe durch ein Zeitadverb wie *iam* oder *vix*

---

[1] *Minyae* wird bereits vor Ovid gleichsam synonym für *Argonautae* verwendet, vgl. Bömer ad loc.

[2] Zu der nicht mehr erhaltenen Übertragung der Argonautica des Apollonios ins Lateinische durch P.Terentius Varro (geb. 82 v. Chr.) vgl. M. Schanz / C.Hosius, Römische Literaturgeschichte 1, München 1927, 312f (Handbuch d. Altertumswissenschaft 5,1). Ovid selbst dokumentiert in den Amores die Berühmtheit dieses Epos (am. 1,15,21f): *Varronem primamque ratem quae nesciet aetas/aureaque Aesonio terga petita duci*; vgl. auch ars 3,335f.

einzuleiten und dadurch von Beginn an eine gewisse Spannung zu erzeugen[3].
So läßt Vergil im Anschluß an das Prooemium der Aeneis die eigentliche
Handlung mit *vix* anheben (Verg. Aen.1,34f):

> *Vix e conspectu Siculae telluris in altum*
> *vela dabant laeti et spumas salis aere ruebant...*

Er zeigt also die Aeneaden bereits auf hoher See, um dann sogleich den die
gesamte Handlung exponierenden Monolog der zornerfüllten Juno anzu-
schließen (Aen. 1,36ff). Entsprechend führt auch Lukan in seinem Epos über
den Bürgerkrieg zu Beginn der eigentlichen Handlung bereits mitten ins Geschehen hinein, und zwar mit der kurzen Mitteilung, daß Caesar die Alpen bereits überschritten habe. Er stellt dann ausführlich Caesars Übergang über den
Rubikon dar (Lucan. 1,183ff); ähnlich verfährt dann auch Silius[4].

Auch bei Ovid würde man nach der prägnanten Einleitung nun das Verhar-
ren des Erzählers bei einem der Reiseabenteuer der Argonauten erwarten, und
tatsächlich kommt die Rede auf die Begegnung der Helden mit dem blinden
Seher Phineus. Gleichzeitig wird damit noch einmal die Verbindung zum Ende
des 6.Buches hergestellt. Denn die dort im Vordergrund stehenden Boreaden
sind es, die den Blinden von den ihn bedrängenden Harpyien befreien (V.7,3f:
iuvenesque Aquilone creati). Die Bücher 6 und 7 sind somit auf zweifache
Weise eng miteinander verwoben, so daß die auf den ersten Blick so klare
Buchabgrenzung fließend wird: Sind im 6.Buch die Boreaden das eigentliche
Subjekt und die Minyer noch zweitrangig - *cum Minyis...petiere* (V.6,720f) -
so werden nun die Minyer zum Haupt-Handlungsträger - *Minyae ... secabant*
(V.7,1) -, jedoch treten auch die Söhne des Boreas noch einmal kurz in
Erscheinung.

Das bei Apollonios immerhin 322 Verse umfassende und damit relativ umfangreiche Phineus-Abenteuer (Apoll. Rhod. Arg. 2,178-499) wird nun allerdings von Ovid nicht, wie das "insinuatorische"[5] *iam* erwarten ließe, ausführlich dargestellt, sondern auf wenige, in drei Versen zusammengedrängte

---

[3] H.Lausberg, Handbuch der literarischen Rhetorik, München 1960, 156 stellt fest, daß ein
solcher Einsatz mit *iam* im Leser die Befürchtung aufkommen lasse, "eine wichtige
Information versäumt zu haben" und bezeichnet eine derartige Einleitung der Handlung als
"insinuatorisches Mittel der Erregung des Informationsbedürfnisses".
[4] Vgl. dazu J.Küppers, Tantarum causas irarum, Berlin 1986, 37f mit Anm. 154f, zu Lucan
außerdem W.D.Lebek, Lucans Pharsalia, Dichtungsstruktur und Zeitbezug, Göttingen 1976
(Hypomnemata 44), 116. Ovid selbst bedient sich dieses Mittels, wie bereits von Lebek
bemerkt wird, an drei weiteren Stellen jeweils am Buchanfang, nämlich 3,1; 8,1;14,1, wobei das *iam* in 8,1 *iam nitidum retegente diem...Lucifero...* allerdings in erster Linie der
Einleitung einer epischen Zeitumschreibung dient und damit eher mit Verg. Aen. 2,801
iamque iugis summae surgebat Lucifer Idae...; 5, 835 u. a. gleichzusetzen ist.
[5] Vgl. o. Anm. 3.

Andeutungen reduziert; außerdem wird es durch die Konstruktion mit Plusquamperfekt (V.7,3f: *visus erat ... fugarant*) und die weiterhin bestehende syntaktische Abhängigkeit von *iamque* als Teil der Vorgeschichte charakterisiert. Auf die gleiche Weise wird, nachdem die übrigen Reiseabenteuer durch *multaque perpessi* zusammengefaßt worden sind, auch das Erreichen des Phasis und damit die Landung der Argo in Kolchis angeschlossen und somit ebenfalls als bereits beendetes Geschehen hingestellt, ohne daß bislang die Haupthandlung eingesetzt hätte. Die im Epos immer wieder begegnende Funktion des Zeitadverbs *iam* als Einleitung der Haupthandlung wird damit von Ovid offensichtlich bewußt aufgegeben.

Das Resultat dieser stark raffenden Erzählweise mit deutlichem Auseinanderklaffen zwischen Erzählzeit und erzählter Zeit[6] ist ein rasches Vorwärtsstreben der Handlung, das sich auch noch in den folgenden zwei Versen fortsetzt. Denn während Apollonios den Aufbruch der Argonauten an Land, die Vorsprache bei Aietes mit der Bitte um das goldene Vlies und die harten Bedingungen, die der kolchische König ihnen daraufhin auferlegt, ausführlich über 246 Verse hin ausbreitet (Apoll. Rhod. Arg. 3,196-442)[7], beschränkt sich Ovid auf einen stark gerafften, lediglich zwei Verse umfassenden Bericht[8] in Form eines Nebensatzes, für dessen Verständnis die mythologischen Vorkenntnisse der Leser in viel stärkerem Maße vorausgesetzt werden, als dies etwa bei Apollonios oder Vergil der Fall ist[9]. Wichtige Teile des Handlungsablaufes werden ausgelassen oder müssen später nachgeschoben werden[10] (V.7f):

---

[6] Zu dem ständig wechselnden Verhältnis zwischen Erzählzeit und erzählter Zeit und dessen akzentuierender Wirkung innerhalb einer Erzählung vgl. E.Lämmert, Bauformen des Erzählens, Stuttgart 1955, 23f.32ff.

[7] Ovid selbst läßt Medea in den Heroides ausführlich davon berichten, wie die Pelasger von ihrem Vater aufgenommen und bewirtet worden sind (Her. 12,29ff.). Detailliert werden die Aufgaben aufgezählt, die Aietes ihnen nennt (Her. 12, 39-51), und es wird ihre Reaktion darauf geschildert (12, 51: *maesti consurgitis*). Allerdings liegt das Gewicht dabei nicht so sehr auf der bloßen Mitteilung, sondern auf der rückschauenden Perspektive, aus der Medea erzählt, und dem Kontrast zu ihrer aktuellen Situation.

[8] Eine Auffälligkeit, die auch Anderson, Komm.ad loc. bemerkt.

[9] Bernbeck 49 sieht in dieser voraussetzungsvollen Darstellungsweise bei Ovid eine aktive Einbeziehung des Lesers, geht in seinen Feststellungen aber zu sehr von modernen Vorstellungen aus. Im Gegensatz zu Ovid ist sowohl bei Apollonios als auch bei Vergil zumindest die Haupthandlung auch ohne die bei ihren Lesern zweifellos vorhandenen Vorkenntnisse verständlich, vgl. Bernbeck 50. In welcher Form Apollonios in den Nebenhandlungen mythologische Kenntnisse voraussetzt, dazu vgl. H.Fränkel, Noten zu den Argonautica des Apollonios Rhodios, München 1968, 25-27.

[10] Über diese Technik, wichtige Handlungsteile nachträglich im Monolog und damit aus der subjektiven Sicht Medeas mitzuteilen, vgl. u. S.27.46.

> *dumque adeunt regem Phrixeaque vellera poscunt*
> *visque datur Minyis magnorum horrenda laborum*[11]*,*

Erst mit dem anschließenden übergeordneten Hauptsatz ist der eigentliche Gegenstand erreicht, auf den es dem Erzähler ankommt und auf den die raffende Präsentation der Vorgeschichte zielgerichtet zugelaufen ist (V.9):

> *concipit interea validos Aeetias ignes.*

Im Zentrum des Geschehens steht damit die gemäß epischer Tradition mit dem Patronymikon[12] benannte Königstochter Medea[13]. Anstatt jedoch eine Abfolge von äußeren Ereignissen zu schildern, in denen Medea die Hauptfigur ist, wird festgestellt, daß sie verliebt ist, und damit die erwartete äußere Handlung ersetzt durch ein "inneres Geschehen"[14], das keine kausale Verknüpfung mit der Vorgeschichte, soweit sie hier berichtet wurde, erfährt.

In den Argonautica des Apollonios sind die Geschehnisse, die zu der von Ovid konstatierten Liebe Medeas führen, sehr ausführlich dargestellt: Sie ist bei der Ankunft der Helden im Palast ihres Vaters anwesend und verliebt sich beim ersten Anblick in Iason. Illustriert wird dies dadurch, daß Cupido im Auftrag Heras, die ihrem Schützling Iason helfen will, einen seiner Pfeile auf die Königstochter abschießt (Arg. 3,275-286). Zusätzlich umschreibt Apollonios das Aufflammen der Liebe mit einer breitangelegten Feuermetapher (3,287-298).

Vergil schildert das Entstehen der Liebe Didos als eine Entwicklung, die sich ebenfalls unter dem Einfluß Amors vollzieht. Der Liebesgott sitzt am Abend nach der Ankunft der Troer in Gestalt des Ascanius neben Dido (Aen.

---

[11] Der Text ist zu Beginn von V.8 korrupt: Die Handschriften überliefern am Versanfang neben *visque* FLMN auch *vosque* U, *voxque* EM²N²PWe oder *lexque* cod. Gronov. primus (Heinsius), dem in der Mehrzahl der MSS *datur numerisque* folgt. Magnus, Lenz und die neueste Textausgabe, nämlich die von Anderson, kennzeichnen deshalb *visque datur numeris* mit der *crux*. Inhaltlich am überzeugendsten ist der Text bei Ehwald: *visque datur Minyis* (*minyis* PW); er wird von Lafaye, Rösch, v.Albrecht, Bömer und selbst von Anderson in seinem Kommentar zu Buch 6-10 übernommen. Der Sinn ist unbestritten: Den Argonauten wird als Antwort auf ihre Forderung die schreckliche Bedingung schwerer Aufgaben auferlegt.

[12] Bernbeck 47 stellt fest, daß es eine besondere Vorliebe Ovids ist, bekannte Namen bei der ersten Nennung zu umschreiben.

[13] J.A. Rosener-Siegel, Amor, Metamorphosis and Magic. Ovids Medea (Met. 7,1-424), CJ 77, 1982, 231-243, hier 234: "focus is placed on Medea".

[14] Unter "innerem Geschehen" bzw. "innerer Handlung" sollen im folgenden alle Darstellungen verstanden werden, die die Gefühle, Gedanken, Empfindungen, Wünsche usw. einer Person betreffen, also alles das, was sich in deren "Inneren" abspielt, ungeachtet dessen, ob daraus äußere Handlungen hervorgehen oder nicht.

1,710ff), während Aeneas von seinen Erlebnissen erzählt. Als er geendet hat, wird Dido von Liebesflammen verzehrt: *caeco carpitur igni* (Aen. 4,2).

Amor bildet das Bindeglied zur Götterhandlung der Aeneis: er wird von Venus beauftragt, Didos Liebe zu erwecken, um damit Aeneas vor den Ränken Iunos zu schützen und die Weiterfahrt der Aeneaden nach Italien nicht durch eine kriegerische Auseinandersetzung mit den Karthagern zu gefährden. Gleichzeitig liegt eine Verbindung zwischen Aeneas und Dido aber auch im Interesse Iunos, die sich erhofft, Aeneas damit an der Ausführung seines göttlichen Auftrages zu hindern. Die Didohandlung wird dadurch fest mit der teleologischen Gesamthandlung der Aeneis verknüpft[15].

Ovid dagegen verzichtet auf die Darstellung äußerer Handlungsabläufe, die zu den Empfindungen der Königstochter führen, ebenso wie auf ein Eingreifen der Götter und damit auf die Verknüpfung mit einer übergeordneten und zielgerichteten Gesamthandlung. Stattdessen rücken ohne längere Vorbereitung[16] die Gefühle Medeas, die Vorgänge in ihrem Innern, über die in dem sich anschließenden Monolog gleichsam von ihr selbst ausführlich reflektiert wird, in den Mittelpunkt des Interesses.

Zweitrangig ist zunächst sogar der Gegenstand dieser Gefühle und damit der eigentliche Auslöser des Konfliktes. Daß es Iason ist, den Medea liebt, wird nicht ausdrücklich gesagt. Wir erfahren davon und von vielen anderen zunächst übergangenen Details, wie etwa den Iason auferlegten Aufgaben, nicht in der neutralen Erzählung[17], sondern erst im Monolog aus Medeas ei-

---

[15] Außerdem dient die Dido-Episode dazu, die Erbfeindschaft zwischen den Karthagern und den Nachfahren des Aeneas, den Römern, zu begründen, vgl. das Aeneis-Prooemium, vor allem Aen. 1,12-20. Trotz ihrer Abgeschlossenheit ist diese Episode also zugleich wichtiger Bestandteil des gesamten Epos; dazu Heinze, Virgil 439: "... wirkt Didos Leid und Tod nicht nur auf die später im Epos erzählten Ereignisse, sondern weit darüber hinaus ... wird zum notwendigen Bestandteil nicht nur des Gedichts, sondern der Geschichte Roms."

[16] Sowohl bei Vergil als auch bei Apollonios wurde der Leser auf die Verliebtheit der Heldin vorbereitet, veranschaulicht durch Eros' Auftreten.

[17] Da innerhalb der Literaturwissenschaft im Bezug auf erzähltheoretische Fragestellungen keine einheitliche Terminologie vorherrscht, soll hier wie auch im Folgenden, soweit dies nicht ausdrücklich anders vermerkt ist, die Terminologie von J.H.Petersen, Kategorien des Erzählens, Poetica 9, 1977, 167-195 verwendet werden. Eine der Kategorien, die laut Petersen zum Erfassen eines epischen Textes dient, ist die des *Erzählverhaltens*, das entweder neutral, auktorial oder personal sein kann (ders.186ff). Bei neutralem Erzählverhalten enthält sich der Erzähler jeglicher Stellungnahme oder subjektiver Darstellung, er wählt nicht die Sehweise einer Figur, und die Erzählerfigur wird nicht als solche faßbar. Bei auktorialem Erzählverhalten dagegen bringt sich der Erzähler als persönliches Medium und als Gestalter des Erzählwerkes mit Anteilnahme am Erzählten und eigener Gegenwart als selbständiger Zeitschicht ins Bewußtsein des Lesers. Bei personalem Erzählverhalten wählt der Erzähler die eingeschränkte Sichtweise einer Figur, das Geschehen wird also, wie hier durch

genem Munde und damit aus ihrem subjektiven Blickwinkel[18]. Der epische Erzähler[19], der ja vermeintlich wörtlich wiedergibt, was die Verliebte zu sich
selbst spricht, tritt während des Selbstgespräches völlig hinter der Figur Medeas zurück.

Auch die eineinhalb Verse, die die Überleitung zum Monolog bilden, nehmen keinen Bezug auf äußere Vorgänge, sondern beschreiben, was das genannten Liebesfeuer in Medea auslöst, nämlich einen Gefühlskonflikt, der sie
innerlich mit sich ringen läßt (V.10-12):

> *et luctata diu, postquam ratione furorem*
> *vincere non poterat...*
> *... ait ...*

Der Erzähler zeigt damit, daß er nicht nur in Bezug auf konkrete Ereignisse
allwissend ist, sondern auch Einblick in die Gefühle und inneren Vorgänge
seiner Figur besitzt, also in Bezug auf Medea über die 'Innensicht'[20] verfügt.

Medeas Monolog, nicht direkt und objektiv wiedergegeben, sondern so, wie es sich dieser
Figur darstellt, und folglich stark subjektiviert.

[18] Zu beachten ist bei der direkten Rede eine gewisse Dualität des Erzählverhaltens. Es
handelt sich einerseits insofern um neutrale Erzählung, als der Erzähler die Rede selbst
ohne eigene Wertung oder einen bestimmten Blickpunkt wiedergibt, andererseits jedoch innerhalb des Monologes um personale Erzählhaltung, da die Sprechende natürlich ihre eigene Sichtweise wählt. Petersen 191 bezieht den Begriff personalen Erzählens in erster Linie auf Passagen, wo der Erzähler selbst spricht und dabei die Optik seiner Figur wählt,
schließt aber den inneren Monolog nicht ausdrücklich von der Einordnung unter personaler
Erzählhaltung aus. Zum personalen Erzählen vgl auch B.Effe, Entstehung und Funktion
personaler Erzählweisen in der Erzählliteratur der Antike, Poetica 7, 1975, 135-157.

[19] Zu der Notwendigkeit, zwischen der Persönlichkeit des Autors und dem von ihm konsti-
tuierten, fiktiven Erzähler eines epischen Textes zu unterscheiden, vgl. F.K.Stanzel, Theorie des Erzählens, Göttingen 1979, bes. S.21f.27f m. Anm. 29. und B.Effe, Epische Objektivität und auktoriales Erzählen, Gymn. 90, 1983, 171 Anm. 1 mit Verweis auf R. Kel-
log, The nature of narrative, New York 1966, 51ff.

[20] Petersen 181f unterscheidet zwei *Erzählperspektiven*, nämlich einerseits die Außensicht,
bei der der Erzähler nur die äußeren Handlungen seiner Figuren beschreibt, andererseits die
Innensicht, bei der der Erzähler mit den inneren Vorgängen seiner Figuren vertraut ist. Die
Erzählperspektive ist nicht gleichzusetzen mit einer anderen Kategorie, nämlich der des *Er-
zählerstandortes bzw. point of view* (ders. 180f), die darüber Auskunft gibt, ob der Erzähler
seinen Standort in der Nähe einer Figur wählt, also immer dort, wo sich eine bestimmte Figur befindet, oder ob er einen größeren Abstand wählt und damit Auskunft über verschiedene, gleichzeitig an unterschiedlichen Orten stattfindende Ereignisse geben kann oder sogar den Überblick über die Vor- bzw. Nachgeschichte besitzt und somit gleichsam einen
'olympischen Standort' einnimmt, vgl. Petersen 182: "Erst mit Hilfe beider Beschreibungs-

Diese Tatsache allein ist zunächst nicht außergewöhnlich[21]. Auch Vergil kennt die Gefühle seiner Figuren und weiß, ob sie Liebe, Haß oder Zweifel empfinden. Auffällig ist jedoch bereits hier das deutliche Dominieren der Innensicht gegenüber der äußeren Handlung und die direkte Beschreibung eines psychologischen Phänomens: Das verliebte Mädchen versucht ihrer eigenen Gefühle mit Hilfe der Vernunft Herr zu werden; es kommt also in ihrem Herzen zu einem Kampf zwischen *ratio* und *furor*[22].

Dabei ist *furor* Ausdruck für die zerstörerische Macht der Liebesleidenschaft[23], die auch Ursache für die Leiden Didos ist (Verg. Aen.4,697)[24]. Der Liebes-*furor* Didos, der sich später in Zornes-*furor* (V.433) verwandelt, ist ein Leitmotiv des vierten Aeneisbuches[25]. Bei Vergil ist vor allem der gute Ruf Didos Opfer dieses *furor*: *nec famam obstare furori* (Aen. 4,91). Auch aus Medeas Konflikt wird, wie der Erzähler bereits jetzt feststellt, der *furor* als Sieger hervorgehen[26]. Das Ergebnis des Kampfes wird somit bereits vorweggenommen und die Tatsache, daß Medea *ratione furorem / vincere non*

---

kategorien bekommt man das gesamtperspektivische Verhältnis zwischen Erzähler und Erzähltem in den Griff."

[21] Effe, Ep. Objektivität 171 sieht es als ein Grundmerkmal epischen Erzählens an, daß der Erzähler "über das Privileg allwissender Überschau über alle räumlichen und zeitlichen Ebenen seines Gegenstandes einschließlich des Einblicks in das Innere der handelnden Personen [verfügt]." Entscheidend ist folglich vor allem die Art und Häufigkeit mit der von diesem Einblick Gebrauch gemacht wird.

[22] Die Verwendung solcher Gegensatzpaare steht sicher in der Tradition der Rhetorik; näheres dazu bei Bömer ad loc. Ovid verzichtet allerdings auf eine Personifizierung dieser antithetischen Begriffe, läßt sie aber auch nicht als "abstrakte Prinzipien" stehen, wie H. Diller, Die dichterische Eigenart in Ovids Metamorphosen, Human. Gymn. 45, 1934, 25-37, ND in: M.v.Albrecht/E.Zinn (Hrsg.), Ovid, Darmstadt 1986 (WdF Bd.92) 331 behauptet, sondern füllt sie durch die Worte Medeas konkret mit Inhalt. Derartige Gegensatzpaare verwendet auch Apollonios, um den Zwiespalt Medeas zu zeigen, z.B. Arg. 3, 653 αἰδώς ...ἵμερος.

[23] In der Bedeutung 'Liebesraserei' ist *furor* erstmals belegt bei Lucr. 4, 1069. Eine Untersuchung zur Begriffsgeschichte findet sich bei K.Trabert, Studien zur Darstellung des Pathologischen in den Tragödien des Seneca, Diss. Erlangen 1953, 6-16.

[24] Vgl. dazu A.Wlosok, Vergils Didotragödie, in: H.Görgemanns, E.A.Schmidt (Hrsg.), Studien zum antiken Epos, Meisenheim 1976, 228-250, hier 248. Sie sieht im *furor* den Hauptgrund für Didos Tod und vergleicht diese Auffassung der Liebe mit der der Tragödie.

[25] R.Rieks, Affekte und Strukturen. Pathos als ein Form- und Wirkungsprinzip von Vergils Aeneis, München 1989, 182 stellt fest, *furens* repräsentiere "die dynamische Komponente der Affektcharakteristik Didos" und hebt die Motivlinie von Liebes-*furor* - Zornes-*furor* - Todes-*furor* im 4.Aeneisbuch hervor.

[26] Vgl. in der z. Zt. neuesten umfangreicheren Untersuchung epischer Monologe H.W.Offermann, Monologe im antiken Epos, Diss. München 1968, 52, der in einer derart skizzierten Einleitung nur noch das "Stichwort für die Rede" sieht.

poterat (met. 7,10f), wird zur Überschrift über eine Gesamtentwicklung, an deren Ende schließlich, wie der Leser ohnehin auf Grund seiner Vorkenntnisse weiß, die Entscheidung für die Liebe steht, gleichgültig, was Medea äußern wird. Der Monolog, der zunächst mit der gegenteiligen Position schließt, kann somit keinen echten Handlungsfortschritt mehr bringen, es ist in diesem Sinne, kein "Entscheidungsmonolog"[27], da Medea, auch wenn sie sich dessen nicht bewußt ist, bereits keine Entscheidungsfreiheit mehr besitzt. Der Monolog dient vielmehr dazu, die abstrakten Begriffe *ratio* und *furor* mit Inhalt zu füllen und zu zeigen, welche moralischen Bedenken, Ängste und Hoffnungen sich für Medea aus dem Konflikt beider Prinzipien ergeben, und damit gleich zu Beginn der Episode ein Charakterbild von ihr zu zeichnen, das auch ihr weiteres Handeln in einem ganz bestimmten Licht erscheinen läßt.

Die Grundsituation, in der Medea sich befindet, erinnert, ebenso wie die Betonung innerer Vorgänge und die sich in Form des Monologs anschließende subjektive Darstellung der eigenen Gefühle, deutlich an die Elegie[28]. Bereits in V.9 bedient sich Ovid der elegischen Begriffswelt und verwendet ganz selbstverständlich das metaphorische *igne* als Synonym für 'Liebe'[29]. Vor allem aber der Versuch, die eigene Liebe zu überwinden, und der daraus folgende Widerstreit zwischen Vernunft und Liebe sind Thema zahlreicher Elegien[30]. So versucht z.B. in Ov. am. 3,11 der Dichter, ebenfalls in "einer Art Selbstgespräch"[31], sich von seiner Liebe zu Corinna zu befreien. Den Grundstein zu dieser Form von Elegien legt bereits Catull z.B. mit c.76, das ebenfalls das Ankämpfen des Dichters gegen die Liebe thematisiert[32]. Darüber hinaus äußert sich die Nähe zur Elegie, wie sich noch zeigen wird, auch im Monolog selbst durch die Übernahme zahlreicher elegischer Einzelmotive.

---

[27] Diese Bezeichnung für die Metamorphosenmonologe prägte Heinze, Ovids elegische Erzählungen 397f.

[28] Tränkle 465: "Diese Form, einen Mythos zu erzählen, ist erst durch die Art möglich geworden, wie Catull und nach ihm die römische Elegie innere Vorgänge zu gestalten gelernt hat." Allgemein zur Liebeselegie und ihrer Motivik neuerdings Holzberg, Liebeselegie, mit der maßgeblichen weiterführenden Literatur.

[29] *ignis* ist besonders in der elegischen Dichtung eine sehr geläufige Umschreibung für die Liebesglut, in vielen Fällen wird es mit 'Liebe' gleichgesetzt: vgl. R.Pichon, De sermone amatorio apud Latinos elegiarum scriptores, Paris 1902, 166. Auch bei Vergil, Aen. 4, 2 begegnet *carpitur igni* über Dido: dazu Wlosok 241. Ovid greift hier das apollonische Feuergleichnis (Arg. 3,291-296), mit dem in den Argonautica das Entstehen der Liebe umschrieben wird, nur durch die methaporische Bezeichnung *ignes* (V.9) auf.

[30] Solche Versuche der Lösung von der Liebe sind z.B. Gegenstand in Cat. 8. 76; Prop. 3,17; Ov. Am. 3,11. Auch K.Büchner, Ovids Metamorphosen, in: M.v.Albrecht (Hrsg.), Ovid, Darmstadt 1982 (WDF 92), 384-392, hier 392 sieht in der Medearede eine Nachfolgerin von Gedichten wie Cat. c.8. Zu der Thematik insgesamt Keul passim.

[31] Keul 9.

[32] Vgl. Keul 25f u. 324-341.

Die Reflexion über die eigenen Gefühle in der grundsätzlich mimetischen Form[33] eines Gespräches oder Monologs ist jedoch bereits vor Ovid auch im Epos zu finden. So hält Medea in den Argonautica ihr erstes kurzes Selbstgespräch (3,464-470) auf dem Weg von der königlichen Empfangshalle zu ihren Gemächern, noch unter dem Eindruck dessen, was sie gehört und gesehen hat. In ihrem Gemach wird sie dann im Schlaf von schlimmen Träumen heimgesucht, und nach dem Erwachen spricht sie, innerlich aufgewühlt von den Traumbildern, den zweiten Monolog (3,636-644). Nach einem Gespräch mit ihrer Schwester Chalkiope und der Abmachung, den Fremden zu helfen, liegt Medea nachts, während im Palast alles ruht, wiederum schlaflos vor Kummer auf ihrem Bett, und es folgt der dritte Monolog (3,771-801).

Bei Vergils Dido äußert sich das allmähliche Erkennen ihrer Gefühle gegenüber Aeneas und ihr anfängliches Ankämpfen dagegen nach einer schlaflosen Nacht in ihrem Gemach im Gespräch mit ihrer Schwester Anna (Aen. 4,5ff). In einer anderen Nacht liegt sie voll Kummer wach, weil sie erkennen muß, daß Aeneas sie verlassen hat. Aus dieser Situation entsteht ihr Klagemonolog (4, 534-552: *'en quid ago... '*).

Vergleicht man die Darstellung bei Apollonios und Vergil mit der ovidischen Hinführung zum Monolog Medeas, so werden neben der bereits zuvor gemachten Beobachtung, daß Ovid auf die Einbindung der Rede in einen kontinuierlichen äußeren Handlungsablauf verzichtet, noch weitere Unterschiede deutlich: sowohl die apollonische Medea als auch Dido zieht jeweils ihre Schwester ins Vertrauen, Chalkiope bzw. Anna übernehmen damit die vor allem für das Drama typische Rolle der Amme als Ratgeberin in Liebesdingen[34]. Ovid dagegen erwähnt weder jetzt noch später eine solche Vertrauensperson und konzentriert sich damit ausschließlich auf die Figur Medeas.

Das augenfälligste ovidische Spezifikum ist jedoch der völlige Verzicht auf eine äußere Handlung und somit auch auf Angaben zu Zeit und Ort. Sowohl Apollonios als auch Vergil vermitteln dem Leser einen genauen Überblick über die zeitliche Abfolge der Handlung und die jeweilige Tageszeit[35]. Beide

---

[33] Die grundsätzliche Unterscheidung zwischen mimetischer, d.h. direkter Darstellung etwa durch direkte Rede, und diegetischer, mittelbarer Darstellung durch einen Erzähler macht bereits Platon pol. 392 d. Das Epos, das sowohl erzählende Partien als auch Dialoge enthält, ist demnach eine Mischform, vgl. dazu Fuhrmann 72ff; Stanzel 93f. 191: "Die Unterscheidung von zwei Erzählweisen, einer mittelbaren oder eigentlichen und einer scheinbar unmittelbaren oder szenisch-imitativen, ist eines der ältesten Ergebnisse erzähltheoretischer Überlegungen."

[34] Vgl. Heinze, Virgil 127 u. H.Ahlers, die Vertrautenrolle in der griechischen Tragödie, Diss. Gießen 1911.

[35] Dazu und zu den diesbezüglichen Unterschieden zwischen beiden Epikern vgl. F.Mehmel, Virgil und Apollonius Rhodius. Untersuchungen über die Zeitvorstellung in der antiken epischen Erzählung, Hamburg 1940. Zur Chronologie bei Vergil vgl. auch Heinze, Virgil 340-350, der die Nachrechenbarkeit der zeitlichen Abfolge aufzeigt.

verwenden zudem den Topos der in der Stille der Nacht allein in ihrem Gemach wachenden Liebenden, um den Eindruck der Verzweiflung und Einsamkeit durch die Beschreibung der äußeren Situation zu intensivieren[36]. Besonders deutlich ist bei Apollonios auch das Bemühen um räumliche Kontinuität.
So stellt er nicht nur fest, daß Medea sich in ihrem Schlafgemach befindet,
sondern erwähnt auch ihren Weg von den königlichen Empfangsräumen
dorthin (Arg. 3,449ff), nachdem er zuvor bereits den Palast selbst und die
Lage und Verteilung der einzelnen Gemächer genau beschrieben hat (Arg.
3,235-258).

Ovid dagegen teilt bereits innerhalb der raffenden Darstellung der Vorgeschichte nichts mit über Zeitverlauf und Handlungsort; eine Ausnahme bildet
nur die allerdings sehr allgemeine Erwähnung des Phasis als Hinweis auf den
Ort Kolchis. Bei der Einleitung zum Monolog fehlt nicht nur ein genauer zeit-
licher Bezug zum vorhergehenden - durch *interea* wird lediglich eine allgemeine zeitliche Beziehung zur Vorgeschichte hergestellt[37] -, auch die herr-
schende Tageszeit und der Ort, an dem sich Medea während ihres Selbstgespräches aufhält, bleiben unberücksichtigt. Die äußere Situation tritt somit völlig hinter der inneren zurück.

---

[36] Arg. 3,744ff zeichnet Apollonios in hellenistischer Kleinmalerei ein Bild davon, wie unterschiedliche Menschen, Wanderer, Wächter, selbst Mütter verstorbener Kinder, vom
Schlaf übermannt werden, allein die verliebte Medea wird vom Kummer wachgehalten.
Auch Vergil vermittelt in Aen. 4,522ff einen universellen Eindruck von der Ruhe der Natur
- nur Dido ist für den Frieden dieser Nacht nicht zugänglich: vgl. dazu F.Klingner, Virgil.
Bucolica, Georgica, Aeneis, Zürich 1967, 455 u. Pease ad loc. Auch Ovid selbst wählt häu-
fig eine schlaflose, von Sorgen erfüllte Nacht als Ausgangspunkt für die Selbstäußerungen
seiner Heroinen: So erwacht Byblis aus einem Traum (9, 472f.), Myrrha findet keinen
Schlaf (Met. 10, 368); von einer unter Tränen verbrachten, schlaflosen Nacht läßt Ovid
Medea auch in den Heroides berichten (Her. 12,57ff).

[37] *interea* stellt hier lediglich eine relative Zeitangabe dar, die sehr ungenau ist, da sie sich
auf alle vorher angedeuteten Ereignisse beziehen kann und daher keine strenge Gleichzeitigkeit ausdrückt. *interea* wird in dieser Weise, nämlich im Sinne eines lose verknüpfenden
"nun", bereits vielfach von Vergil verwendet: Aen. 3, 568; 4,160; 6,703 u.ö.; vgl. dazu
Heinze, Virgil 388 mit Anm. 2.

2. Medeas Monolog

2.1. Problemstellung

Der Monolog Medeas, auf dessen ausführliche Wiedergabe die geraffte Darstellung der Vorgeschichte zuläuft, hat in der Forschung bereits zahlreiche Diskussionen ausgelöst. Er wurde jedoch zumeist isoliert von der Gesamthandlung im Vergleich mit anderen Frauenmonologen in den Metamorphosen betrachtet. Dabei neigte man früher dazu, hier wie in der gesamten ovidischen Dichtung die rhetorische Komponente überzubewerten und neben den Heroides vor allem die Metamorphosenmonologe in die Schubladen der Schulrhetorik zu pressen, indem man sie unter der Überschrift 'Suasoria' oder 'Prosopopoeia' als Deklamationsübungen abtat. Kennzeichnend hierfür ist die Arbeit Brücks, der die Reden und Briefe nach rhetorischen Maßstäben analysiert und neben anderen auch den Monolog Medeas als *inter suasorias ethicas esse numeranda* bezeichnet[38].

Eine Wende in dieser Hinsicht brachte die Untersuchung Heinzes, der für die Reden der Medea, Skylla (Met. 8, 44-80), Byblis (9, 474-516), Myrrha (10, 320-355) und Althaea (8, 481-551) den Begriff 'Entscheidungsmonolog' prägte und auf die nahe Verwandtschaft dieser Monologe mit der Tragödie, insbesondere mit der Medea-Tragödie des Euripides[39], hinwies, andererseits aber in ihnen auch eine Fortsetzung der epischen, speziell vergilischen Tradition erkannte[40] und eine Verbindungslinie zu den Äußerungen Didos in der Aeneis zog. Die ebenfalls enge Beziehung gerade dieses 4. Aeneisbuches zum Drama sind bereits in seinem Vergilbuch behandelt[41].

Auch Tränkle sieht den Ursprung der Entscheidungsmonologe in der Tragödie. Erst von Apollonios seien sie ins Epos eingeführt worden[42]. Er fügt jedoch, im Widerspruch zu Heinze[43], noch einen neuen Aspekt hinzu, nämlich

[38] K.Brück, De Ovidio scholasticarum declamationum imitatore, Diss. Gießen 1909, 19ff.
[39] Dazu Heinze, Ovids elegische Erzählungen 397f. Den Einfluß der Tragödie stellt auch Hehrlein 4 heraus; ebenso A.Ortega, Die Reden in Ovids Metamorphosen, Diss. Freiburg, 1958, 57. Sowohl Hehrlein 27 als auch Ortega 55 üben Kritik an der Auffassung von Diller 332, der in den Reden einen Kampf abstrakter Prinzipien und ein "Plädoyer für die Entscheidung in eine Richtung" sieht und damit wieder nahe an die rein rhetorische Sichtweise rückt.
[40] Heinze a.a.O. 359; die Verwandtschaft zur vergilischen Dido auch bei Otis, Ovid 59ff.
[41] Heinze, Virgil 119ff. Vgl. später auch Wlosok u.a.
[42] Er führt die Entscheidungsmonologe speziell auf die Medeamonologe des Euripides zurück, H.Tränkle, Elegisches in Ovids, Metamorphosen, Hermes 91, 1963, 461.
[43] Heinze, Ovids elegische Erzählungen, arbeitet den Gegensatz von epischem und elegischem Erzählen Ovids heraus; Tränkle 459 widerspricht Heinze, indem er feststellt, Ovid habe Elegisches ins Epos eingeführt, so daß die Metamorphosen Ovids elegischen Werken sehr nahe stehen.

die Verwandtschaft der Reden mit der Elegie, besonders den Briefen der verlassenen Heroinen, zu denen ja auch ein Medeabrief gehört. Auf die Parallelität zwischen der Ausgangssituation des ovidischen Medea-Monologs - das Ankämpfen gegen die Liebe - und derjenigen zahlreicher Elegien ist bereits hingewiesen worden[44]. Auch die subjektive Art der Darstellung aus der Sicht der Verliebten sowie die psychologisierende Sichtweise und das Dominieren der Gefühlswelt sind Kennzeichen elegischer Tradition. Die folgende Interpretation des Monologs soll unter anderem zeigen, wie weit die Nähe zur Elegie im Einzelnen geht, inwiefern sich also Tränkles vor allem am Byblis-Monolog gewonnenen Erkenntnisse bezüglich des Einflusses der Elegie auch hier bestätigen lassen. Dabei soll nicht nur der Übernahme einzelner elegischer Motive, sondern vor allem der spezifisch elegischen Form subjektiver Gefühldarstellung besondere Aufmerksamkeit gelten.

Darüberhinaus bietet sich ein direkter Vergleich mit dem Drama, in diesem Fall vor allem mit den Monologen der Medea bei Euripides (V.364-409 u. bes. 1019-1080), nicht nur aufgrund der Forschungslage, sondern auch aus inhaltlichen Gründen an, sind doch die jeweils sprechenden Personen identisch.

Die Grundvoraussetzung dafür, eine Rede innerhalb eines Dramas als Selbstgespräch zu bezeichnen, bildet, wie Schadewaldt nachgewiesen hat, nicht die von Leo postulierte Anwesenheit einer einzigen Person auf der Bühne. Sie liegt vielmehr immer dann vor, wenn ein von innerer Einsamkeit erfüllter Mensch sich selbst gegenüber ohne Beachtung der Umgebung seine Affekte äußert[45]. Maßgeblich ist also weniger die äußere Situation als der innere Zustand, auf den sich auch Ovid konzentriert. Die euripideischen Monologe, vorrangig die der Medea, sind dabei der Höhe- und zugleich Endpunkt einer Entwicklung innerhalb des attischen Dramas, die ihren Ausgang bei Aischylos nimmt[46], von Sophokles weitergeführt wird[47] und schließlich von Euripides zum Abschluß gebracht wird. Erst bei letzterem dominiert die psychologisierende Sichtweise der Affekte, und die Selbstanrede wird zur Ausdrucksform des Bildes eines "in inneren Zwiespalt verstrickten Menschen"[48], der seine Gefühle im Gegenüber mit sich selbst kundtut[49]. Am deutlichsten zeigt sich diese Form in den Reden der Medea, während sie in den späteren Tragödien des Eu-

---

[44] Vgl. o. S. 30f.

[45] F.Leo, Der Monolog im Drama, Berlin 1908, mißt gerade der äußeren Situation grundsätzliche Bedeutung für die Definition des Monologs bei, ebd. 6ff. Da diese Voraussetzung sehr selten gegeben ist, spricht er in den meisten Fällen von "Surrogaten des Monologs" (ebd.26). Die Ansicht widerlegte W.Schadewaldt, Monolog und Selbstgespräch, Berlin 1926, bes. 186, der die innere über die äußere Situation hebt.

[46] Vgl. Schadewaldt 38-54.

[47] Ders. 55-93.

[48] Ders. 203.

[49] Damit ist die eigentliche Form des Gespräches mit sich selbst erreicht: vgl. Schadewaldt 189ff.

ripides nicht weiter ausgestaltet wird[50]. Wie stark sich Ovid nicht nur von der Medea-Figur des Euripides, sondern auch von dessen Konzeption des dramatischen Selbstgesprächs beeinflussen ließ, soll im Folgenden gezeigt werden.

Im Epos finden wir diese Form der Affektäußerung mittels eines Selbstgespräches bereits vor Ovid. Wie schon angesprochen ist es ebenfalls die Figur Medeas, diesmal in den Argonautica des Apollonios Rhodios, mit der "erstmals im antiken Epos eine Person in eine Situation [gerät], die diese zur Selbstäußerung gewissermaßen zwingt."[51]. Vergil führt diese Entwicklung weiter aus in den Reden der Dido[52], die als Figur der Liebenden in ihrer Konzeption deutlich von der Medea des Apollonios aber auch der des Euripides[53] beeinflußt ist. Ihre Monologe bilden eine weitere Vorstufe für die ovidischen Reden. Es hat sich bereits gezeigt, daß sowohl Apollonios als auch Vergil um eine sorgfältige Verknüpfung der Redeteile mit der äußeren Handlung bemüht sind, Ovid dagegen auf eine solche Einbindung zugunsten einer größeren Eigenständigkeit der Rede selbst verzichtet[54]. Ob Ovid auch bei der Ausführung der Rede innerhalb seines Epos neue Wege beschreitet, wird die Interpretation des Monologs zeigen.

Eine deutliche, gattungsübergreifende Gemeinsamkeit inhaltlicher Art zwischen den elegischen Heroides-Briefen und dem noch nicht erwähnten, ebenfalls in der elegischen Tradition stehenden Klagemonolog Ariadnes bei Catull (c.64), den Monologen der euripideischen und der apollonischen Medea und den Reden Didos in der Aeneis ist bereits von Hross herausgearbeitet worden[55]. Alle Heroinen verwenden für die Klagen, Vorwürfe und Bitten gegenüber dem Geliebten, der sie verlassen hat bzw. im Begriff ist, dies zu tun, eine ganz bestimmte, immer wiederkehrende Topik. Es wird neben der Untersuchung der gattungsspezifischen Elemente also auch darauf zu achten sein, wieweit Ovid in der Rede seiner Medea, die ja noch ganz am Anfang ihrer Liebesbeziehung steht, diese gattungsunabhängige Topik aufgreift bzw. verändert.

---

[50] Leo 19.

[51] Zu diesem Ergebnis kommt Offermann 20.

[52] Ders. 25a.

[53] Verbindungen zwischen der Didohandlung und der Tragödie zieht Heinze, ebd. 119, 127, 133: "Die Tragödie bot den Urtypus der Rolle: Medea" (ders. 133). Wlosok, a.a.O. vergleicht den Aufbau der gesamten Didoepisode mit einer Tragödie. In den Klagemonologen Didos begegnen ebenfalls euripideische Elemente auf: vgl. u. S.41ff.

[54] Offermann 52 sieht in der häufig nur skizzenhaften Einleitung ein typisches Merkmal der ovidischen Reden.

[55] Vgl. S.17 mit Anm. 27.

2.2 Aufbau des Monologs

Die Gedankenführung im Monolog läßt vier Stufen erkennen. Die erste Stufe ist dabei vor allem dem von Ovid schon angekündigten Konflikt gewidmet (10f.), die zweite Stufe gibt Aufschluß über die konkreten Umstände, die zum Konflikt geführt haben, in der dritten läßt Medea ihre Phantasie in die Zukunft schweifen, um am Ende schließlich der Realität ins Auge zu sehen. Es ergibt sich folgende Unterteilung, die jedoch keineswegs davon ablenken soll, den Monolog als geschlossene Einheit anzusehen:

1. Reflexion über die bisher unbekannten Gefühle, gegen die Medea nicht ankämpfen kann (11-21).
2. Gedanken über das Ausmaß der Gefahr, in der sich Iason befindet, mit dem Ergebnis, daß sie zu der Überzeugung gelangt, ihm helfen zu müssen (22-38).
3. Mögliche Folgen, die diese Hilfe haben könnte und die von der Dankbarkeit Iasons über das Verlassen der Heimat bis hin zu den Gefahren der gemeinsamen Flucht reichen (39-68).
4. Unvermittelter Umbruch zugunsten der Vernunft und Moral; Abwendung von dem vorherigen Wunsch nach einer Ehe mit Iason, die ein Vergehen darstellen würde; Übergang vom eigentlichen Monolog zur Feststellung des neutralen Erzählers, der noch einmal die Entscheidung Medeas gegen die Liebe bestätigt (69-73).[56]

Die Medea-Tragödie des Euripides und auch der ovidische Medea-Brief haben eine vollständig andere Ausgangssituation als die Episode in den Metamorphosen. Beide beschreiben den letzten Abschnitt des Medea-Mythos, nämlich die Ereignisse in Korinth, die mit dem Kindesmord enden. Diese Tatsache sowie der Umstand, daß weder die Äußerungen der verliebten Medea bei Apollonios noch die Worte Didos in der Aeneis auf einen einzelnen, zentralen Monolog konzentriert sind, machen einen durchgehenden abschnittsweisen Vergleich mit diesen Werken hier wie auch im weiteren kaum möglich. Es soll deshalb zunächst der vorliegende Metamorphosentext interpretiert werden und nur an den Stellen, an denen eine auffällige Parallele oder Abweichung dies sinnvoll erscheinen läßt, der jeweilige Vergleichstext herangezogen werden.

---

[56] Ähnlich auch die Einteilung bei Bömer ad loc., er sieht Einschnitte nach V.21; 38; 50; 61 und 68.

2.3. Interpretation des Monologs

2.3.1. Frustra, Medea, repugnas... (V.11-21)

Die eigentliche Rede Medeas setzt mitten im Vers ein, und knüpft somit nicht nur inhaltlich, sondern auch formal direkt an die vorausgehende, überschriftartige Feststellung an, daß Medea *ratione furorem / vincere non poterat* (V.10f). Sie selbst bestätigt nun in diesem ersten Abschnitt ihrer Rede noch einmal das vom neutralen Erzähler Konstatierte und nimmt damit, schon zu Beginn des inneren Ringens gleichsam resignierend, zwar nicht das Ende des Monologs, jedoch den Ausgang ihres gesamten Seelenkampfes vorweg. Schon hier zeigt der Dichter, daß alle Anstrengungen Medeas, gegen ihr Gefühl anzukämpfen, letztes Endes vergeblich (*frustra*) sind. Diese Erkenntnis wird in den folgenden Versen noch einmal ausführlich reflektiert (V.11-21). Obwohl jedoch Medea sich dabei selbst ausdrücklich ermahnt, die Liebe aus ihrem Herzen zu vertreiben (*excute ... pectore flammas* V.17), kommt sie dabei zunächst zu keinem anderen Ergebnis als zuvor: *furor* (V.10) bzw. *cupido* (V.19) sind stärker als *ratio* (V.10) oder *mens* (V.20), so daß sie schließlich diesen Gefühlen folgen wird (V.20f):

video meliora proboque / deteriora sequor.

Die Sentenz (V.20f), mit der die Reflexion zunächst abschließt und in der Ovid Medea diesen Konflikt zwischen Verstand und Gefühl prägnant erfassen läßt, darf keineswegs als leeres rhetorisches Wortgeklingel[57] und die Rede nicht als "Kampf abstrakter Prinzipien"[58] angesehen werden, wie es häufig ge-

---

[57] Daß Sentenzen dieser Art nicht notwendig als "rhetorisch" im negativen Sinne zu bezeichnen sind, zeigt T.F.Higham, Ovid and rhetoric, in: N.I.Herescu, Ovidiana, Paris 1958, 32-48, hier 38.

[58] Diller 331 wirft Ovid die "Lösung... von der konkreten Situation" vor, er habe vom "Milieu des Vorgangs abstrahiert" (332); dabei gehe das "Sichtbarmachen des Repräsentativen auf Kosten des Individuellen" (337). Wären diese Vorwürfe berechtigt, so ließen sich die Frauenmonologe in den Metamorphosen beliebig austauschen. Tatsächlich aber ist ein so bewußter innerer Kampf und das klare Erkennen dessen, was vernünftig und richtig wäre, der Person Medea vorbehalten. Die Monologe der Byblis, Myrrha und Skylla verlaufen bei allen Parallelen und Ähnlichkeiten inhaltlich gleichwohl so, wie es den jeweils unterschiedlichen Situationen und Charakteren entspricht.
Gegen die Vorwürfe Dillers wenden sich direkt Büchner 227, der die Schuld Medeas als "im wahren Sinne individuell" bezeichnet; Hehrlein 24ff; Ortega 45. Auch M.v.Albrecht, Ovids Metamorphosen, in: E.Burck (Hrsg.), Das römische Epos, Darmstadt 1979, 120-153, hier 141 sieht in solchen rhetorischen Mitteln durchaus eine Unterstützung "der Analyse verborgener psychischer Triebkräfte"; ähnlich Oppel 36: Ovid benütze "die rhetorische Pointierung als Mittel des psychologischen Effektes".

schehen ist. Medea bleibt selbst die Handelnde und wird nicht, wie später in der Medea-Tragödie Senecas, zum Spielball verselbständigter und personifizierter Affekte[59]. Die Formulierungen Ovids sind der individuellen Situation Medeas angepaßt, und die abstrakten Begriffe werden durch Medeas Äußerungen sehr konkret mit Inhalt gefüllt.

So wird bereits in den der Sentenz vorausgehenden Versen angedeutet, warum sich Medeas Vernunft gegen ihre Gefühle auflehnt. Die knappen Angaben des neutralen Erzählers im Bezug auf die äußere Handlung finden damit durch die Worte der Liebenden erstmals eine Ergänzung.

Der Leser erfährt erst jetzt, daß für die Seite der *ratio* in diesem Ringen die Tatsache spricht, daß Medea sich mit ihrer Liebe gegen die hier noch nicht näher ausgeführten *iussa patris* (V.14) wenden und damit die kindliche *pietas* verletzen würde, um sich einem völlig Fremdem zuzuwenden (V.15: *quem modo denique vidi*).

Der *furor* aber, der für sie eine unbekannte Macht darstellt (V.12: *nescio quis deus*; V.19: *nova vis*), treibt sie dazu, diesen Argumenten der Vernunft zu widersprechen (V.15: *sunt quoque dura nimis! [sc. iussa patria])*[60]. Sie vermutet sogleich richtig, daß es sich bei dieser Macht, die plötzlich Gewalt über sie hat, nur um die Liebe handeln kann (V.13: *quod amare vocatur*).

Damit wird Medea am Beginn des Monologs zunächst als ein sehr unerfahrenes, naives Mädchen dargestellt, das das Gefühl der Liebe, von dem es beherrscht wird, nur vom Hörensagen kennt und nun bemerkt, daß es bei aller Bedrohlichkeit etwas Göttliches und Wunderbares[61] sein muß.

Durch diese Unschuld und Unerfahrenheit zeigt uns Ovid, wie wenig Medea den auf sie einstürmenden Gefühlen entgegenzusetzen hat. Er weckt damit Verständnis für ihr späteres, von der Liebe bestimmtes Handeln. Verstärkt wird dieses Bild des unglücklich verliebten Mädchens dadurch, daß Ovid zur Beschreibung der Liebe auf die Mittel der Elegie zurückgreift und Medea damit bei der Darlegung ihrer Gefühle die gleiche subjektive Sichtweise einnimmt wie die Elegiker. So sieht sie ihre Liebe als ein Feuer an, von dem sie verzehrt wird, und nimmt, indem sie mit *conceptas ... flammas* (V.17) eine für die Elegie typische Metaphorik wählt, die einleitende Feststellung *concipit*

---

[59] Während bei Ovid Medea selbst immer Subjekt bleibt, macht Seneca Medea in seiner Tragödie zum Objekt dieser Affekte: *variamque nunc huc ira, nunc illuc amor / diducit.* (Med. 938f.); Die Affekte treten in einen direkten Kampf miteinander: *ira pietatem fugat / iramque pietas* (Med. 943f), und Medea spricht in ihren Monologen nicht mehr sich selbst, sondern die Leidenschaften an: *...quaere materiam, dolor.* (Med. 914); *quo te igitur, ira, mittis...*(Med. 916); *...cede pietati, dolor* (Med. 944).

[60] In dieser parenthetischen Antwort nimmt sie, um sich selbst zu bestätigen, das *nimium dura* der Frage in chiastischer Umstellung wieder auf.

[61] Das in den HSS überlieferte *mirumque quid* stört inhaltlich nicht und kann im Text belassen werden. Über die Entbehrlichkeit der Konjektur *mirumque nisi* coni. Heinsius Magnus u.a. vgl Lenz 89 und Bömer ad loc.

... *ignes* (V.9) noch einmal auf. Das Bekenntnis *si possem, sanior essem* (V.18) zeigt, daß Medea ihren Zustand des Verliebtseins ganz im Sinne des Elegikers als Krankheit, sich selbst als *insana* sieht[62]. Auch hinter der Furcht, die Medea um das Leben des Fremden empfindet[63], ohne den Grund dafür zugeben zu wollen, *quae tanti causa timoris* (16), verbirgt sich als elegisches Motiv die ständige Angst des Liebenden, dem geliebten Menschen könne etwas zustoßen, die hier durch den Hinweis auf die reale Gefahr noch verstärkt wird[64]. Später äußert sie die Bereitschaft, ohne Rücksicht auf das eigene Leben die Gefahr der Seefahrt auf sich zu nehmen (unten V.66f)[65], und fürchtet dabei nur für den Geliebten. Auch dieses Motiv erhält seine Originalität dadurch, daß die von den Elegikern beschworenen topischen Gefahren (wie z.B. Skylla und Charybdis, Ov. am. 2,16,23-26) tatsächlich existieren[66].

Ein gravierender Unterschied zu der entsprechenden Thematik, der Absage an die Liebe, im elegischen Bereich, liegt jedoch darin, daß dort die *amatores* nur dann gegen die Liebe ankämpfen, wenn sie nicht erwidert wird[67], während Medea sich, wenn sie ihre Liebe nicht überwindet, schuldig macht und sich dessen bewußt ist[68].

Dieses Bewußtsein, das Falsche zu tun, verleiht dem naiven, verliebten Mädchen eine gewisse Tragik. Sie ist ja nicht vor Liebe blind, sondern erkennt sehr wohl das Richtige und wird gegen ihren Willen, *invita* (V.20), durch ihre

---

[62] Aus der Elegie stammt der Gedanke, die Liebe als eine Krankheit mit der Verwirrung des Verstandes gleichzusetzen: Ov. ars 1,372 *insano amore*; 2,563; Tib. 2,6,18 *insano mente*; Prop. 2,34,25; 3,17,3, vgl dazu Pichon 172.

[63] Hehrlein 29 stellt fest, daß in keinem der Metamorphosenmonologe so oft von "fürchten" gesprochen wird wie bei Medea. Unterstrichen wird die Angst Medeas durch die Doppelung *timeo...timoris* (V.16) in betonter Endstellung. In einer derartigen Furcht um das Leben des Ankömmlings äußern sich auch in den Argonautica die Gefühle Medeas zuerst (Arg. 3,459. 638).

[64] Vgl. die Angst Penelopes um Odysseus (Ov. Her. 1,71f); Laodamias um Protesilaus (Her. 13, 51f); Tarpeias um Tatius (Prop. 4,4,26) u.a.

[65] Zu dem elegischen Topos, dem Geliebten bei allen Gefahren zur Seite zu sein ohne Rücksicht auf das eigene Leben vgl. G.Kölblinger, Einige Topoi bei den lateinischen Liebesdichtern, Diss. Graz 1970, 86 u. 123ff. Das Motiv findet sich z.B. bei Properz 2,26b.29-58, wo der Liebende bereit ist zu einer gefährlichen Seereise und mit dem Mädchen gemeinsam weder Scylla noch Charybdis fürchtet. Ähnlich auch Ov. am. 2,16,21-26.

[66] Die Rettung der Argonauten und damit auch Medeas vor Skylla und Charybdis beschreibt Apollonios Arg. 4,763ff.

[67] Zu der Thematik der Liebe im Widerstreit mit der Vernunft in den Elegien, die zunächst auch der Grundsituation Medeas zu entsprechen scheint, vgl. oben S.30 mit Anm.30 und Keul passim.

[68] S.Wetzel, Die Gestalt der Medea bei Val. Flaccus, Diss. Kiel 1957, 104, der für die Medea des Valerius Flaccus ein ähnliches Ankämpfen gegen die Liebe feststellt, bezeichnet diesen Zustand treffend als "Bewußtheit im Affekt".

Begierde zu Iason hingezogen[69]. Gegen diese *nova vis* kann sie nichts aus-
richten.

In der bereits genannten Feststellung, in die der Abschnitt gipfelt (V.20f: *video meliora proboque* ...), manifestiert sich diese Tragik ihrer Situation.
Das "sehenden Auges erfolgte Schuldigwerden"[70], durch das die Handlung
bereits jetzt stark dramatisiert wird, unterscheidet Ovids Medea von der Figur
bei Apollonios, die nicht etwa fürchtet, Schuld auf sich zu laden, sondern den
Spott der Menschen auf sich zu ziehen und ihrem Ruf zu schaden (Arg.
3,792), und von Dido, deren *pudor* von der entflammten Liebe hinweggefegt
wird (Aen. 4,55: *soluitque pudorem*)[71] und die ihre Schuld erst erkennt, als es
zu spät ist (Aen. 4, 550ff.).

Im Vordergrund steht bei Ovid die Nähe zu der euripideischen Tragödienfi-
gur. Hier wie dort befindet sich Medea in einer Konfliktsituation, in der Gefühl und Vernunft miteinander ringen. Sie analysiert rational ihre Situation und
ist sich des inneren Kampfes voll bewußt. Auch die Medea des Euripides, die
allerdings vor der ganz andersartigen und viel schwerwiegenderen Entscheidung zum Kindesmord steht, erkennt, daß sie etwas Furchtbares tun will,
aber sie sieht ebenfalls, daß ihre eigene Einsicht sie nicht daran hindern kann
(Eur. Med. 1078f):

    καὶ μανθάνω μὲν οἷα δρᾶν μέλλω κακά,
    θυμὸς δὲ κρείσσων τῶν ἐμῶν βουλευμάτων.

    Und ich erkenne das Grauenvolle, das ich zu tun gedenke.
    Doch mein Zorn ist stärker als meine vernünftigen Gedanken.

Diese Verse werden zum Vorbild für Medeas Worte bei Ovid (V.19f):

    ...aliudque cupido
    mens aliud suadet:video meliora proboque...,[72]

---

[69] Seneca nimmt den Gedanken auf, legt jedoch das Gewicht nicht, wie Ovid, auf das Ge-
zogenwerden in eine bestimmte Richtung, sondern auf das Hin- und Herschwanken (Med.
938f.): *Variamque nunc huc ira, nunc illuc amor / diducit.*

[70] Büchner 227.

[71] Offermann 26:"Ziel Vergils ist es nicht...den Konflikt von Affekt und Vernunft auszu-
breiten". Die Rolle der Gegenstimme, die für das Gefühl plädiert, übernimmt bei Vergil
Anna, und Dido läßt sich ohne größeren Widerspruch überreden (Aen. 4,30). Der tragische
Konflikt liegt hier eher bei Aeneas, der sich bewußt zwischen der Liebe und der *pietas* gegenüber den Göttern entscheiden muß.

[72] Den deutlichen Zusammenhang mit Euripides stellt auch Heinze, Ovids elegische Erzählungen 399 fest. Andere Parallelen nennt Bömer ad loc., der unsere Stelle als einen
"Affront gegen Vergil" bezeichnet. Er bezieht sich auf Aen. 3,188 *cedamus Phoebo et*

der uns damit einen deutlichen Hinweis auf die Beziehung zwischen beiden
Monologen gibt.

Wie bei Euripides lädt also auch bei Ovid Medea wissentlich Schuld auf
sich. Allerdings ist die Ausgangssituation der Medeafiguren jeweils völlig unterschiedlich: In den Metamorphosen wird sie bereits bei der Entscheidung für
die Liebe zu Iason zur tragischen Heldin[73]. Ovid führt gleich zu Beginn seiner
Handlung die tragische Komponente ein und verzichtet damit auf die Möglichkeit einer dramatischen Steigerung bis zum abschließenden Höhepunkt. Die
Handlungsführung läuft also bereits jetzt nicht mehr in traditionellen Bahnen.
Die Situation ist von vornehrein dramatisch zugespitzt.

Eine enge Beziehung zur Tragödie zeigt sich auch in einer formalen Besonderheit der ovidischen Monologtechnik: Bereits im ersten Vers des Monologs
(V.11: *frustra, Medea, repugnas*) fällt auf, daß Medea sich selbst in der zweiten Person und sogar mit ihrem eigenen Namen anspricht, der hier im übrigen
erstmals ausgesprochen wird. Auch in der anschließenden Reflexion über die
Art ihrer Gefühle, in der durch die Aneinanderreihung pathetischer Selbstfra-
gen (V.14-16) ihre sich steigernde[74] Verzweiflung und Ratlosigkeit widerge-
spiegelt wird[75], redet sich Medea immer wieder in der zweiten Person an, um
dann, gleichsam im Dialog mit sich selbst, wieder in die erste Person zu wechseln.

Ein solches inneres Zwiegespräch, wie es sich bereits in den ersten zehn
Versen abzeichnet und sich durch den gesamten Monolog fortsetzt, bei dem es
zum Wechsel in die zweite Person und sogar zur Selbstanrede mit dem Namen
kommt, ist nicht ursprünglich episch. Bei Homer finden wir zwar zahlreiche
Monologe[76], angeredet wird dabei jedoch höchstens der θυμός. Ein Ansatz zum
eigentlichen Zwiegespräch mit sich selbst ist darin nicht zu erkennen[77]. Selbst
Apollonios, dessen Medea-Monologe die innere Zerrissenheit der Sprechenden
deutlich zeigen, vermeidet noch die Selbstanrede in der 2.Person. Erst Vergil

---

moniti meliora sequamur. Diese Stelle mag zwar bei Ovid anklingen, ein Affront gegen
Vergil ist darin m.E. aber nicht zu sehen.

[73] Daß sie fähig ist, das im moralischen Sinne Richtige zu erkennen (*video meliora*), läßt
sie als "sittlich tüchtig" erscheinen. Die Konfliktsituation, in der sie sich befindet, ist
zunächst ohne ihr Verschulden entstanden. Bei ihrem Versagen liegt der "Akzent...auf dem
Wollen, das versagt". Sie ist also im aristotelischen Sinne durchaus eine tragische Heldin.
Vgl. dazu die Zusammenfassung der Grundelemente der Tragödie bei Wlosok 231. Zur tragischen Schuld auch K.v.Fritz, Tragische Schuld und poetische Gerechtigkeit in der griechischen Tragödie, in: Antike und Moderne Tragödie 1962, 1-112.

[74] Der abnehmende Umfang der drei Fragen bewirkt ein Ansteigen des Pathos und der Er-
regtheit Medeas. Vgl. dazu Offermann 28. Pathetisch wirkt auch die Anapher in den beiden
ersten Fragen: *cur...? cur...?*

[75] So auch Hehrlein 29.

[76] Dazu Leo, 2ff.

[77] "Die Anrede an den θυμός ist etwas anderes", Offermann 53.

läßt Dido an zwei besonders affektgeladenen Monologstellen (Aen. 4,541f. u. 596) in die Selbstanrede verfallen[78]. Dabei spricht auch sie sich einmal mit *infelix Dido* (Aen.4,596) namentlich an. Sein Nachfolger Ovid läßt allerdings Medea in ihrem Monolog allein achtmal zwischen der 1. und 2. Person wechseln[79]. Die Anfänge einer solchen "Dialogisierung des Monologs"[80] liegen wiederum im euripideischen[81] Drama. Zwar kommen auch bei Euripides noch homerische Anreden an den θυμός vor (Med. 1056), daneben spricht sich aber bereits hier Medea in der zweiten Person (Eur. Med. 401ff.) und dabei auch namentlich an (Med. 403)[82]. Auch die von Ovid verwendete rhetorische Selbstbefragung - ein großer Teil seines Medea-Monologs besteht quasi aus Fragen (wie hier V.14-16)[83] und Antworten - als Ausdruck von starkem Pathos finden wir bereits bei Euripides (Med. 378ff; Med. 1042: αἰαῖ· τί δράσω). Euripides hat damit eine neue Form des Monologs geprägt[84], an die bereits Vergil andeutungsweise anknüpft, die jedoch erst von Ovid für die Verwendung im Epos entscheidend ausgebaut wird[85]. Später wird sie auch von Valerius für die Monologe Medeas übernommen (z.B. Val. Arg. 7,331ff)[86].

In der Übernahme dramatischer Monologelemente wie der Selbstanrede und in deren weiterer Ausprägung hat sich bereits gezeigt, wie Ovid vergilische Ansätze aufgreift und bei gleichzeitigem Rückgriff auf Euripides für seine Zwecke ausgestaltet. Wenn Medea nun selbst bei der Aufforderung, die Liebe fallenzulassen, die Einschränkung macht: *si potes, infelix* (V.18a), spielt Ovid damit ausdrücklich auf Vergil an und stellt seine Medea neben *infelix Dido* (Aen. 4,596). Wie Medea betitelt sich auch Dido in einem Monolog selbst als *infelix* (Aen. 4,596), jedoch erst, als sie erkennen muß, daß Aeneas sie verläßt. Ovid gibt dieser Wendung einen neuen Zusammenhang. Denn während Dido unglücklich ist aufgrund äußerer Ereignisse[87], ist es der innere Konflikt, das Unvermögen, ihren *furor* zu beherrschen, was Medea *infelix* macht. Wir be-

---

[78] Dazu Offermann 27.

[79] Vgl. auch Bömer ad loc.

[80] M.Pfister, Das Drama, München 1977, 184.

[81] Über Vorstufen solcher Selbstanrede in den Tragödien des Aischylos und des Sophokles vgl. Schadewaldt 38ff u. 55ff.

[82] Die Anrede in der 2. Person erstreckt sich über 6 Verse: vgl. auch die namentliche Anrede in Eurip. Hek. 731.

[83] Vgl. ferner auch V.21f. 25-28. 34-36. 39ff. 47. 51f. 69f.

[84] Vgl. dazu auch oben S.33f. Eine nähere Untersuchung findet sich bei Leo 18ff. und Schadewaldt 189ff.

[85] Seneca führt diese Entwicklung in seinem Medea-Drama weiter, indem er Medea in ihrem Monolog von sich selbst einmal in ihrer Eigenschaft als Mutter, dann wieder als Gattin in der dritten Person sprechen läßt: *materque tota coniuge expulsa redit* (Sen. Med. 928).

[86] Vgl. dazu U.Eigler, Monologische Redeformen bei Valerius Flaccus, Ffm 1988, 107ff.

[87] Aen. 1,749 wird sie bereits von Vergil als allwissendem Erzähler so bezeichnet, weil er die nachfolgenden Ereignisse kennt.

obachten hier erneut, wie Ovid den Schwerpunkt der Handlung anstatt auf äussere Ereignisse auf die innere Situation legt. Zusätzlich wird aber durch die Verbindung zu Dido schon jetzt implizit darauf hingewiesen, daß auch Medeas Geschichte ein tragisches Ende finden wird.

2.3.2. *Quid in hospite...(V.21-38)*

Nachdem Medea schließlich erkannt hat, daß sie nicht in der Lage ist, ihre Gefühle zu unterdrücken und auch gegen ihre Vernunft den *deteriora* folgen wird, führt sie sich vor Augen, wie sich unter diesem Aspekt ihre eigene Situation, aber auch die Iasons gestaltet und welche Probleme und Folgen sich daraus für sie ergeben. Formal wählt Ovid dabei auch weiterhin die bereits erläuterte Form des inneren Zwiegesprächs mit Selbstanrede und rhetorischen Fragen. Das Auf und Ab der Gedankenführung des gesamten Monologs, das sich dabei durch den ständigen Wechsel von Frage und Antwort, von Argument und Gegenargument ergibt - auch dieses Phänomen wird schon bei Euripides erkennbar (z.B. Med. 1048f.1055f)[88], - ist bereits von Offermann ausführlich erläutert worden[89] und soll hier nicht noch einmal im Detail erörtert werden.

Für Medea steht auf der einen Seite die Tatsache, daß sie die Tochter des Königs ist (V.21: *regia virgo*), der es ansteht, sich einen standesgemäßen Gatten aus ihrer Heimat zu wählen (V.23). Sie jedoch interessiert sich stattdessen für einen völlig Fremden (V.21: *hospes*)[90] aus einem fernen Land (V.22: *alieni ... orbis*), dessen Schicksal sie eigentlich nichts angeht, sondern Sache der Götter ist (V.23f: *in dis est*). Was sich bereits oben V.14f. angedeutet hat, wird jetzt sehr viel deutlicher ausgesprochen: Die Entscheidung zwischen *mens* und *cupido* bedeutet für Medea eine Entscheidung zwischen dem Vater[91] und

---

[88] Zum Auf und Ab der Gedankenbewegung in den Monologen des Euripides vgl. Schadewaldt 194.

[89] Zu der Gedankenführung in Medeas Monolog in den Metamorphosen vgl. Offermann, 28-32. Ders. 52: "Ovid steigert oft die seelische Haltung zu einem Höhepunkt, um sie zur entgegengesetzten Haltung umbrechen zu lassen". Laut Bernbeck 77 ist die antithetische Gedankenführung typisch für die Metamorphosen allgemein: jeder Gedanke komme zu einem Punkt, wo ein gegenläufiger beginne.

[90] Bei Verg. Aen. 4,322f dient die Bezeichnung *hospes* der Dido dazu, den erneuten Abstand zu Aeneas zu verdeutlichen: *hoc solum nomen quoniam de coniuge restat* (Aen. 4,323). Auch bei Ovid signalisiert die Gegenüberstellung *hospes - regia virgo* den Abstand zwischen beiden, verstärkt durch *alieni orbis*: Iason kommt aus einer völlig anderen Welt.

[91] Der zornige Vater, der die Liebenden trennen will, ist auch ein Topos aus der Elegie (vgl. z.B. Ov. am. 1,15,17) und gehört damit ebenfalls in die Reihe der verwendeten elegischen Motive, vgl. o. S.35.

ihrer Heimat einerseits und einem Fremden und dem Leben in einem unbekannten Land andererseits. In den Metamorphosen ist sich Medea dieses Zwiespalts völlig bewußt, in den Argonautica ruht er zunächst in Medeas Unterbewußtsein und offenbart sich in einem Traum, in dem ihr die Wahl zwischen den Eltern oder Iason gestellt wird (Apoll. Rhod. Arg. 3,628f).

Aber auch die bewußten Einwände der ovidischen Medea reichen nicht dazu aus, den Liebes*furor* niederzuringen. Der Gedanke, Iason könnte sterben (V.24: *occidat*)[92], läßt sogleich die von der Liebe beherrschte Seite Medeas protestieren: *vivat tamen* (V.24)[93]. Der Versuch, sich selbst zu täuschen und ihre Angst um Iasons Leben mit der Behauptung zu tarnen, daß es sich dabei nicht um Liebe (V.25), sondern um reine Menschlichkeit Iason gegenüber handele, ist nur eine halbherzige Rechtfertigung. Denn Medea straft sich doch schon zuvor Lügen, indem sie zugibt, auf eine Ehe zu hoffen (V.22: *thalamos ... concipis*)[94].

Nachdem sie durch die beschriebene Selbsttäuschung den Wunsch, Iason möge gerettet werden, gerechtfertigt hat, führt sie sich sehr eindringlich, gleichsam zur Legitimierung ihres Wunsches, die konkrete Gefahr vor Augen, die Iason droht, indem sie unter verschiedenen Aspekten zweimal die Aufgaben nennt, die ihr Vater ihm auferlegt hat (V.29-31 u. 35f). Die Vorstellung dieser ungeheuren Bedrohungen und das Wissen, daß sie in der Lage ist, Iason zu helfen und ihn damit zu retten (V.29: *nisi opem tulero*), führen dazu, daß sie mit geradezu sophistischem Geschick[95] die Argumentation umdreht und zu dem Schluß kommt, daß sie als unmenschlich gelten müsse (V.32f: *de tigride natam ...*)[96], wenn sie es unterließe, ihm zu helfen (V.32-36: *hoc ego si patiar*

---

[92] *occidat* wird durch exponierte Stellung am Anfang von Vers 24 betont.

[93] Ähnlich wie in Vers 15 unterbricht sie sich selbst durch anaphorische Wiederaufnahme von *vivat* (V.23f) und verlangt in trotzigem, durch *tamen* verstärktem Aufbegehren, er möge leben.

[94] Der Wunsch nach einer Ehe ist bei Apollonios' Medea nicht gleich präsent, sondern wird erst später, als Ausdruck des Unterbewußtseins, in Medeas Traum eingebettet (Arg. 3,622ff.). Im Allgemeinen ist die Ehe, auch wenn sie noch so unerreichbar scheint, für die Heroinen das Ziel ihrer Hoffnungen. So hofft z.B. Tarpeia, Gattin des Tatius zu werden (Prop. 4,4,61); Skylla spricht von *sperata cubilia* (Ov. Met. 8,55) auch bei Dido taucht im Gespräch mit Anna sofort der Gedanke an *thalami taedaeque* auf (Verg. Aen. 4,18).

[95] Die Rhetorik dient Medea dazu, sich selbst zu überreden, und ist somit für Ovid nicht Selbstzweck, sondern ein Mittel, um Medeas rationale Denkweise zu charakterisieren.

[96] Die menschliche Herkunft des Beschimpften anzuzweifeln und ihn mit wilden Tieren oder Felsen gleichzusetzen ist ein seit Homer begegnendes Motiv, so Hom. Il. 16,34f:

... γλαυκὴ δέ σε τίκτε θάλασσα
πέτραι τ᾽ ἠλίβατοι, ὅτι τοι νόος ἐστὶν ἀπηνής.

wo Patroklos die Herkunft Achills anzweifelt. Vgl. A.Otto, Die Sprichwörter und sprichwörtlichen Redensarten der Römer, Hildesheim 1968 (zuerst 1890) passim und Pease,

... cur non tauros exhortor in illum ...)[97] Nachdem damit das passive Zusehen
einem aktiven Ermorden gleichgesetzt ist, bleibt für Medea kein anderer Weg
offen als der, Iason zu helfen. Sie faßt den Entschluß zu handeln (V.38:
facienda mihi) anstatt die Entscheidung den Göttern anheimzustellen[98] und
zeigt damit eine völlig andere Haltung als Vergils Dido, die nach verschiedenen Erwägungen das Handeln, in ihrem Fall die Rache an Aeneas, den Göttern überläßt (Aen. 4,600ff.). Stattdessen ist auch die Medea des Ovid, ähnlich
wie die rächende Medea des Euripides, selbst *Handelnde*. Ihr Entschluß, in die
Pläne des Vaters einzugreifen, ist damit zunächst gefaßt.

Aus Medeas Analyse ihrer Situation erfährt der Leser erstmals wichtige
Grundlagen der äußeren Handlung, die der neutrale Erzähler in seinem knappen Bericht übergangen hatte.

Apollonios, der die Begegnung zwischen dem König und den Argonauten
ausführlich darstellt (Arg. 3,299-438), gibt die Bedingungen des Aietes in diesem Zusammenhang in direkter Rede wieder, Ovid dagegen macht zu Beginn
der Erzählung nur eine vage Andeutung über die von Aietes auferlegten *labo-
res* (V.8). Medea selbst teilt uns aus ihrem Blickwinkel und damit gleichsam
in personaler Erzählung[99] mit, worin diese Aufgaben bestehen, nämlich in einem Kampf mit feueratmenden Stieren, erdentsprossenen Kriegern und dem
über das Vlies wachenden Drachen (V.29-31). Aus der subjektiven Perspektive
der ängstlichen Liebenden sehen wir die Schrecknisse, die Iason widerfahren
werden, wenn - und diese Bedingung ist vorangestellt - Medea ihm nicht
hilft[100].

Bisher war bei Ovid von einer Mithilfe Medeas keine Rede. In den Argonautica allerdings taucht der Gedanke an eine Unterstützung durch Medea
schon sehr viel früher in einem völlig anderen Zusammenhang auf, nämlich
bei der Beratung der Argonauten nach dem Gastmahl: Argos schlägt Iason vor,

---

Komm. zu Verg. Aen. 4,365. Vgl. auch Eur. Med. 1342 (λέαιναν), wo sich Medea, lange
nachdem sie Iason das Leben gerettet hat, solche Beschimpfungen von ihm anhören muß.

[97] Das Pathos dieser beiden rhetorischen Fragen wird durch anaphorisches *cur* verstärkt,
terrigenasque feros und *insopitumque draconem* werden durch die chiastische Stellung betont.

[98] Sie richtet zunächst eine Gebetsformel an die Götter, sie mögen Schlimmes abwenden: *di
meliora velint* V.37 (vgl. auch Met. 9,497 *di melius*; zahlreiche andere Belegstellen für
diese häufig verwendete Formel bei Bömer ad loc.), um dann sogleich zu dem Schluß zu
kommen, daß nicht Beten, sondern Handeln am Platz sei. Ovid verwendet damit den gängi-
gen Gemeinplatz vom "Handeln anstatt Bitten", vgl. Met, 6,701: *non orandus erat mihi sed
faciendus*. Noch weiter geht Scylla, als sie dafür plädiert, Minos zu helfen (Met.72f): *sibi
quisque profecto est deus, ignavis precibus Fortuna repugnat*; dazu Otto, Sprichwörter 144.

[99] Vgl. Petersen 190ff; dazu o.S.27, Anm.17.

[100] Auffällig erscheint, daß Ovid in Medeas Heroides-Brief, also in der gegensätzlichen
Perspektive der Rückschau, die erste Nennung der Aufgaben Iasons, in genauer Umkehrung, mit dem Wunsch verknüpft, sie hätte ihm nie geholfen (Her. 12,15).

die Hilfe der Königstochter zu erbitten (Arg. 3,475). Daß wir nun von der
Möglichkeit Medeas, Iason zu helfen, noch vor der Aufzählung der ihm dro-
henden Gefahr erfahren und Medea diese Hilfe als Iasons einzige Rettung darstellt, verschiebt den Hauptakzent von den Taten Iasons bereits jetzt auf die
Rolle, die Medea dabei spielt. Ovid konzentriert somit alle Vorgänge auf Medea und macht sie auch dadurch zum Mittelpunkt des Geschehens, daß er
wichtige Teile der Handlung durch ihren Monolog und damit aus ihrer subjektiven Sichtweise heraus darstellt.

Entsprechend kommt auch die Schönheit und Tugend Iasons bei Ovid erstmals als Ursache für Medeas 'Mitleid' zur Sprache (V.26-28: *aetas / et genus
et virtus? ... ore movere potest...*) und wird damit durch die personale Sehweise der Verliebten relativiert. Bei Apollonios dagegen werden diese At-
tribute Iasons als objektive Tatsache der gesamten Medeahandlung vorangestellt (Arg. 3,443f):

> θεσπέσιον δ᾽ ἐν πᾶσι μετέπρεπεν Αἴσονος υἱός
> κάλλεϊ καὶ χαρίτεσσιν.[101]

> *Herrlich hob sich vor allen hervor durch Schönheit*
> *   und Anmut*
> *Aisons Sohn.*

Auch Vergil beschreibt die hervorragende Schönheit des Aeneas aus der
Sicht des neutralen Erzählers (Aen. 1,589; 4,141.150).

Durch dieses Ersetzen neutraler Handlung durch die personale Darstellung
im Monolog erhält die ovidische Erzählung dramatische Strukturen, entspricht
es doch dem Wesen des Dramas, vorausgegangene Handlung durch die Rede
der agierenden Personen zu vermitteln, da ein direkter Erzähler fehlt. So erfahren wir bei Euripides die Ereignisse auf Kolchis erst aus den Vorwürfen,
die Medea Iason macht (Med.475-519). In ähnlicher Weise muß in Ovids Medeabrief die gesamte Handlung in den Worten Medeas durchscheinen und wird
durch die Perspektive der betrogenen Heroine subjektiviert; auch hier ist eine
enge Beziehung zum Drama zu erkennen[102].

---

[101] Die äußere Schönheit des Helden ist auslösendes Moment für Medeas Liebe, ein Motiv,
das noch mehrfach wieder auftaucht (43f.; 83f.; s.u.) und sich bei Apollonios auch Arg. 3,
1017 findet. H.Bolte, Der Konflikt zwischen Willen und Sein in Ovids Metamorphosen,
Diss. Freiburg 1956, 60 hält es für "Erstaunlich, daß Männer mehr an ihrer *forma* als an ihrer *virtus* gemessen werden", läßt dabei aber völlig außer Acht, daß nach antikem Hel-
denideal äußere Schönheit mit inneren Tugenden einhergeht (vgl. unten S.53 Anm. 130).
Zur Schönheit des Helden vgl. auch E.Rohde, Der griechische Roman, Leipzig 1914, 160.

[102] Ovid bedient sich dieser Technik allgemein in den Heroides. Die Nähe der Briefelegien
zum Drama konstatiert E.Oppel, Ovids Heroides. Studien zur inneren Fom und zur Motivation, Diss. Erlangen 1968, bes. 94f. P.Steinmetz, Die literarische Form der Epistulae

2.3.3. Prodamne ego regna parentis...(V.39-68)

Nun, da Medeas Entschluß, Iason zu helfen, gefaßt ist, würde man Überlegungen darüber erwarten, wie diese Hilfe aussehen könnte[103]. Bei Apollonios wird bereits nach Argos' Vorschlag, die Königstochter um Hilfe zu bitten, hinzugefügt, daß sie deshalb besonders geeignet ist, weil sie Zauberkräfte besitzt (Apoll. Rhod.Arg. 3,478):

> ... φαρμάσσειν Ἑκάτης Περσηίδος ἐννεσίῃσιν

> *Hier durch Hekates Lehre in manchem Zauber bewandert.*

Später folgt eine umfangreiche Beschreibung von Medeas Zauberfähigkeiten (Apoll.Rhod. Arg. 3,528-533), und in einem ihrer Monologe sorgt sie sich um die möglichst unauffällige Beschaffung der Zaubermittel für Iason (Arg. 3,779f). Medea wird demnach in den Argonautica gleichzeitig als Liebende und als Zauberin eingeführt - eine doppelte Charakterisierung, die immer wieder als nicht miteinander vereinbar kritisiert wurde[104]. Bei Ovid dagegen finden wir auf ihre etwaigen Zauberkünste in dem gesamten Monolog keinen Hinweis[105]. Das Bild des unerfahrenen verliebten Mädchens wird nicht durch die Erwähnung der magischen Kräfte beeinträchtigt.

Medeas Sorgen hier betreffen vielmehr die Konsequenzen, die ihr Handeln, d.h. ihre Hilfe für Iason, nach sich ziehen würde, sowohl die negativen, die damit zu Argumenten der *ratio* gegen die Liebe werden, als auch die positiven, die sich für sie aus der Erfüllung der Liebe ergeben. Dabei werden die Einwände gegen die Liebe nicht einfach durch die Macht der Gefühle beiseite gedrängt, sondern auf eine scheinbar rationale Weise entkräftet. Medea zeigt eine nüchtern abwägende Denkweise, durch die sie sich von der apollonischen Medea unterscheidet, da letztere zu einer realistischen Analyse ihrer Situation nicht fähig ist, sondern vor allem von Angst vor dem Vater beherrscht wird.

Nachdem Medeas Gedanken bei Ovid zuvor nur der Rettung des Geliebten gegolten haben, kommt es zunächst zu einem völlig überraschenden Umbruch.

Heroidum Ovid, Gymn. 94, 1987, 140 bezeichnet die einzelnen Briefe als "Monodrama", ders. 141: "In die Monologe ist so auch die dramatische Exposition integriert".

[103] Entsprechend folgt bei Scylla nach dem Entschluß zur Tat, nämlich Minos im Krieg gegen den Vater zu unterstützen, ein genauer Plan, Met 8,76ff.

[104] Hübscher 24ff; Wilamowitz, Hellenistische Dichtung II, 214; vgl. auch S. 17 mit Anm. 29.

[105] Rosner-Siegel 235: "...no mention has been made of Medeas traditional magical powers". Darauf, daß der erste Gedanke an Medeas Zauberkünste bei Argos auftaucht (Arg. 3,478), weist auch Schwinge 117 hin. Die Situation Didos bei Vergil ist hier nicht vergleichbar, da sie den Aeneaden bereits geholfen hat, bevor sie sich in Aeneas verliebt.

Ohne den Versuch, etwas zu beschönigen[106], stellt sie fest, daß sie im Begriff
ist, ihr Vaterland zu verraten (V.38)[107], und zwar für einen Fremden. In Steigerung zu *hospes* (V.21) betitelt sie Iason hier als *nescio quis advena* (V.39)[108]
mit einem "abfälligen" Unterton, der die Distanz zwischen beiden verdeutlicht
und den Verrat noch schwerwiegender macht. Auch bei der Vorstellung dessen, was nach einem solchen Verrat geschehen könnte, zeigt sie eine erstaunlich realistische Sicht ihrer Situation: Der von ihr Gerettete könnte ohne Dank
fortsegeln und in seiner Heimat eine andere Frau nehmen, während sie für ihre
Tat bestraft würde (V.40f).

Sollte er sie jedoch mit sich nehmen - eine Überlegung, die bei der apollonischen Medea erst gar nicht auftaucht -, so bedeutete dies für sie den Abschied
von ihrem bisherigen Leben. In Form einer rhetorischen Frage (V.51-52: *ergo
... relinquam?*) nennt sie in einer Klimax Schwester, Bruder[109] und Vater, die
heimischen Götter und ihre Heimat selbst, die sie unter diesen Umständen für
immer verlassen müßte. Ihre letzten Einwände, die schon nicht mehr das Vergehen selbst betreffen, gelten schließlich den großen Gefahren, denen sie auf
der langen Seereise von Kolchis nach Iolkos ausgesetzt wäre[110].

Wie sehr dennoch der *furor* inzwischen die Herrschaft über ihr Denken gewonnen hat, zeigt die Art und Weise, mit der Medea alle diese Bedenken
Schritt für Schritt beseitigt und in ihrem Konflikt zwischen Vater und Gast
bzw. Heimat und Fremde alle Chancen und Möglichkeiten, die sich für sie ergeben könnten, sorgfältig abwägt, dabei jedoch inzwischen ganz aus der Sicht
der Griechen argumentiert.

---

[106] Skylla versucht in ähnlicher Situation, ihren Landesverrat noch als Hilfe für die Lands-
leute darzustellen (Ov. Met. 8, 62ff). Hier zeigt sich wieder, wie unterschiedlich Ovid die
Charaktere seiner Heroinen zeichnet.

[107] *Regna parentis* zeigt, wie schon oben *regia virgo* (21), daß sich Medea ihrer Herkunft
wohl bewußt ist. Sie ist die Tochter des herrschenden Königs und nimmt somit in ihrer Heimat eine ganz besondere Stellung ein.

[108] Über die peiorative Bedeutung von *nescio quis* vgl. Bömer ad loc. Daß Iason ein Fremder ist, wird auch in den Argonautica mehrfach hervorgehoben: 3,619. 638. 719. 795.

[109] Apsyrtos, den Bruder Medeas, betreffend sind unterschiedliche Versionen überliefert.
Bei Apollonios ist er bereits erwachsen und wird bei der Verfolgung der Argonauten von Iason und Medea mit Hilfe einer List getötet. Der Wortlaut *frater adhuc infans* (54) weist
darauf hin, daß Ovid hier ausnahmsweise nicht Apollonios folgt, sondern an eine auch bei
Cic. Manil.22 begegnende Überlieferung anknüpft, nach der Apsyrtos noch ein kleines
Kind war, das zerstückelt und ins Meer geworfen wird, um Aietes von der Verfolgung
abzuhalten; dazu auch Bömer ad loc. Bei Euripides wird der Bruder bereits auf Kolchis getötet (Med. 1334).

[110] In diesem Zusammenhang verwendet Ovid das elegische Motiv der Bereitschaft, den
Geliebten bei allen Gefahren zu begleiten: vgl. oben S.39 mit Anm.65.

Die Aussicht, in Griechenland als Retterin gefeiert zu werden (V.51: *serva-trix ... celebrabere*; V.56: *titulum servatae pubis Achivae*)[111], scheint ihr den Verrat am Vaterland völlig aufzuwiegen, zumal die Heimat in ihren Augen plötzlich zur *barbara tellus* (V.53) geworden ist, die zu verlassen sich lohnt. Der Vater selbst, der dieses "Barbarenland" beherrscht und Iason bedroht, erscheint ihr als *saevus* (V.53)[112].

Bereits in den Argonautica wird Aietes mehrfach als wild und grausam bezeichnet, dort allerdings von den Argonauten, die in ihm den Nichtgriechen und feindlichen Herrscher sehen (Arg. 3,15.492.613)[113]: Apollonios gibt damit dem besonderen Zivilisationsbewußtsein der Griechen Ausdruck, die sich in Sprache, Bildung und Lebensweise allen anderen Völkern überlegen fühlen[114]. Die Sichtweise wird später von den Römern hinsichtlich der griechisch-römischen Kultur übernommen[115]: alle, die außerhalb dieser Kultur stehen, gelten für sie als unzivilisierte Barbaren. Gerade Ovid selbst, der ja später die Unwirtlichkeit des Barbarenlandes am Schwarzen Meer leidvoll am eigenen Leib erfahren muß, mißt dem heimatlichen römischen *cultus* große Bedeutung bei[116].

---

[111] Bei Euripides Med. 536 brüstet sich Iason damit, es sei sein Verdienst, daß Medea diesen Ruhm in Griechenland erlangt habe. Bei Apollonios stellt er ihr für den Fall, daß sie ihm hilft, einen solchen Ruhm in Aussicht (Arg. 3, 991ff. 1122ff). Die Dankesfeier, die Ovid bei Rückkehr der Argonauten beschreibt, gilt jedoch nicht Medea, sondern den Göttern (Met. 7,159ff).

[112] Beide Feststellungen werden durch doppeltes anaphorisches *nempe* besonders stark hervorgehoben.

[113] Daß Medea in den Heroides 12,29 die anfängliche Gastfreundschaft des Vaters betont, bewegt Bömer ad loc. (Met. 7,53) zu dem Vorwurf, Ovid habe "mit der Überlieferung frei geschaltet". Ovid hebt damit jedoch lediglich die unterschiedliche Sichtweise Medeas hervor, die nach Iasons Betrug anders gewichtet. Ein Gastmahl wird den Argonauten auch bei Apollonios zuteil (Arg. 3,299ff); daneben wird Aietes aber auch dort als zornig geschildert.

[114] Der Gegensatz Griechen - Nichtgriechen bildete sich besonders im Zuge der Konkurrenz mit den Persern ab dem 6. Jh. aus. Man versuchte, sich von den sog. Barbaren zu differenzieren; dazu W.Ruge, Art. Barbaroi, RE II 1896, 2858; K.Christ, Römer und Barbaren in der hohen Kaiserzeit, Saeculum 10, 1959, 274-276; W.Nippel, Griechen, Barbaren und "Wilde", Ffm 1990. Diese "Dichotomie zwischen der eigenen Kultur und der einer andersartigen Außenwelt" (Nippel 36) wird von den Römern übernommen.

[115] Entsprechend wird auch noch von Valerius die Argonautenfahrt als große zivilisatorische Leistung hingestellt und in diesem Sinne den Britannienzügen Vespasians gleichgesetzt, vgl. Val. Arg. 1,1-21.

[116] Er lobt den *cultus* im Rom seiner Zeit besonders in seiner ars amatoria, dazu Otis, Ovid 20. Zur Bedeutung des *cultus* für Ovid s. Doblhofer, Ovidius urbanus, Philol. 104, 1960. 63-91.

Aus der relativen Sicht der Römer und Griechen[117] ist selbstverständlich
auch Kolchis ein barbarisches Land. Bei ihnen gilt daher aber nicht nur Aietes,
sondern auch die kolchische Königstochter selbst als barbarisch. Seit Euripides
ist die Eigenschaft *barbara* sogar ein besonderes Charakteristikum für Medea.
Iason rühmt sich damit, sie aus dem Barbarenland nach Griechenland gebracht
zu haben (Med. 536, sicher Vorbild für Ov. Met. 7,53) und beschimpft sie
wiederholt als Barbarin[118]. Ausschlaggebend dafür, daß *barbara* schließlich
allgemein zum Epitheton für Medea wird[119], ist neben ihrer Herkunft vor allem ihr Wirken als furchtbare Hexe und Mörderin ihrer eigenen Kinder. Umso
auffälliger ist daher, daß Medea selbst sich in ihren Zukunftsträumen - denn
um solche handelt es sich hier - nicht nur auf den großen Ruhm freut, der sie
in Iasons Heimat erwartet, sondern auch begierig ist, die berühmten Orte, Lebensweise und Künste Griechenlands kennenzulernen: *cultusque artesque
locorum* (V.58). Sie, die Barbarin, hält die griechische Kultur für überlegen
(V.57: *notitiamque loci melioris*) gegenüber derjenigen ihrer Heimat, die ihr
jetzt als *barbara tellus* (V.53) erscheint, und nimmt damit die griechische Perspektive ein, nach der es für jeden Barbaren ein Gewinn sein muß, die höher-
gestellte Kultur kennenzulernen. Innerlich steht sie damit bereits auf der Seite
Iasons und der Argonauten.

Gleichzeitig erinnert Ovid durch die Verwendung des Adjektivs *barbara* den
Leser jedoch bereits jetzt daran, daß Medeas Hoffnungen enttäuscht werden.
Sie selbst wird in Griechenland immer als Barbarin angesehen werden (s.o.)
und sich durch ihre von Euripides geschilderten Bluttaten, denen Ovid im folgenden noch weitere hinzufügt, auch als solche erweisen.

Die Reue, die die euripideische Medea schließlich darüber empfindet, daß
sie in Kolchis keine Zufluchtstätte mehr hat (Med. 502-503)[120], steht im Gegensatz zu dem hier so geringschätzig bewerteten Verlassen von Vater und
Heimat.

Daneben finden sich bei Ovid in den Phantasien[121] Medeas über ihre Zukunft andere mehr oder weniger direkte Hinweise auf den weiteren Verlauf der
Handlung in den Metamorphosen bzw. auf den Inhalt der Sage, wie er von Eu-

---

[117] Wie sehr sich Ovid selbst dieser Relativität des Begriffes 'Barbar' bewußt war, zeigt
seine eigene Aussage Trist. 5,10,37f: *barbarus hic ego sum quia non intellegor ulli*.

[118] Eurip. Med. 591.1330, das Epitheton wird später bezeichnend für Medea.

[119] Bömer ad loc. bezeichnet Medea als "Barbarin κατ᾽ ἐξοχήν" für die römische Dichtung
vgl. auch Ov.Met. 7,144.276 und Hor. epod. 5,61: *barbarae...Medeae*.

[120] Die Klage über das Fehlen einer Zufluchtstätte wird topisch: vgl. Hross 85ff, der dieses
Motiv als *quo-me-referam*-Motiv bezeichnet.

[121] Die gesamte Beziehung zu Iason besteht ja bislang nur in ihren Gedanken. Über die ver-
führerische Funktion der Phantasie bei den Frauengestalten in den Metamorphosen vgl. W.
Nicolai, Phantasie und Wirklichkeit bei Ovid, Antike u. Abendland 13, 1973, bes. 110ff.
Die Distanz zwischen Realität und Phantasie in Medeas Monolog zeigt auch V.Wise, Ovid's
Medea and the Magic of Language, Ramus 11, 1982, 17.

ripides und Apollonios dargestellt wird. Auch damit wird also die personale Sichtweise der hoffenden und bangenden Medea über die direkte Darstellung von Fakten erhoben.

So ist die feierliche Vermählung (V.49: *face sollemni*), mit der Medea anders als in den Argonautica schon jetzt kalkuliert, eine Anspielung auf die spätere Hochzeit von Iason und Medea bei den Phäaken (Apoll. Rhod. Arg. 4,1130ff; kurz angedeutet Met. 7,158); *servatrix ... celebrabere* (V.50) knüpft an das in den Argonautica gegebene Versprechen Iasons an, Medea werde in Griechenland von den Müttern und Frauen der Helden für die Rettung gepriesen werden (Arg. 3,992ff.)[122], was allerdings im Gegensatz zu der später von Ovid beschriebenen Dankesfeier steht, die nicht ihr, sondern den Göttern gilt (V.159ff).

In ihrer Angst vor den Gefahren des Meeres nennt Medea die bekanntesten Erscheinungen, von denen auch sie schon gehört hat und die in der Phantasie des jungen Mädchens stellvertretend für die Bedrohungen bei der Seefahrt allgemein stehen. Wie vage ihre Vorstellungen sind, zeigt der zaghafte Einsatz *quid quod nescio qui ... dicuntur montes* (V.62f.), verstärkt durch qu- Alliteration und weites Enjambement[123]. Gleichzeitig ist aber auch dies ein raffender Vorverweis auf die Rückfahrt der Argonauten, die bei Ovid später nur knapp berichtet, bei Apollonios dagegen ausführlich dargestellt wird (Arg. 4,210-1781). Neben den Felsen, bei denen es sich vermutlich eher um die Plankten (Apoll. Rhod. Arg. 4,924) als um die von den Argonauten bereits überwundenen Symplegaden handelt[124], nennt Medea Skylla und Charybdis[125], vor

[122] Den Kontrast dazu bildet Medeas Befürchtung, die kolchischen Frauen würden sie verspotten (Apoll. Rhod. Arg.3,792f).

[123] Vgl. Bömer ad loc.

[124] "Schon im Altertum hat man die Vorstellungen beider 'Schiffermärchen' irgendwie zuammengeworfen", so H.v.Geisau, Art. Planktai, Der kleine Pauly, Bd.4, 889; vgl. auch F.Gisinger, Art. Planktai, RE XX,2, 2187-2199 und G.Türk, Art. Symplegades, RE IV A.1, 1170f. Der Text gibt keinen eindeutigen Hinweis, welche Felsen gemeint sind, zumal die Überlieferung an der entscheidenden Stelle nicht eindeutig gesichert ist: Die MSS überliefern *occurrere*, *incurrere* und *concurrere*. Letzteres, das als einziges Verb eindeutig auf die Symplegaden verweisen würde, scheint jedoch eine nachträgliche Interpolation zu sein: vgl. Anderson, Komm. ad loc.. Da *occurrere* in keiner vergleichbaren Junktur nachgewiesen ist, ist *incurrere* der Vorzug zu geben, so auch Bömer ad loc. Für die Plankten spricht, daß sie tatsächlich in den Argonautica auf dem Rückweg gemeinsam mit Scylla und Charybdis überwunden werden müssen (Apoll. Rhod. Arg 922ff); beide Phänomene gehören offenbar topographisch zusammen und bilden seit Homer eine topische Einheit (Od. 12,73ff; 23,327ff). Wären die Symplegaden gemeint, eine Ansicht, die neben Bömer ad loc. Anderson und Haupt-Ehwald-v.Albrecht vertreten, so ergäbe sich ein inhaltlicher Widerspruch, da dieses Abenteuer bereits auf der Hinfahrt überstanden wurde. Diesen Widerspruch nimmt Ovid allerdings bereits in den Heroides in Kauf, wo Medea ausdrücklich die Symplegaden gemeinsam mit Scylla und Charybdis nennt (Her. 12,121ff). Die topische

denen die Argonauten auf ihrer Rückfahrt durch Hera und Thetis gerettet werden (Apoll. Rhod. Arg. 4,763ff.)[126].

Die Möglichkeit, Iason könne in Griechenland ein anderes Mädchen heiraten (V.40f), die der apollonischen Medea als die beste Lösung ihres Dilemmas erscheint (Arg. 3 639f), verursacht bei der ovidischen Medea einen leidenschaftlichen Ausbruch: Falls Iason sich so undankbar erweisen und eine Andere ihr vorziehen sollte, so wünscht sie ihm, um dessen Leben sie eben noch gebangt hat[127], den Tod[128]. Hiermit nimmt Ovid in den Gedanken Medeas, die ja nur Zukunftsphantasien sind, den wohlbekannten Schluß des Gesamtmythos vorweg. Auch hier nützt er wieder das Vorwissen seiner Leser, die durch die Vorahnungen Medeas daran erinnert werden, daß Iason ja tatsächlich später Medea für eine Andere verläßt. Außerdem läßt der Wunsch nach dem Tod als Strafe dafür uns mit Schaudern an die noch viel grausamere Strafe denken, mit der Iasons Untreue bestraft werden wird. Hier zeigt sich Ovids gekonntes Spiel mit der Vorlage. Weder von Zauberei noch Hexenkünsten war die Rede, und doch schaut für einen Moment hinter dem unschuldigen, verliebten Mädchen die rächende Hexe hervor, zu der Medea auch bei Ovid schließlich wird.

Iasons Antlitz, Edelmut und Gestalt lassen sie aber sogleich darauf schliessen, daß sie von ihm weder Betrug noch Undank zu erwarten habe (V.43-

---

Gleichsetzung, die wohl mit der größeren Berühmtheit der Symplegaden zusammenhängt, findet sich später häufig (Val.Flacc. 1,630; Stat. Theb. 5,415; Iuv. 15,16ff.). Welche Felsen an u. St. gemeint sind, ist für das Textverständnis letztlich unerheblich, da hier wie auch im Medeabrief keine Widersprüche entstehen, die den logischen Handlungsablauf stören würden. Es kommt Ovid lediglich darauf an, daß Medea sich berühmte, selbst einer kolchischen Königstochter bekannte Schrecknisse des Meeres ausmalt, die sie gemeinsam mit Iason bestehen muß.

[125] Die Beschreibung von Charybdis und Skylla mit ähnlichen Attributen bei Vergil, Aen. 3,421ff, von Charybdis bei Ovid am. 2,16,25f, von Skylla bei Verg. ecl. 6,74ff. Die Verwandlung Skyllas in ein Meerungeheuer beschreibt Ovid Met. 14,51ff. Weiteres bei O.Waser, Skylla und Charybdis in der Literatur und Kunst der Griechen und Römer, Zürich 1894.

[126] Das Gegenbild zu dieser Zukunftsvorstellung finden wir in der Medea-Epistel. Dort wünscht Medea in der Rückschau, Iason wäre mit ihr gemeinsam auf der Fahrt nach Griechenland von den Symplegaden zerschmettert oder von Skylla und Charybdis im Meer versenkt worden (Her. 12,121ff.). Es wird also mit der Änderung der Perspektive das Motiv in sein Gegenteil verkehrt.

[127] *occidat* hier ebenso betont am Versanfang wie Vers 24, wo Medea, entsetzt von dem Gedanken, Iason könne sterben, wünscht, er möge überleben.

[128] Offermann 29 weist zu Recht auf den spondeenreichen Versanfang hin, der dem Schluß ihres Gedankenganges Gewicht verleiht.

45)[129]. Dahinter steht sicher der griechische Gedanke von dem Einhergehen äußerer und innerer Schönheit, zumal Medea von Iason nichts weiter kennt als den äußeren Anblick, den Quellpunkt ihrer Liebe[130]. Auch dieses Motiv bekommt jedoch seine besondere Bedeutung erst im Lichte der späteren Untreue Iasons. Denn bei Euripides (Med. 518f), auf den Ovid hier sicher erneut anspielt, stellt Medea gerade im Gegensatz zu dieser Behauptung fest, daß man leider nicht vom Äußeren eines Menschen auf seinen Charakter schließen könne[131].

Dieser und zahlreiche andere Vorwürfe, die die verlassene Medea bei Euripides gegen Iason richtet, bilden den Ursprung für die Entwicklung eines ganz bestimmten Typus von Klagereden mit topisch wiederkehrenden Motiven[132]. Wie Ovid in dem Medeamonolog solche Motive variiert, hat sich bereits darin gezeigt, daß Medea den Vorwurf der Unmenschlichkeit nicht, wie sonst üblich, gegen den Geliebten, sondern gegen sich selbst richtet (V.32f)[133]. Ovid spielt auch im Folgenden mit den bekannten Klagetopoi, die als Inhalt der

---

[129] Der Gedankenumschwung wird mit adversativem *sed* eingeleitet. Ovid benützt solche Partikel im Monolog mehrfach beim Beginn eines gegenläufigen Gedankens: Met. 7,19 *sed*; 29 *at*; 53 *nempe*; 8,69 *verum* u.ö. Vgl. dazu Offermann 29.

[130] Zur Bedeutung der Schönheit in der Liebe vgl. auch S.46 Anm. 101. Die heldenhafte Schönheit ist in der Antike allgemein Quelle der Liebe. Iasons Schönheit ist auch bei Apollonios ein wichtiger Aspekt, vgl. z.B. Arg. 3,444.1017 u.ö.. Bei Vergil dagegen entsteht die Liebe nicht durch den Anblick allein, sondern langsamer im Verlauf des Festmahls (Aen. 1), vgl. dazu Heinze, Virgil 122. Große Bedeutung wird der *forma* auch in der Elegie beigemessen, dazu Bolte 67. Besonders Ovid hebt in der ars und den remedia immer wieder hervor, wie wichtig das Aussehen für die Liebe ist.

[131] Daran anknüpfend läßt Ovid Medea in den Heroides bedauern, daß sie auf Iasons Schönheit "hereingefallen" sei, er ihr *plus aequo* gefallen habe, Her. 12,12f.

[132] Vertreter dieses Typus sind neben den Worten Ariadnes bei Catull (c.64,132-201) und Didos Klagen vor allem die Briefelegien Ovids. Eine ausführliche Untersuchung der Motivik findet sich bei Hross.

[133] Vgl. oben Anm. 96. Ovid verwendet damit eine durchaus geläufige Form des Vorwurfs, den er auch anderen Heroinen mehrfach in den Mund legt, so Ov. Her. 10,132f, *auctores saxa fretumque tui*; Her. 7,37: *te saevae progenuere ferae*; Met. 8,120ff; 9,613ff; zu diesen Parallelen vgl. Zingerle 42. Seit Catulls Ariadne gehört es üblicherweise zum Repertoire der verlassenen Geliebten, ihren treulosen Helden auf solche Art und Weise als unmenschlich zu beschimpfen. Auch Dido wirft Aeneas vor, er sei aus hartem Fels und sei von einer Tigerin genährt worden (Verg. Aen. 4,365). Diesen Topos innerhalb der Klage der verlassenen Heroine behandelt ausführlich ebenfalls Hross 37-40; besonders hervorzuheben ist neben Cat. c. 64,154ff. noch Verg. Aen. 4,365; über die Wirkung auf Ovid auch Döpp 27. 30. Das Spiel Ovids mit dem traditionellen Motiv zeigt sich darin, daß Medea, die sich von der Notwendigkeit, Iason zu helfen, überzeugen will, diesen Vorwurf hier gegen sich selbst richtet. Möglicherweise evoziert Ovid hier den Gedanken, daß auch Medea später Grund haben wird den untreuen Iason so zu verfluchen.

Ängste und Hoffnungen der frisch verliebten Medea von einer neue Seite beleuchtet werden; andererseits gerät gerade durch die Parallelen das Ende dieser Hoffnungen nie ganz aus dem Blickfeld.

So gehört es zu einem der bedeutendsten Elemente innerhalb der Vorwürfe
gegen den undankbaren Geliebten, diesen an die Verdienste zu erinnern, die
sich die Heroine um ihn erworben hat. Wieder ist es die euripideische Medea,
die als erste aufzählt, womit sie sich um Iason verdient gemacht hat (Eurip.
Med. 475ff). Der Topos findet sich u.a. auch bei Apollonios (Arg. 4,364ff.
1032ff)[134] und Vergil (Aen. 4,372)[135] und wird von Medea in den Heroides auf
die Formel gebracht: *Est aliqua ingrato meritum exprobrare voluptas* (Her.
12,21). Wenn Ovids Medea sich in ihrem Monolog nun selbst damit tröstet,
daß sie bei Iason *meritique oblivia nostri* (V.45) nicht zu fürchten brauche, so
steht auch dabei bereits die verlassene Medea im Hintergrund und verleiht dem
verliebten Mädchen tragische Züge.

Der Plan, Iason zusätzlich durch einen Treueschwur an sich zu binden
(V.46f.)[136], dessen Durchführung Ovid im weiteren Verlauf schildern wird
(V.94-97), muß ebenfalls aus diesem Blickwinkel gesehen werden. Denn Medea bedenkt nicht, daß solche Liebesschwüre eine Sonderstellung genießen: Sie
dürfen jederzeit gebrochen werden, ohne daß dies von den Göttern bestraft
wird. Zahlreiche Beispiele der antiken Literatur zeigen, daß von dieser Möglichkeit regelmäßig Gebrauch gemacht wird[137]. Die Eidbrüchigkeit Iasons be-
klagt die euripideische Medea (Med. 491f.495) ebenso wie die des Apollonios
(Arg. 4,388f)[138].

---

[134] Medea mahnt Iason bei dem Treffen am Tempel, sich in Griechenland an ihre Verdienste zu erinnern, denkt jedoch hier noch nicht daran, ihn als seine Frau zu begleiten.

[135] Vgl. auch Cat.c.64, 149. Eine ausführliche Untersuchung dieses Motivs mit weiteren
Stellenangaben ebenfalls bei Hross 73ff. Zu der Verwendung dieses Topos in den Heroides
vgl. F.H.Grantz, Studien zur Darstellungskunst Ovids in den Heroides, Diss. Kiel 1955,
211f.

[136] Der Vorwurf Otis', das Kalkül, mit dem sich Medea Heiratschancen ausrechne, passe
nicht zu ihrer anfänglich geschilderten Unerfahrenheit, ist nicht gerechtfertigt, da das Vertrauen auf Schönheit und Liebesschwur Iasons ebensoviel Unerfahrenheit widerspiegelt. Die
dennoch zweifellos in diesen Überlegungen enthaltene realistische Sicht ihrer Situation zieht
sich durch den gesamten Monolog.

[137] Die Sonderstellung von Liebesschwüren, bei denen Eidbruch erlaubt ist, findet sich
schon bei Platon, Symp. 183 b und ist häufiger Gegenstand der römischen Elegie. Ovid behandelt das Thema in am. 3,3, dazu Keul 172. Zur Bedeutung des *foedus* in der Liebeselegie vgl. auch Reitzenstein, Zur Sprache der lateinischen Erotik, 9-15; A.Skiadas, Per-
iuria Amantum, in: E.Lefèvre (Hrsg.), Monumentum Chiloniense (FS Burck), Amsterdam
1975, 400-418.

[138] Der Vorwurf der Treulosigkeit und Eidbrüchigkeit, also der Verletzung von *fides* und
foedus, wird von Hross (114ff) ebenfalls zu den Hauptthemen der Klagen verlassener He-

Umso trügerischer muß dem Leser angesichts dieser zahlreichen Vorverweise auf einen negativen Ausgang die Sicherheit erscheinen, in der sich Medea trotz aller Bedenken schließlich wiegt und die sie zu der Frage veranlaßt:
quid tuta times? (V.47). Vergil als auktorialer Erzähler sieht bei Dido (Aen.
4,298: *omnia tuta timens*) in dieser Furcht ein Zeichen für die besondere Sen-
sibilität Verliebter (Aen. 4,296: *Quis fallere possit amantem*). Er stellt fest,
daß Dido mit Recht hinter den *tuta* bereits das nahende Unheil vorausahnt.
Ovid kehrt das vergilische Motiv um: während der Leser weiß, daß Medea
durchaus Anlaß zur Sorge hätte, läßt Ovid Medea aus ihrer personalen Sicht
feststellen, daß sie sich um Dinge sorge, die eigentlich sicher seien.

Den Gipfel dieses unbegründeten Optimismus bildet eine hyperbolische Beschreibung ihres Glücks (V.60f), die Ovid ebenfalls von Vergil übernimmt
(Aen. 4,322f). Sie beginnt mit *felix*[139] und findet in einer Klimax über *dis cara*
den Höhepunkt schließlich auch bildlich in *vertice sidera tangam*[140]. Wie so
oft, ändert Ovid gegenüber Vergil auch bei dieser Umschreibung für besonders
großen Ruhm[141] den Zusammenhang. Dido wirft Aeneas vor, durch seine
Verbindung mit ihr habe er ihren guten Ruf vernichtet, *qua sola sidera adibam
/ fama prior* (Verg. Aen. 4,322f). Medea dagegen erhofft sich solch ein Anse-
hen erst durch Iason an ihrer Seite. Daß auch bei ihr das Gegenteil eintrifft,
wird durch die Vergilstelle schon impliziert.

Welche Entwicklung Medea seit Beginn ihres Monologs bis zu diesem eu-
phorischen Höhepunkt durchgemacht hat, wird in mehreren ihrer Äußerungen
deutlich. Spricht sie anfangs noch von *deus obstat* (V.12), so heißt es nun, als
Erwiderung auf ihre eigenen Bedenken, die heimischen Götter verlassen zu
müssen: *intra me deus est* (V.55)[142]. In beiden Fällen ist zweifellos Amor gemeint, der nicht, wie bei Apollonios und Vergil, personifiziert wird, sondern
eher als göttliche Macht aufzufassen ist, gegen die sich Medea anfangs noch
gewehrt hat, von der sie jetzt aber völlig beherrscht wird.

roinen gezählt. Ausgangspunkt in der lateinischen Dichtung sind die Worte Ariadnes (Cat.
64,143f) *nunc iam nulla viro iuranti femina credat,/ nulla viri speret sermones esse fideles*.

[139] Deutlicher Gegensatz zu Vers 18, wo sie sich selbst als *infelix* bezeichnet, und somit
auch zu Verg. Aen. 4,596 *infelix Dido*.

[140] Exaggeratio nach dem Gesetz der wachsenden Glieder; dazu und zu der ungewöhnlichen
Wortstellung und Verschachtelung der Relativsätze, die das Pathos an dieser Stelle noch
verstärken, vgl. Bömer ad loc.

[141] Das Motiv findet sich bereits bei Homer (Il. 8,192) und dient der Umschreibung von
allergrößtem Ruhm; vgl. Hor. carm 1,1,36 *sublimi feriam sidera vertice*, Verg. Aen.
1,287.379; 3,158.462 u.ö. Der Ausdruck variiert von hyperbolischer bis zu wörtlicher Bedeutung, nämlich der Erhebung zu den Sternen bzw. zu den Göttern; vgl. z.B. Ov. Met.
9,271f (Vergöttlichung des Hercules); 15, 845 (Vergöttlichung Caesars). Weitere Beispiele
und Literatur bei Pease, Komm. zu Aen. 4,322 sowie Küppers 53 Anm. 208.

[142] *intra* in dieser Iunktur ist neu: vgl. ThLL VII 2,36,28. Zu der Vorstellung, daß ein Gott
im Menschen wohnt, s. Bömer ad loc.

In direktem Bezug zum Anfang ihrer Rede stehen auch die anschließenden
Worte *non magna relinquam / magna sequar* (V.55f), die sich auf das Verlassen der Heimat und die Zukunft in Griechenland beziehen. Medea erkannte
zunächst, daß sie gegen bessere Einsicht im Begriff ist, dem Schlechteren zu
folgen. Nun ist dem *deteriora sequor* (V.21) ebenfalls in betonter Stellung am
Versanfang *magna sequar* (V.56) gegenübergestellt: die moralischen Bedenken
sind von berechnendem Kalkül zurückgedrängt - sie ist der Meinung, mit der
Fahrt nach Griechenland Großes anzustreben. In Iason, den sie kurz zuvor
noch als *nescio quis advena* (V.39) bezeichnet hatte, sieht sie nun bereits ihren
Ehemann (V.60: *quo coniuge*; V.68: *de coniuge*). Der *furor* scheint endgültig
den Sieg davongetragen zu haben.

2.3.4. Umbruch

Nachdem Medea in ihren Zukunftsträumereien bei der Vorstellung ange-
langt ist, als Gattin Iasons auf der Argo nach Griechenland zu fahren, folgt der
letzte, diesmal besonders abrupte Gedankenumschwung des Monologs. Wie zu
Beginn ihrer Worte (V.11) spricht sie sich dabei eindringlich mit ihrem Namen
an. Anknüpfungspunkt für die Umwendung bildet die vorausgehende Aussage
metuam de coniuge solo (V.68). Sie erschrickt darüber, daß ihre Phantasie sie
soweit getrieben hat, etwas als rechtmäßiges *coniugium* zu bezeichnen und somit zu beschönigen, das doch nur durch Verrat (V.38) zu erreichen ist (V.69f):

> *coniugiumne putas speciosaque nomina culpae*
> *inponis, Medea, tuae?*

Das Vorbild Ovids an dieser Stelle ist erneut Vergils Dido (Verg. Aen,
4,172):

> *coniugium vocat, hoc praetexit nomine culpam*

Die unterschiedliche Perspektive beider Dichter wird bei dieser fast wörtlichen
Anlehnung besonders deutlich. Vergil kommentiert und wertet damit als aukto-
rialer Erzähler[143] eine zuvor berichtete äußere Handlung, in deren Mittelpunkt
Dido stand[144], und läßt dabei seine eigene moralische Haltung durchblicken.
Ovid jedoch läßt in der Perspektive der Innensicht[145] Medea diese Feststellung

---

[143] Otis, Ovid 60: "completely Dido is here seen through Virgil's eyes ... And Virgil lea-
ves us in no doubt as to where he stands."
[144] Vgl. Wlosok 242: "Dido hat nach Meinung Vergils durch die Verletzung des *pudor* in
dem nicht legalisierten Liebesverhältnis zu ihrem Gast Schuld auf sich geladen". Ovid dagegen wählt die Sichtweise Medeas und enthält sich damit einer direkten Wertung.
[145] Vgl. oben S.28, Anm.20.

in personaler Erzählhaltung selbst treffen[146] und sich dabei auf etwas beziehen, was bislang nur in ihrer Vorstellung existiert. Der Erzähler selbst äußert sich, da wir uns weiterhin im Monolog befinden, zunächst nicht, sondern überläßt es weiterhin Medea, sich das Ausmaß des geplanten Unrechts vor Augen zu führen. Eindringlich nennt sie es gleich dreimal beim Namen: *culpa, nefas* und *crimen* (V.69ff)[147], während sie zu Beginn nur unbestimmt von *deteriora* gesprochen hatte. Trotz ihrer früheren Feststellung, daß es *frustra* sei sich zu wehren und sie gegen ihren Willen zum Schlechten hingezogen werde, bricht der Monolog mit der Aufforderung, das Verbrechen zu fliehen, überraschend ab. Medea hat sich nicht durch ihre Sehnsüchte und Zukunftsträume den Blick für die Realität trüben lassen. Ohne ihr weiteres Verhalten zu bewerten, erweckt Ovid dadurch Mitgefühl für sie[148].

Das überraschende und zugleich trügerische Ende des Monologs, das in völligem Gegensatz zum bekannten Handlungsverlauf steht und auch der dem Monolog vorangestellten Aussage: ... *furorem vincere non poterat* (V.10f), zu widersprechen scheint, kommentiert Ovid direkt im Anschluß mit zwei Versen, die die Verbindung zur äußeren Handlung herstellen und über den Seelenzustand Medeas Aufschluß geben. Noch aus der Perspektive der Innensicht wird anschaulich dargestellt, wie sich in Korrespondenz zu der Zurückweisung von *culpa, nefas* und *crimen* vor ihrem inneren Auge, ebenfalls in einer Dreiheit, die Werte *rectum pietasque pudorque* (V.72) erheben. Dabei ruft *pudor* noch einmal die entscheidende Rolle dieser Tugend bei Vergils Dido[149] und bei Apollonios[150] ins Gedächtnis. Der wesentliche Konflikt der ovidischen Medea, ihr gestörtes Verhältnis zum Vater, der ihrer Liebe im Wege steht, findet seinen Ausdruck in der Nennung der *pietas*.

Angesichts des 'Aufmarsches' moralischer Werte muß Amor sich geschlagen geben und abwenden. Kaum merklich geht hier die personale Erzählweise aus der Sicht Medeas über in erzählerische Distanz. Die betont feierliche Formulierung - dreifache Antithese, epiphorisches *-que* und p-Alliteration - im

---

[146] Warum diese Anspielung deshalb laut Otis, Ovid 61 "provocative" sein soll, ist nicht einzusehen. Sie charakterisiert lediglich die Ähnlichkeit der Situation beider Heroinen und ihre unterschiedliche Haltung.

[147] *Culpa* und *crimen* durch Endstellung betont; dazu Offermann 30.

[148] Hübscher 32 sieht darin einen gravierenden Unterschied zu Apollonios, dessen Medea keine volle Anteilnahme beim Leser finde.

[149] Bei Dido ist es der *pudor*, der sie an den früheren Gatten bindet (Aen. 4,27) und den sie durch ihre Liebe zu Aeneas verletzt (Aen. 4,55). Dazu Klingner, Virgil 441; Wlosok 240f und Heinze, Virgil 125f.

[150] Bei Medea ist der *pudor* nicht so sehr göttliche Macht, wie bei Vergils Dido, sondern mädchenhafte Scham und Angst vor Schande, so auch Heinze, a.a.O. 126; vgl. auch Apoll. Rhod. Arg. 3,653, wo die Scham Medea abhält, die Schwester aufzusuchen. Dazu, daß bei Apollonios' Medea das typisch Mädchenhafte im Vordergrund steht und daß es ein Bewußtsein sittlich-moralischer Werte nicht gibt, vgl. Büchner a.a.O. 222f.

Verein mit der Allegorie des besiegten Liebesgottes, der nun, da er den Rück-
zug antritt, im Kontrast zu den vorher aufgezählten abstrakten Werten, erstmals personifiziert wird, wirkt leicht überzeichnet und kann von Ovid nicht
ganz ernstgemeint sein[151]. Er ruft mit dieser betont "epischen Pose" vielmehr
ins Gedächtnis, daß eben doch die Liebe schließlich den Sieg davontragen
wird, und verweist damit auf die weitere Handlung. Amor bleibt, wie Medea
selbst festgestellt hat, *maximus deus* (V.55)[152]. Wenn ihn nun ein junges Mädchen in die Flucht schlägt, so kann das nur ein Scheinsieg sein. Der äußere
Handlungverlauf wird damit durch Medeas Entschluß lediglich verzögert,
bleibt aber letztlich unbeeinflußt. Für die Darstellung ihrer inneren Entwicklung jedoch ist die Entscheidung, vor allem aber der Weg dorthin, von großer
Bedeutung.

Insgesamt läßt sich feststellen, daß Ovid in seinem Monolog mit Hilfe der
Kombination unterschiedlicher Gattungselemente und einer Rhetorik, die keinesfalls aufgesetzt wirkt, sondern dem Wesen der Sprechenden angepaßt ist,
ein psychologisch einfühlsames Bild vom Seelenkampf des liebenden Mädchens gibt, das dadurch eine ganz eigene, von den Vorgängern abweichende
Gestalt erhält. Obgleich er dabei inhaltlich auf den Vorgaben bei Euripides und
Apollonios fußt, bleibt durch Gedankensprünge und unerwartete Wendungen
die Spannung erhalten, besonders der völlig überraschende Abbruch des Monologs weckt die weitere Aufmerksamkeit des Lesers, der nun die Fortführung
der in V.10 angekündigten Entwicklung, den Sieg des *furor*, erwartet.

---

[151] Otis, Ovid 61: "the picture of Cupid withdrawing before Right, Duty and Modesty is
just too pretty and too plastically allegorical to be serious".
[152] Ovid zeigt in den Metamorphosen, daß selbst die Götter machtlos gegen Amor sind;
denn in Met. 1, 464f. muß sich Apoll gegenüber Amor geschlagen geben, Met. 5, 365ff. ist
es Pluto. Zur Sonderstellung des Gottes in den Metamorphosen vgl. W.C.Stephens, Cupid
and Venus in Ovid's Metamorphoses, TAPhA 89, 1958, 286-300. Auch in den Amores
wird Amor von Ovid als *victor* hingestellt, besondes Am. 1,2: vgl dazu Keul, a.a.O. 17,
Anm.1.

3. Tempelszene

3.1. Zeit und Ort

In den Argonautica des Apollonios faßt Medea nach langem Ringen noch in der Nacht, nachdem sie mit ihrer Schwester gesprochen hat, den Entschluß, Iason zu helfen (Arg.3,751-819). Apollonios schildert, wie die Nacht langsam dem Tag weicht - viel zu langsam für die ungeduldige Medea, die darauf brennt, ihre Absicht in die Tat umzusetzen (Arg. 3,819-824). Nach ihrer morgendlichen Toilette (Arg. 3,828-835) holt sie die Zaubermittel hervor (3,844-868) und begibt sich gemeinsam mit zwölf Mägden auf ihrem Maultierwagen zum Hekatetempel. Die Ausfahrt durch die Stadt wird von Apollonios anschaulich geschildert und mit dem Auszug der Artemis verglichen (Arg. 3,870-888)[1]. Am Tempel angekommen bereitet Medea die Dienerinnen auf das erwartete Eintreffen Iasons vor und sichert sich unter falschen Vorwänden deren Stillschweigen (Arg. 3,890-911). Dann wartet sie ungeduldig und aufgeregt darauf, daß der Geliebte erscheint (Arg. 3,948-953).

In den Metamorphosen dagegen wird die von dem stets auf räumliche Kontinuität bedachten Apollonios mit zahlreichen Details ausgeschmückte Fahrt Medeas (Arg.3,870-888) vom Palast zum Tempel in einem Wort zusammengefaßt: *ibat* (V.74). Nicht einmal die Frage, von wo aus Medea aufbricht, wird geklärt.

Außerdem verzichtet Ovid auch jetzt, wie schon in der Einleitung zum Monolog, auf jede Zeitangabe. Die Tageszeiten, deren Abfolge nicht nur Apollonios anschaulich beschreibt (s.o.), sondern die auch für Vergil bei der Schilderung des Verhaltens der verliebten Dido nach ihrer Entscheidung für Aeneas (Aen. 4,77.81.129) ein wichtiges Gliederungselement sind, erfahren wir in den Metamorphosen ebensowenig wie die Zeitspanne, die seit dem Monolog Medeas vergangen ist.

Aus der sowohl zeitlich als auch räumlich konsequent ineinandergreifenden Handlungsabfolge bei Apollonios (und auch Vergil) wird damit bei Ovid die Aneinanderreihung zweier Einzelsituationen[2], die weder zeitlich noch räumlich zueinander in Beziehung gesetzt werden.

Der Ort der neu einsetzenden Handlung selbst wird dagegen diesmal näher beschrieben. Ovid wählt jedoch nicht die für das Epos typische, aus dem zeitli-

---

[1] Vgl. dazu M.Campbell, Studies in the Third Book of Apollonios Rhodius' Argonautica, Hildesheim 1983, 56-59.

[2] Bernbeck 68ff registriert das Auslassen von Verbindungsstücken und den sprunghaften Neueinsatz auch für zahlreiche andere Metamorphosenepisoden und zeigt, daß dabei der Gesichtspunkt der Verkürzung längerer Handlungseinheiten nicht immer im Vordergrund steht.

chen Nacheinander der Handlung herausgelöste, selbständige Ekphrasis[3] wie
z.B. Vergil bei der Beschreibung des Iunotempels (Aen. 1,441ff)[4], sondern
verknüpft die Deskription mit der Narration (V.74f): *ibat ad ... aras,/quas
nemus umbrosum secretaque silva tegebat*[5] und verfremdet so die traditionelle
Form epischer Ortsbeschreibungen.

Auffällig ist auch die Abweichung von der Vorlage: In den Argonautica
steht der Hekatetempel auf freiem Feld (Arg.3,888.927: πεδίων). Medea und
ihre Mägde vertreiben sich die Zeit auf einer Wiese mit Blumenpflücken und
Spielen (Arg. 3,896ff), und bei all dem herrscht ein "lockerer scherzhafter
Ton"[6]. Ovid dagegen verlegt den Schauplatz in die Abgeschlossenheit und Einsamkeit des Waldes[7] (*secreta*), der in den Metamorphosen häufig den Hintergrund für unheimliche und makabre Ereignisse, oft sogar für Gewalttätigkeiten
bietet[8]. Auch hier schafft die dunkle Abgeschiedenheit des Waldes im Gegensatz zu dem freien Gefilde bei Apollonios eine latent bedrohliche Stimmung[9],
die einen Umbruch ankündigt - heitere Beschaulichkeit ist hier nicht am Platze.
Noch düsterer ist die Szenerie von Medea selbst in den Heroides dargestellt:

[3] Zu der Zeitlosigkeit epischer Ekphraseis vgl. P.Gummert, Die Erzählstruktur in den Argonautica des Apollonios Rhodios, (Diss. Gießen 1992) Frankfurt a.M. 1992, 92.

[4] Vgl. dazu Küppers 74ff.

[5] Döscher 187 bemerkt, daß diese Ortsbeschreibung noch als Objekt der Handlung in das
Geschehen einbezogen ist und damit noch nicht zu einer echten, "von der Handlung abge-
setzten Ekphrasis" wird. Ähnlich eingebundene Szenerieschilderungen finden sich z.B. Met.
2,417.454; 4,297 u.ö.

[6] Ibscher 69.

[7] Diese Änderung wird von Valerius übernommen, vgl. Val. Arg. 7,395 *in umbram*. 403
nemorisque tenebris.

[8] Ovid verwendet auffällig häufig den Wald als Kulisse für Gewalttätigkeit: Met. 1,591 bilden *umbrae nemorum* den Schauplatz für Ios Vergewaltigung durch Iuppiter; 11, 360 greift
an einem solchen Ort der Wolf die Herden des Peleus an; 6, 521 verbirgt der dunkle Wald
die Vergewaltigung Philomelas durch Tereus; zu pastoralen Landschaften als Hintergrund
für Gewalt in den Metamorphosen vgl. H.Parry, Ovid's Metamorphoses. Violence in a
Pastoral Landscape, TAPhA 95, 1964, 268-282, hier bes. 280.

[9] Vgl. Parry passim und C.P.Segal, Landscape in Ovids Metamorphoses, Wiesbaden 1969,
18, der durch das Adjektiv *secretus* (V.75) die "isolated and sinister natur of such settings"
betont sieht und feststellt, daß Medea sich in einer "kind of trap" befinde. Mit der Aussage,
Medea suche diesen schattigen Platz auf, "to work her spells" (Segal 16 zu Met. 7,75), geht
er allerdings zu weit. Von Zauberhandlungen wird hier nichts berichtet. K.Zarnewski, Die
Szenerieschilderungen in Ovids Metamorphosen, Diss. Breslau 1925, 28 erkennt in Met.
7,75 eine "mehr schauerlich erhabene Stimmung", geht dabei aber ebenfalls von dem Bild
Medeas als Hexe aus, ohne zu beachten, daß Ovid hier nur das verliebte Mädchen beschreibt und allenfalls ein sehr vager Vorverweis auf ihre Existenz als Hexe zu erkennen ist.
Bei allen zitierten Autoren findet der Aspekt, daß es sich hier um eine Abwandlung der traditionellen epischen Ekphrasis handelt, keine Berücksichtigung.

vix illuc radiis solis adire licet (Her. 12,68). Aus der Rückschau der ent-
täuschten Heroine dominieren die negativen Eindrücke.

Die Bedrohung geht auch in den Metamorphosen noch nicht von Medea
selbst aus. Daß es Hekate ist, deren Tempel sie aufsucht, ist allenfalls für den
Leser eine Erinnerung an Medeas Verbindung zu der Zaubergöttin[10] und ein
Vorverweis auf die weitere Handlung, stempelt sie jedoch noch nicht zur
gefährlichen Hexe[11].

Von Begleiterinnen Medeas, entsprechend den Mägden bei Apollonios, ist
nicht die Rede. Wie schon beim Verzicht auf die Figur der Vertrauten in der
Person der Schwester Chalkiope tendiert Ovid auch hier dazu, die Erzählung
ganz auf Medea zu konzentrieren.

3.2. Handlungsaufbau

Die Gründe, die Medea dazu bewegen, den Tempel aufzusuchen, sind in
den Argonautica bereits vorher geklärt: Sie ist Hekatepriesterin und pflegt
einen großen Teil ihrer Zeit mit dem Dienst an der Göttin zu verbringen (Arg.
3,250-252); außerdem hat sie mit Chalkiope abgesprochen, dort den Argonauten die Zaubermittel zu übergeben (Arg.3,738).

Auch Vergils Dido hat sich nach dem nächtlichen Gespräch mit ihrer
Schwester Anna für die Liebe zu Aeneas entschieden. Annas Rat, die Götter
um Beistand anzuflehen (Aen. 4,50f), wird sogleich befolgt: die Schwestern
begeben sich zu Opferhandlungen in den Tempel (Aen. 4,56-66)[12]. Der Übergang vom inneren Kampf Didos zur Beschreibung des Tempelbesuch erscheint
zwar eher abrupt[13], dennoch ist diese Handlung eine direkte Folge des vorhergehenden Gespräches. Rede und Handlung sind demnach eng miteinander verknüpft, die logische Abfolge ist gewahrt[14].

Die ovidische Medea beschließt ihren Monolog, indem sie sich auffordert,
das Verbrechen zu meiden. Es folgt die auktoriale Feststellung: *victa dabat*

---

[10] Zur Bedeutung der Göttin Hekate vgl. Th. Kraus, Hekate, Heidelberg 1960, bes. 88f zur
Funktion Hekates als Herrin der Zauberei und Helferin bei der Magie; vgl. auch Pease zu
Aen. 4,511, "Hecate constantly associated with magic rites"; weitere Literatur dort und bei
Bömer ad loc.

[11] Döscher 216 geht zu weit, wenn er hier bereits in der Erwähnung Hekates ein "Zeichen
für den inneren Gestaltwandel Medeas" von der jungen Prinzessin zur rücksichtslosen
Zauberin sieht.

[12] Zum Ergebnis dieser Opfer, das bei Vergil im Dunkel bleibt, vgl. Heinze, Virgil 129f.

[13] Pease, Kommentar zu Aen. 4,56: "the abruptness with which Dido's consultation of the
gods is introduced is noteworthy..."

[14] Heinze, Virgil 379ff zeigt an einigen anderen Beispielen das Bemühen Vergils, die Kontinuität der Handlung zu wahren.

iam terga Cupido (s.o. V.73). Der Gefühlskonflikt Medeas ist damit (zunächst) entschieden, die Schilderung bricht an dieser Stelle ab. Nach dem oben aufgezeigten zeitlichen und örtlichen Sprung im Handlungsverlauf, der an einen Szenenwechsel im Drama erinnert[15], setzt Ovid im nächsten Vers damit ein, daß Medea, die trotz Subjektwechsel nicht namentlich genannt wird, sich auf dem Weg zum Hekatetempel befindet: *Ibat ad antiquas Hecates Perseidos aras* (V.74). Da Medea zuvor entschlossen war, Iason nicht zu helfen (V.71: *effuge crimen*), erscheint ihr Verhalten jetzt geradezu widersprüchlich. Ihr Weg zum Tempel ist in keiner Weise inhaltlich begründet, zumal auch von einem Priesterinnenamt der Königstochter in den Metamorphosen nichts gesagt wird, so daß der Leser vielmehr auf sein Vorwissen angewiesen ist. Nur auf Grund dieses Vorwissens ist das Publikum darauf vorbereitet, daß Medea am Tempel mit Iason zusammentreffen wird; die Handlungsdarstellung in den Metamorphosen läßt darauf nicht schließen.

In den Argonautica dagegen wird Iasons Erscheinen erzählerisch sorgfältig vorbereitet. Nachdem Medea ihren Mägden von der Verabredung mit den Helden erzählt hat (Arg. 3,891-911), wechselt der Erzähler den Standpunkt und berichtet nun davon, wie Iason über Argos von dem verabredeten Treffen erfährt, sich beide gemeinsam mit Mopsos auf den Weg machen und Iason schließlich, auf den Rat einer Krähe hin, das letzte Stück ohne Begleitung zurücklegt, um mit der Königstochter allein zu sein und sie so besser 'umgarnen' zu können (Arg. 3, 912-947). Inzwischen vertreiben sich am Tempel Medea und ihre Mägde mit Spiel und Gesang die Zeit, bis Medea den sich nähernden Iason bemerkt (Arg. 3,948-955).

Der Erzähler selbst nimmt dabei eine 'olympische' Position ein[16]. Er kann Handlung wiedergeben, die sich gleichzeitig an unterschiedlichen Orten vollzieht[17], wechselt den Blickpunkt von einer Person zur anderen und läßt den Leser damit sowohl Medeas als auch Iasons Weg zum Tempel nachvollziehen[18].

---

[15] Auch Döscher 249 sieht in dem abrupten Wechsel der Perspektive zu einem anderen Ort einen "dramatischen Effekt".
Zur Durchbrechung der raum-zeitlichen Kontinuität im Drama mittels verschiedener Segmentierungseinheiten (Auftritt, Szene, Akt) vgl. Pfister 314ff.
[16] Vgl. die Ausführungen von Petersen 180f zum *point of view* und Effe, Objektivität 171.
[17] Zur Darstellungsweise solcher gleichzeitigen Ereignisse vgl. Th.Zielinski, Die Behandlung gleichzeitiger Ereignisse im antiken Epos, Philol. Suppl. 8, 1901, 405-430.
[18] Daß der Erzähler dabei keinen Rückschritt vollzieht, sondern die zweite Handlung erst beginnen läßt, wenn er die erste verläßt - die übliche Methode zur Darstellung gleichzeitiger Handlung, vgl. Zielinski passim -, es sich also um keine "echte" Gleichzeitigkeit handelt, wird festgestellt von Mehmel 73-75. Die Tatsache ist für unsere Beobachtungen unerheblich, da es uns vor allem auf den Wechsel des Erzählerstandorts und die Parallelität der Handlungsstränge ankommt.

Eine vergleichbare Szene enthält das erste Buch der Aeneis. Vergil beschreibt, wie Aeneas und Achat, eingehüllt in eine Nebelwolke, durch das im Aufbau befindliche Karthago schreiten, schließlich zum Iunotempel gelangen (Aen. 1,418-445) und dort auf der Tempeltür die kunstvoll gestalteten Abbildungen des Trojanischen Krieges betrachten. Der Dichter verläßt die Helden, während sie in diese Betrachtung versunken sind, und richtet den Blick auf Dido[19], die sich, der Göttin Diana gleich[20], umringt von ihrem Gefolge dem Tempel nähert und sich dort niederläßt, um Recht zu sprechen (Aen. 1,496-509). Wenn auch der räumliche Sprung nicht so auffällig ist wie bei Apollonios, so muß man doch feststellen, daß der Erzähler nicht ein plötzliches Auftreten Didos aus der Sicht des Aeneas beschreibt, sondern an einem geeigneten Punkt der Handlung, dort nämlich, wo diese in eine gewisse Ruhephase eintritt[21], den Standort wechselt und mit der Schilderung der triumphalen Ankunft Didos neu ansetzt. Erst als die Teukrer erscheinen, wendet sich die Erzählung wieder Aeneas zu (Aen. 1,509). Auch im weiteren Verlauf wechselt der Erzähler zwischen den Erlebnissen der Dido und des Aeneas, sofern diese sich nicht überschneiden, hin und her.

Eine solche direkte Darstellung gleichzeitiger Vorgänge, die einen wichtigen Bestandteil epischen Erzählens repräsentiert, ist dagegen im Drama nicht möglich[22]. So stellt Euripides die Ereignisse von der Position Medeas aus dar. Iason, Kreon und Aigeus treten nur während ihrer Dialoge mit Medea in Erscheinung, was ihnen vor und nach ihren Auftritten widerfährt, geschieht hinter der Bühne, es bleibt dem Zuschauer also verborgen oder wird nachträglich indirekt berichtet (vgl. den Botenbericht: Eur. Med. 1136-1230).

In ganz ähnlicher Weise behält auch Ovid in den Metamorphosen durchgehend den Standort Medeas bei und stellt sie damit in den Mittelpunkt des Geschehens: Der Erzähler berichtet nur von dem, was Medea erlebt. Iason wird erst erwähnt, als er in ihr Blickfeld gerät, *cum videt Aesoniden* (V.77). Im Vordergrund steht dabei seine Wirkung auf Medea (V.77-83). Ob überhaupt und woher Iason wußte, daß er Medea am Tempel antreffen würde, wie er dort hingelangt und welche Absichten er hat, erfahren wir ebensowenig wie Medea selbst. Sein in der Erzählung völlig unmotiviertes Erscheinen gleicht,

---

[19] Allgemein zur Technik Vergils bei der Darstellung gleichzeitiger Handlung vgl. Heinze, Virgil 381ff.

[20] Hier zeigt sich eine deutliche Parallele zur Medea des Apollonios, die ebenfalls auf dem Weg zum Tempel mit der Göttin Diana inmitten ihres Gefolges verglichen wird (Arg. 3,876-884)

[21] Heinze, Virgil 384 stellt fest, daß Vergil in der Regel die Handlung nicht "gewaltsam" abbricht, sondern zu einem Punkt führt, wo "wir ihren weiteren Verlauf voraussehen, d. h. sie muß in ein Stadium gleichmäßigen Verharrens oder gleichmäßigen Fortschreitens eingetreten sein".

[22] Eine Ausnahme bilden Geräusche und Stimmen hinter der Bühne: vgl. Pfister 276ff, 341.

ebenso wie zuvor Medeas Auftreten[23], einem Bühnenauftritt. Denn für das
Drama ist es charakteristisch, daß das Eintreffen einer bestimmten Person zur
richtigen Zeit, am richtigen Ort nicht immer inhaltlich motiviert ist[24].

Nachdem Iason schließlich Medea um Hilfe gebeten - woher er- von dieser
Möglichkeit der Hilfe weiß, wird verschwiegen - und ihre Einwilligung be-
kommen hat, erhält er von Medea die Zaubermittel, die ihn beschützen sollen
(V.89-99).

Völlig unklar bleibt dabei, wieso Medea diese ganz speziellen Zauberkräuter, von deren Existenz vorher nie die Rede war und deren Zweck sich der Leser selbst erschließen muß, sogleich zur Hand hat, als sie beschließt, sie Iason
zu übergeben. Da Medea sich nicht, wie bei Apollonios, in der Absicht, die
Mittel auszuhändigen, zum Tempel begibt, sondern ihren Entschluß erst beim
Anblick des Helden ändert, gibt es keinen Grund dafür, diese Kräuter bei sich
zu tragen. Das plötzliche Vorhandensein der magischen Kräuter ist letztlich
vor dem Hintergrund der bisherigen ovidischen Darstellung unlogisch und
ebensowenig inhaltlich motiviert, wie die Anwesenheit Medeas und Iasons
selbst.

Die Ursache für diese Unschlüssigkeiten ergibt sich aus der Diskrepanz zwischen der Übernahme des äußeren Handlungsgerüstes von Apollonios einerseits und der Veränderung der inneren Entwicklung Medeas andererseits. Sie
sind nicht etwa Zeichen der Ungenauigkeit, sondern zeigen, daß der Dichter in
dieser Szene das ganze Gewicht auf den Verlauf der psychologischen Entwicklung legt - und an deren Ende, dem Sieg der Liebe, ist eine Übergabe der
Zaubermittel völlig schlüssig. Gleich Requisiten auf der Bühne sind diese vorhanden, als sie gebraucht werden. Woher sie stammen, ist dabei gleichgültig.

Wenngleich eine Verlagerung des Schwerpunktes auf die psychischen Vorgänge schon bei Vergil beobachtet werden kann[25], geht sie dort im Unterschied zu Ovid niemals auf Kosten der äußeren kausalen Handlungsverknüp-
fung: Das Auftreten von Personen, zumal solchen der Haupthandlung, wird
sorgfältig motiviert[26], und auch Gegenstände sind, wenn sie eine bedeutende
Rolle im Geschehen spielen, nicht einfach zufällig vorhanden. So taucht z.B.
das Schwert, mit dem Dido sich das Leben nimmt (Aen. 4,646), nicht erst im
Augenblick auf, als es benötigt wird, sondern ist ein Geschenk des Aeneas, das
sie zusammen mit seinen anderen Waffen und Kleidern schon zuvor auf den
Scheiterhaufen bringen ließ (Aen. 4,495f).

Ovid dagegen mißt solchen logischen Verknüpfungen wenig Bedeutung bei.
Gerade in unserer Szene wird die äußere Handlung auf das Allernotwendigste
reduziert. Der Erzähler berichtet keineswegs in epischer Breite, sondern ohne

---

[23] Vgl. dazu oben S.61ff.
[24] Vgl. dazu Heinze, Virgil 340.
[25] Näheres bei Heinze, Virgil 282.
[26] Ebd. 334ff.

Erklärungen oder ausschmückende Elemente in stark geraffter Form, wobei
das Erzähltempo zum Ende hin (vor allem V.98f) deutlich ansteigt.
   Auf diese Weise findet die gesamte Szene direkt nach Aushändigung der
Zaubermittel ihr überraschend schnelles Ende: *laetusque in tecta recessit*
(V.99). Damit ist nicht vielmehr gesagt, als daß Iason dorthin zurückkehrt von
wo er gekommen, ist. Bei Apollonios ist dies die Argo, die den Griechen als
Unterkunft dient. Dort wird, nachdem Iason von den wartenden Gefährten zu-
rückgeleitet worden ist, das weitere Vorgehen beraten (Arg. 3,1163ff). Welche
tecta in den Metamorphosen gemeint sind, muß ungeklärt bleiben. Denn weder
vorher noch nachher ist von einer Behausung der Argonauten die Rede. Ohnehin ist der Umstand nicht von Belang, da Ovid nichts mehr davon verlauten
läßt, was Iason dort unternimmt. Nachdem er von Medea das Gewünschte erreicht hat, tritt der Held, ohne daß wir sein weiteres Handeln im Blickfeld behalten, "von der Bühne" ab. Der erwartete Schluß, etwa daß Medea erschüttert
von diesen Ereignissen in den Palast zurückgeht, fehlt[27]. Die Königstochter
bleibt offenbar allein am Schauplatz zurück. Auch darin erkennt man einen
deutlichen Unterschied zur Erzählweise Vergils, der sich niemals einfach aus
einer Szene "ausblendet", ohne den Verbleib der Hauptpersonen zu klären. So
verlassen Dido und Aeneas gemeinsam den Iunotempel, in dem sie sich getrof-
fen haben, und die epische Handlung führt sie in den Königspalast (Aen. 1,
631); nach der späteren Auseinandersetzung beider bricht Dido zusammen und
wird in ihre Gemächer gebracht, während Aeneas zur Flotte zurückkehrt (Aen.
4,391ff).
   Der ovidische Handlungsaufbau gleicht dagegen in diesem Abschnitt vielmehr einer dramatisch aufgeführten Szene: Schauplatz ist ein Hain, im Hintergrund befindet sich der Tempel Hekates; Medea, bereits auf der Bühne, nähert
sich diesem Heiligtum; plötzlicher Auftritt Iasons; dramatischer Umbruch
(s.u.); kurzer Dialog; in dessen Folge Aushändigung der als Requisiten vorhandenen Zaubermittel; Abgang Iasons; Szenenschluß.
   Ovid referiert dabei in gedrängter Kürze nur das, was sich sichtbar auf der -
fiktiven - Bühne abspielt. Wie im Drama fehlt neben der Motivierung der Figuren, sich an diesen Schauplatz zu begeben, auch die erzählerische Verknüpfung mit der vorausgehenden und nachfolgenden Handlung. Auch auf die für
das Epos ebenso typische Darstellung paralleler Handlungsstränge verzichtet
Ovid. Er geht damit deutlich über die Darstellungsweise Vergils hinaus, der
zwar ebenfalls häufig die Wirkung szenenhafter Schilderungen und dramatisie-
render Elemente nutzt[28], aber dabei niemals die Grundlagen epischer Erzählweise verläßt.

---

[27] Bernbeck 64 stellt solche Vernachlässigung der Handlungskontinuität an Szenenschlüssen
auch für andere Episoden fest, z.B. Met. 5,210ff mit sprunghaftem Übergang von einem
Perseus-Abenteuer zum nächsten. Zu der "gedrängten Kürze" der ovidischen Szenenab-
schlüsse vgl. auch Döscher 258ff.
[28] Vgl. Heinze 321ff.

3.3. 'Innere' Entwicklung

Steht die äußere Situation Medeas in keinem erkennbaren kausalen Zusammenhang zum Vorhergehenden, so knüpft Ovid bei der Wiedergabe ihrer inneren Situation direkt an den Monolog an. Medeas Liebesfeuer, gegen das sie so heftig angekämpft hat, hat sich, wie der Erzähler mit Blick auf das Monologende und den scheinbaren Sieg über Amor folgert, gelegt (V.76: *resederat ardor*), und sie selbst hat sich somit Amor gegenüber als *fortis* (V.76) erwiesen[29].

Der Einblick in die Gefühle, die Innensicht, dominiert weiterhin, und die in der Rolle des Elegikers erworbenen Erfahrungen ermöglichen es Ovid, den nun folgenden inneren Umbruch Medeas, der für seine Sicht der Vorgänge allein entscheidend ist, anschaulich und glaubhaft darzustellen.

Wie schon zu Beginn der Haupthandlung (*concipit ... ignes* V.9), als Medea von Liebe überwältigt ist, und wie im Verlauf des Monologs (*flammas* V.17, *ureris* V.22), an dessen Ende sie diese Liebe zunächst für besiegt hält, bleibt Ovid auch jetzt, im letzten Abschnitt dieser Gesamtentwicklung, bei seiner Umschreibung der Liebe im Bildfeld 'Feuer'[30]. Dieser Vergleich der Liebesleidenschaft mit verzehrenden Flammen wird bereits bei Vergils Dido auffällig häufig verwendet, ja er wird geradezu leitmotivisch[31]: *igni* (Aen.4,2), *flammae* (Aen, 4,23), *flammavit* (Aen. 4,54), *flamma* (Aen. 4,66), *uritur* (Aen. 4,68).

Auch Medea kann dieser Liebesglut letztlich nicht widerstehen. Alle Tapferkeit (V.76: *fortis*) erweist sich als vergeblich: Als Iason unvermutet vor Medea steht, lodern die erloschen geglaubten Liebesflammen heftig wieder auf (V.77). Dieser Gedanke, daß ein fast erloschenes Liebesfeuer wieder neu aufflammen kann, ist ebenfalls in der Elegie beheimatet und eng mit der Thematik des vergeblichen Kampfes gegen die Liebe verbunden (vgl. Ov.Rem. 243.731; Am. 2,19,15)[32]. Die zunächst knapp und ohne weitere Erklärungen konsta-

---

[29] Nach Art der Elegiker benützt Ovid für die Beschreibung der Liebenden militärisches Vokabular (*fortis*). Zum Vergleich der Liebe mit dem Kriegsdienst Ov. Am. 1,9: *militat omnis amans... fortis* als Eigenschaft im Kampf gegen die Liebe z.B. Ov.Rem. 675: *fortissime pugna*; Her.18,6; vgl. Pichon 154.

[30] Die Metaphorik selbst ist nicht ungewöhnlich: vgl. z.B. Pease zu Aen. 4,2, "Fire is perhaps the commonest of the metaphors associated with passion". Regelmäßig findet sich das Bild in der Elegie: vgl. Pichon 150.166 mit zahlreichen Stellenangaben, wie auch oben S.38. Zur Verwendung der Feuermetapher in den Metamorphosen vgl. R.W.Garson, The faces of love in Ovid's Metamorphoses, Prudentia 8, 1976, 9-11.

[31] Vgl. Wlosok 239. Allerdings geht die Liebesleidenschaft bei Dido in Zorn über. Auch diese Leidenschaft wird mit dem Bild des Feuers umschrieben: Aen. 4,300.360.364.384; vgl. dazu M.Landfester, Funktion und Tradition bildlicher Rede in den Tragödien Senecas, Poetica 6, 1974, 179-204, hier bes. 201 Anm. 67.

[32] Vgl. dazu A.Heftberger, Bemerkungen zur Bildersprache Ovids, in: Serta Philologica Aenipontana II, hg. R.Muth, Innsbruck 1972, 120.

tierte Tatsache dieses plötzlichen Umschwungs (V.77f: *fiam ... cum*) wird gleich im Anschluß näher ausgeführt, indem aus der insgesamt ungewöhnlich dichten Metaphorik[33] heraus ein Feuergleichnis entwikkelt wird (V.79-82):

> *utque solet ventis alimenta adsumere, quaeque*
> *parva sub inducta latuit scintilla favilla,*
> *crescere et in veteres agitata resurgere vires,*
> *sic iam lenis amor ... inarsit.*

Daß der Umbruch nicht völlig überraschend kommt, hat bereits die nicht ganz ernst gemeinte Art der Darstellung des besiegten Amor angedeutet. Wenn Ovid nun von *amor, iam quem languere putares* (V.82), spricht, wird offenbar, daß das Erlöschen der Liebe eine Täuschung war und zwar sowohl für Medea, die ja bereits meinte, die Liebe überwunden zu haben (V.76: *fortis erat*), als auch für den Leser, bei dem Ovid ebenfalls diesen Eindruck erwekken wollte. In dem unpersönlichen "man" (V.82: *putares*)[34] verschmelzen auf diese Weise auktoriale und personale Erzählhaltung: es wird einerseits die Sichtweise Medeas zum Ausdruck gebracht, andrerseits spricht der Erzähler sein Publikum an.

Vorbild für das ovidische Gleichnis ist offenbar ein Gleichnis, mit dem Apollonios das Erwachen der Liebe umschreibt (Arg. 3,291ff)[35]. Dabei vergleicht er Medeas Liebe mit dem aus der Glut aufflackernden, unbewachten Reisigfeuer einer alten Frau, die beim Spinnen einschläft, und verweist damit

---

[33] Landfester 188f stellt fest, daß eine derart dichte Metaphorik, "regelrechte Metaphernnester", wie sie hier bei Ovid noch ein Einzelfall sind, für die Tragödien des Seneca, bei dem der Darstellung von Affekten noch eine weitaus größere Bedeutung beigemessen wird, typisch wird. Variation und Verwendung von Synonymen für die Umschreibung von Liebe, wie sie hier bei Ovid auftritt, findet sich besonders in Senecas Phaedra; dazu Landfester 189.

[34] Andersons Ansicht (Komm. ad loc), "the poet draws the audience into the situation", führt wohl etwas zu weit. Gerade bei Verben wie *putare, credere* u.a. wird die zweite Person häufig ihm Sinne des allgemeinen "man" verwendet, vgl. R.Kühner / C.Stegmann, Grammatik der Lateinischen Sprache, Darmstadt 1962[4], Bd. I, 179. Zwar ist in dieses allgemeine "man" natürlich auch der Leser einbegriffen, er wird aber nur indirekt einbezogen: vgl. M.v.Albrecht, Parenthese 190. Ovid benützt diese Form sehr häufig, wenn er den Eindruck oder Anschein, den irgendeine Sache erweckt, besonders anschaulich beschreiben will: vgl. Met. 6,104 *verum taurum...putares*, von der Abbildung auf einem Teppich; ähnlich Met. 6,667; 8,191.805; 11,337 jeweils unter Verwendung von *putare*. In gleicher Weise verwendet bereits Homer die zweite Person, vgl. Il, 3,220.392; 4,429; 15,697 u.ö.

[35] Der Ursprung dieses Gleichnisses ist in der Grundsubstanz bereits homerisch, vgl. Od. 5,489f, wo von dem unter der Asche verborgenen Samen des Feuers gesprochen wird.

auf das ebenso rasche Entstehen wie Verlöschen dieser Liebe[36]. Einen solchen
Vorverweis auf das Ende der Liebe läßt das ovidische Gleichnis nicht erkennen. Neben den Hinweisen auf ein kurzlebiges 'Strohfeuer' hat Ovid auch alle
Elemente entfernt, die einem anderen Vorstellungsbereich als dem des Feuers
selbst entstammen. Ihm dient das Gleichnis dazu, ein psychologisches Phänomen, das Wiederaufflammen eines erloschen geglaubten Gefühls, zu erklären[37]. Es handelt sich also um nichts anderes als eine Wiederholung und Ver-
tiefung dessen, was er bereits vorher mit *extincta flamma reluxit* unter Verwendung derselben Metaphorik gesagt hat. Diese Abundanz bei der Darstellung der inneren Vorgänge steht in deutlichem Kontrast zu der betont
knappen äußeren Handlung. Es entsteht ein klares Ungleichgewicht zugunsten
der Innenwelt, wie es sich auch in der Elegie beobachten läßt.

Der sich hieraus ergebende elementare Unterschied zu der Darstellungsweise Vergils wird evident, wenn man betrachtet, wie letzterer Didos Gefühle
beschreibt: Auch in der Aeneis mündet die metaphorische Umschreibung der
Liebe durch Feuer[38] in ein Gleichnis, das jedoch dann einem völlig anderen
Vorstellungsbereich als der Kontext entnommen wird[39]. Didos Verhalten wird
mit dem einer gejagten und schließlich erlegten Hindin verglichen[40]. Vergil

---

[36] Wilamowitz, HD II, 209 und H.Faerber, Zur dichterischen Kunst in Apollonios Rhodios' Argonautica. Die Gleichnisse, Berlin 1932, 19 erkennen in dem Gleichnis einen Hinweis darauf, daß Medeas Eros mit verzehrender Gewalt aufflammt, aber ebensoschnell wieder erlöschen wird.

[37] M.v.Albrecht, Zur Funktion der Gleichnisse in Ovids Metamorphosen, in: Studien zum
antiken Epos, hg. von H.Görgemanns u. E.A.Schmidt, Meisenheim 1976, 281 stellt fest,
daß Ovid häufig in wichtigen psychologischen Augenblicken Gleichnisse verwendet. Sie
dienen nicht mehr, wie bei Homer, der Erkenntnis, sondern sind "Mittel poetischer Technik" (ebd.289).

[38] Zu der Feuer-Metaphorik bei Vergil s.o. S.66 Anm. 31.

[39] Ein Gleichnis, dessen Bilder ähnlich eng mit einer auffällig dichten Metaphorik im Text-
umfeld verbunden sind, wie es an unserer Ovidstelle der Fall ist, findet sich bei Vergil
nicht: vgl.Landfester 188. Erst Seneca bedient sich dieser Technik in den Tragödien häufiger, vgl. ebenfalls Landfester 187f. Vergil verwendet in der Aeneis vier Feuergleichnisse
(2,304ff; 10,405ff; 12,521), von denen jedoch keines im Zusammenhang mit der Liebe gebraucht wird: vgl. E.G. Wilkins, A Classification of the Similes in Vergils Aeneid and
Georgics, CW 14, 1920/21, 170-174.

[40] Aen. 4,68-73:

> *uritur infelix Dido totaque vagatur*
> *urbe furens, qualis coniecta cerva sagitta,*
> *quam procul incautam nemora inter Cresia fixit*
> *pastor agens telis liquitque volatile ferrum*
> *nescius: illa fuga silvas saltusque peragrat*
> *Dictaeos; haeret lateri letalis harundo.*

umschreibt also die Auswirkungen, die die vorher geschilderte Liebe auf das äußere Verhalten Didos hat, während Ovid auch noch in dem Gleichnis nur das Gefühl der Liebe selbst und damit innere Vorgänge anschaulich macht[41].

3.4. Erscheinen Iasons

Noch bevor der so unerwartet aufgetauchte Iason zum Handelnden wird, kommt es bereits zu dem geschilderten Gefühlsumschwung Medeas. Entscheidend für die Abkehr von ihren guten Vorsätzen ist allein der Anblick dieses Mannes. Ovid betont die Bedeutung des bloßen Anschauens eindringlich durch mehrfache Wiederholung: *videt* (V.77), *vidit* (V.83), *specie* (V.83), *spectat* (V.86), *lumina fixa tenet* (V.87), *videre putat* (V.88). Er variiert damit den Topos vom Entstehen der Liebe beim ersten Erblicken[42], indem er ihn hier auf das Aufflammen der Gefühle bei der zweiten Begegnung überträgt, bei der sich Medea jedoch verhält, als sähe sie Iason zum ersten Mal: *veluti tum denique viso* (V.86). Ausgeschmückt wird dieses Wiedersehen durch weitere elegische Motive: Medea vergleicht Iason mit einem Gott (V.87f: *nec se mortalia... / ora videre putat*)[43], sie ist *demens* (V.87)[44] und kann sich nicht von ihm abwenden (V.88: *nec se declinat*)[45].

Von Iasons Schönheit ist auch im Monolog die Rede, dort allerdings wird sein Äußeres aus der subjektiven Sicht der verliebten Medea beschrieben

---

Wie Apollonios gibt auch Vergil damit gleichzeitig eine Vorausdeutung, in diesem Fall auf Didos Tod (Aen. 4,73: *letalis harundo*): vgl. V.Pöschl, Die Dichtkunst Vergils, Darmstadt 1964, 146ff; Wlosok 241 und B.Otis, Virgil: A Study in Civilized Poetry, Oxford 1963, 72.

[41] Zur relativen Häufigkeit solcher psychologischen Gleichnisse bei Ovid vgl. M.v.Albrecht, Ovids Metamorphosen, in: E.Burck (Hrsg.), Das römische Epos, Darmstadt 1979, 137.

[42] Vgl. Apoll. Rhod. Arg. 3,253.287; Cat. 64,86, dazu Kroll, Komm. ad loc., "Die Antike kennt nur Liebe auf den ersten Blick"; Verg. ecl 8,42: *ut vidi ut perii* und Ov. Her. 12,33: *et vidi et perii*; vgl. auch Heinze, Virgil 122 und Rohde 148.

[43] Ähnlich Cat. 68,70; Prop 2,15,40; Ov. am. 3,2,60; Her. 15,334: vgl.Pichon 129; weitere Literatur bei Bömer ad loc.

[44] *demens* auch von Dido, Verg. Aen. 4,78. Zum Vergleich der Liebe mit geistiger Verwirrung vgl. Prop 1,13,20; Ov. Am 2,4,4; Ars 2,591; Her. 6,131 (hierzu Pichon 126.172); vgl. auch Met. 7,18 und dazu oben S.39 Anm.62.

[45] Wörtliche Anlehnung an Catull, c.64,91f *non prius ex illo flagrantia declinavit / lumina*. Vgl. auch Verg. Aen. 1,717 *haec oculis ... haeret*. Der Gedanke, daß die Liebe durch das Anschauen des/der Geliebten verstärkt wird, auch bei Prop. 3,213; Ov. Am. 3,2,5.15; ars. 1,99.498; 2,503; 3,774.

(V.26-28.43f)[46]. Nun trifft Ovid in neutraler Erzählhaltung die Feststellung, daß Iason an diesem Tage sogar noch schöner sei als gewöhnlich (V.84f). Bereits in den Argonautica ist Iason, als er sich zum Hekatetempel begibt, so aussergewöhnlich schön, daß selbst seine Gefährten staunen (Arg. 3,924f). Ursache dieser Schönheit ist laut Apollonios das Wirken Heras (Arg. 3,922f), deren Plan es ist, Medeas Liebe zu Iason für ihre Zwecke zu benützen (Arg. 3,25-29). In ähnlicher Weise wird auch dem Aeneas bei seiner Ankunft in Karthago von Venus Schönheit und Liebreiz verliehen, um die Tyrer und vor allem ihre Königin für den Fremden einzunehmen (Verg. Aen. 1,589ff). An beiden Stellen liegt die Liebe, die durch diese Schönheit ausgelöst bzw. verstärkt wird, jeweils im göttlichen Interesse[47]. Ovid verzichtet dagegen auch hier wie schon beim Entstehen der Liebe ausdrücklich auf die Verbindung der Liebesgeschichte zu einer übergeordneten Götterhandlung. Da die Liebe Medeas keiner göttlichen Absicht dient, beruht Iasons besondere Schönheit nicht auf dem Einwirken der Götter, sondern ist reiner Zufall (V.84: *casu solito formosior*)[48].

Hatte Ovid bereits durch die Art der Darstellung im Monolog Verständnis für die Königstochter geweckt, so knüpft sich nun an die Aussage über Iasons Äußeres eine eindeutige auktoriale Wertung der Haltung Medeas. Der Erzähler hält es für durchaus verzeihlich, daß sie angesichts dieser Schönheit schwach wird: *posses ignoscere amanti* (V.85). Er urteilt damit nicht aus der Distanz, sondern in verständnisvoller Nähe zu seiner Heldin. Durch die Konstruktion in der zweiten Person[49] wird das Lesepublikum indirekt in dieses "Verzeihen" einbezogen und dazu angehalten, über Medea nicht allzu streng zu urteilen[50]. Mit seiner ausdrücklich bewertenden Stellungnahme zeigt Ovid eine ausgeprägte Subjektivität, die wir bei Vergil in diesem Maße selbst in der Dido-Handlung, wo er die Objektivität nicht immer wahrt[51], nicht finden.

---

[46] Vgl. dazu o. S.46 mit Anm. 101 u. S.53 Anm.130.

[47] Zur Verbindung zwischen Liebesgeschichte und Götterhandlung in den Argonautica und der Aeneis vgl. oben S.27.

[48] Vgl. auch Am.2,5,42 *et numquam casu pulchrior illa fuit*, wo Corinna durch ihre außergewöhnliche Schönheit den zürnenden Geliebten zurückgewinnt; dazu Keul 181-190.

[49] Vgl. V.82 und dazu o. S.67 Anm. 34.

[50] M.v.Albrecht, Die Parenthese in Ovids Metamorphosen und ihre dichterische Funktion, Würzburg 1963, 198 bemerkt: "Anrede an den Leser kann man zwar dieses *posses* ... nicht wohl nennen. Doch ... auch bei dem deutschen Wörtchen 'man' fühlt 'man' sich, wo nicht angesprochen, so doch mit einbezogen". Eine ähnliche Bewertung gibt Ovid auch bei der Schuld Actaeons (Met. 3,141f): *at bene si quaeras, fortunae crimen in illo / non scelus invenies.*

[51] Vgl. Effe, Objektivität 131 und Heinze, Virgil 370f, die zeigen, daß Vergil zwar stets bemüht ist, den Schein epischer Objektivität zu wahren, aber besonders im vierten Buch häufig seine subjektive Sehweise durchscheinen läßt, z.B. mit dem Epitethon *infelix* oder mit Vorgriffen auf den Ausgang der Episode (Aen. 1,712; 4,65.169).

3.5. Dialog zwischen Medea und Iason

Das Gespräch, das Iason und Medea bei ihrer Zusammenkunft führen, wird von Apollonios sehr ausführlich wiedergegeben: Nachdem sich beide längere Zeit angeschaut haben, ergreift Iason das Wort. Er bittet Medea inständig um Hilfe für sich und seine Gefährten (Arg. 3,975-1005). Medea übergibt ihm die mitgebrachten Zaubermittel (Arg. 3,867), wie sie es Chalkiope angekündigt hatte (Arg. 3,738), und erklärt ihm die Anwendung (Arg. 3,1006-1062). Dann bricht sie bei dem Gedanken an seine Heimfahrt in Tränen aus und bittet Iason, von Griechenland zu erzählen (Arg. 3,1063-1076). Iason wird beim Anblick ihrer Tränen vom Eros ergriffen (V.1077)[52]. Er berichtet von seiner Heimat (Arg. 3,1078-1117), und als Medea ihn ermahnt, immer an ihre Verdienste zu denken, spricht der Held schließlich den Wunsch aus, sie zu seiner Braut zu machen (Arg. 3,1120-1130). Ohne weiter darauf einzugehen, trennen sie sich und machen sich mit ihren Begleitern auf den Rückweg (Arg. 3,1146ff).

Ovid benötigt für die Darstellung dieses handlungsentscheidenden Dialogs insgesamt nur neun Verse (V.89-97). Dabei verzichtet er auf die direkte Rede Iasons und faßt lediglich die beiden Hauptaussagen in der denkbar knappesten Form des Redeberichts zusammen (V.90f):

> *auxilium...rogavit / promisitque torum.*

Mit diesem Eheversprechen werden die Hoffnungen Medeas überraschend schnell erfüllt. Die Handlung knüpft dabei direkt an ihre Ausführungen im Monolog an: Dort hatte sie bereits erwogen, die Hilfe zu gewähren (V.29.38), die Iason jetzt erbittet, und sich dafür als Belohnung die Ehe erhofft (V.22.49 u.ö.), die ihr nun versprochen wird. Einen direkten Bezug zum Monolog stellt auch die Bezeichnung *hospes* für Iason her (V.21.90). Noch ausgeprägter ist diese Verbindung in der Antwort Medeas, die in direkter Rede wiedergegeben wird (V.92f):

> *quid faciam, video, nec me ignorantia veri*
> *decipiet, sed amor*

Diese Worte knüpfen unverkennbar an die vorausgegangene Erkenntnis *video meliora proboque...* (V.20f) an.

Daß Medea nun entschlossen ist, Iason zu helfen, hat dieser bereits durch seine Anwesenheit, nicht aber, wie es in den Heroides dargestellt wird, durch seine Worte bewirkt (Her. 12,92: *sum verbis capta*). Aber auch jetzt noch ist sich Medea trotz der starken inneren Erregung beim Anblick des Geliebten der Tatsache bewußt, daß sie einen Fehler begeht. Der vorausgegangene innere Gefühlsumschwung und die Einsicht noch im Augenblick des Vergehens selbst (V.92f), das moralisch Falsche zu tun, verbinden Ovids Medea auch hier mit

---

[52] Vgl. dazu Fränkel, Noten ad loc.

der tragischen Figur des Euripides und unterscheiden sie deutlich von der Medea in den Argonautica, die den einmal gefaßten Plan nicht mehr in Zweifel zieht, sondern mit zielstrebiger Konsequenz zu Ende führt.

Zwar vergießt Medea sowohl in den Argonautica (Arg. 3,1064f) als auch in den Metamorphosen Tränen: *lacrimis ait illa profusis* (V.81) Hier gelten sie jedoch der Tragik ihrer Situation und bekommen damit eine völlig andere Bedeutung als bei Apollonios, wo Medea darüber weint, daß Iason Kolchis verlassen wird (Arg. 3,1064ff.1118)[53].

Medeas Worte bei Ovid sind nicht eigentlich an Iason gerichtet, sondern dienen - gemäß einer für das Drama typischen Technik[54] - dazu, den Leser über ihren noch immer andauernden seelischen Konflikt zu informieren. Sie sind daher weniger Teil eines Dialogs, sondern entsprechen vielmehr einem kurzen Monolog[55]. Eine ganz ähnliche Selbstbetrachtung legt Euripides dem König Kreon während seines Gespräches mit Medea in den Mund, als dieser seinem Mitleid nachgibt, obwohl er weiß, daß dies ein Fehler ist (Eur. Med. 350):

καὶ νῦν ὁρῶ μὲν ἐξαμαρτάνων

... *und auch jetzt weiß ich, daß ich einen Fehler begehe.*

Nachdem Medea Iason zugesagt hat, daß sie ihn retten wird - wodurch sie dazu in der Lage ist, hat Ovid noch immer nicht ausgeführt -, wird erneut die Verbindung zum Monolog gezogen: Dort hatte Medea bereits ihre eigenen Bedenken gegenüber seiner Treue weggewischt, und zwar mit dem Vorsatz, ihn vorher dazu zu zwingen, seine Versprechungen mit einem Eid bei den Göttern zu festigen (V.46f: *et dabit ante fidem cogamque in foedera testes / esse deos*). Dieser Vorsatz wird nun verwirklicht. Medea mahnt Iason, nach seiner Rettung das Versprochene nicht zu vergessen (V.94: *servatus promissa dato*), und Iason antwortet mit dem Eid (V.94-97)[56].

Der scheinbare äußere Bruch der Erzählung zwischen Monolog und Tempelszene wird demnach durch die Herstellung enger inhaltlicher Beziehungen immer wieder überwunden. Das anaphorische *servabere munere nostro: servatus...* (V.93f), drückt aus, daß Medea auch jetzt noch, wie schon in ihrem Selbstgespräch, auf ihre Verdienste insistiert[57], und erinnert gleichzeitig den

---

[53] Aus ähnlichen Gründen wie Medea bei Ovid weint Tarpeia in der Elegie des Properz 4,4 darüber, daß sie im Begriff ist, aus Liebe zu Tatius Verrat zu begehen (Prop. 4,4,46).

[54] Pfister 251 spricht vom "Eigenkommentar", der der Charakterisierung einer Figur diene.

[55] Eine solche "Monologisierung des Dialogs" (Pfister 182) begegnet im Drama häufiger.

[56] Zu dem Wert solcher Eide unter Liebenden vgl. o. S.54 Anm. 137.

[57] Über das Spiel Ovids mit den elegischen Topoi: Hinweis auf die eigenen Verdienste, Vorwurf der Eidbrüchigkeit, vgl. oben S.53ff.

Leser an die spätere Mißachtung dieser Verdienste und die Sinnlosigkeit aller Beschwörungen.

Iasons Schwur wird von Ovid zwar vollständig, jedoch wieder nur in indirekter Rede zitiert (V.94-97). Dabei ist die Eidesformel[58] gegenüber Apollonios' Version stark verändert. In den Argonautica schwört Iason erst nach seinem Athlos, direkt bevor Medea ihm das Vlies beschafft, bei Hera und Zeus, sie zu heiraten (Arg. 4,95ff). In den Metamorphosen ruft Iason Hekate und jede andere Gottheit des Haines, in dem sie sich befinden, sowie Sol[59], den Vater seines zukünftigen Schwiegervaters, außerdem seine eigenen Erfolge und Gefahren als Zeugen an[60].

Hekate ist die Göttin, der Medea als Priesterin dient, die Schutzherrin ihrer später von Ovid ausführlich dargestellten Zauber- und Hexenkünste (vgl. V.194f). Sie ist es auch, die von der euripideischen Medea beschworen wird, als diese die Rache an dem eidbrüchigen Iason und seiner neuen Braut plant (Eur. Med. 395f). Auch Sol wird hier nicht einfach als der Allessehende angerufen. Er ist Medeas Großvater, von ihm stammt der Schmuck, der, von Medea verzaubert, Kreusas Tod verursacht (Eur. Med. 954f), und er schickt ihr schließlich nach dem Kindesmord den Drachenwagen (Med. 1321f), der auch in den Metamorphosen zu ihrem Fluchtfahrzeug wird (V.350ff) - wieder wird damit auf sehr versteckte und unauffällige Weise die Verbindung zum weiteren Handlungsverlauf hergestellt. Ovids Version, daß Iason seinen Eid bei eben denselben Göttern leistet, die schließlich seinen Eidbruch bestrafen helfen, ist demnach nur konsequent[61].

Wenn Iason zusätzlich noch sein eigenes Schicksal zum Pfand seines Schwures aussetzt, so muß gerade diese Erwähnung der *tanta pericula* (V.97) Medea ganz besonders ansprechen. Hatte sich doch ihre Liebe zu Iason vor allem in der Angst um ihn angesichts der großen Gefahren, die ihn bedrohten (V.15f. 29ff), geäußert.

Damit ist der Eid keine austauschbare Formel mehr, sondern steht in engem inhaltlichen Bezug zum gesamten Mythos und zur Person Medeas selbst. Ovid

---

[58] Zur religionsgeschichtlichen Problematik, vor allem zur Diskrepanz zwischen den einzelnen Elementen dieser Eidesformel vgl. die ausführliche Diskussion bei Bömer ad loc., der in dem Eid eine Umformung der beschwörenden Bitte sieht, die Iason in den Heroides an Medea richtet (Her. 12,77ff). Bömer läßt dabei außer Acht, daß es Ovid wohl kaum darauf ankommt, eine "technisch einwandfreie" Eidesformel zu entwickeln, sondern eher darauf, Iasons Worte der erzählerischen Situation und Ovids literarischer Absicht anzupassen.

[59] Sol bzw. Helios als Gott, der alles sieht, anzurufen, ist keineswegs außergewöhnlich: vgl. R.Hirzel, Der Eid, Leipzig 1902. Bereits in der Ilias wird er als Eidzeuge angerufen: vgl. Il. 3,277; 19,259; weitere Stellen bei Pease, Komm. zu Aen. 4,607.

[60] Hirzel 34 spricht von "Eid durch Pfandsetzung des eigenen Schicksals".

[61] Es sind im übrigen dieselben Götter, die auch Vergils Dido beschwört, um den treulosen Aeneas zu verfluchen (Aen. 4,607-609): vgl. dazu Pease ad loc. mit zahlreichen weiteren Parallelen.

hat also durchaus nicht "ungenau gearbeitet"[62], sondern die Worte "maßgerecht" der Situation angepaßt.

Die folgende ausdrückliche Feststellung, daß Medea den Worten Iasons Glauben schenkt (V.98: *creditus*), besagt gleichzeitig, daß diese 'Leichtgläubigkeit', der sich Medea in den Heroides selbst bezichtigt (Her. 12,89f), ein Fehler ist, und spielt erneut darauf an, daß Liebesschwüre eine Sonderstellung einnehmen: *nunc iam nulla viro iuranti femina credat* (Cat. 64,143)[63].

Die Reaktionen Iasons, seine Bitte um Hilfe und sein beeidetes Eheversprechen kommen aus Medeas Sicht nicht unerwartet, hatte sie sich doch die ganze Szene so oder ähnlich bereits in ihrer Phantasie ausgemalt, wie der Bezug zum Monolog erkennen läßt. Für den Leser jedoch ist das Verhalten Iasons überraschend und unbegründet.

In den Argonautica entwickelt sich Iasons Wunsch nach einer Ehe erst, nachdem er die gewünschten Mittel bereits in Empfang genommen hat[64]. Ursache des Ehewunsches ist die Liebe, von der er ganz allmählich während des Gespräches ergriffen wird,. Auch bei Vergil, der bei der Beschreibung der Gefühle seines Helden betonte Zurückhaltung übt[65], kann der Erzähler aus seiner 'olympischen' Position heraus, wenn nötig, durchaus auch Einblick in die Gefühlswelt des Aeneas geben. Er läßt uns nicht im unklaren darüber, daß Aeneas aufrichtige Liebe für Dido empfindet[66]: *magnoque animum labefactus amore* (Aen. 4,395). Was fühlt jedoch der Iason der Metamorphosen für Medea? Nachdem Ovid die Empfindungen Medeas zuvor in allen Einzelheiten dargelegt hat, bleibt uns jeder Einblick in Iasons Fühlen und Denken verwehrt. Es ist völlig unklar, warum er Medea ohne weiteres die Ehe verspricht. Ob es Kalkül ist, wie Medea in ihrem Heroidesbrief behauptet (Her. 12,72), oder ob Iason Mitleid oder gar Liebe für die Königstochter empfindet, überläßt Ovid der Spekulation seiner Leser.

In vergleichbarer Weise läßt auch Euripides in seinem Drama offen, ob Iason Kreusa wirklich geheiratet hat, um seinen Kindern ein angenehmeres Leben zu verschaffen, oder ob dieser Vorwand nur dazu dient, sich vor Medea zu rechtfertigen (Eur. Med. 548ff); seine wahren Beweggründe bleiben im Dunkel, es geht im Wesentlichen um Medea und ihre Gefühle.

Die betonte Außensicht Iasons - Ovid berichtet, wie er aussieht, was er tut und sagt, nicht aber was er fühlt und denkt - steht in deutlichem Kontrast zu

---

[62] So Bömer ad loc.

[63] Vgl. dazu oben S.54f.

[64] Zur Entwicklung von Iasons Liebe während des Gesprächs vgl. Schwinge 129-135.

[65] Den Grund für diese Zurückhaltung sieht Heinze, Virgil 123, Anm.1 darin, daß Vergil es scheut, "bei seines Helden Schwäche zu verweilen".

[66] Heinze, Virgil 123: "bei der Trennung hören wir durch kurze Andeutungen ausdrücklich, wie tief ihn die Liebe gepackt hat."

der ausgeprägten Innensicht[67] bei Medea. Diese ausschließliche Nähe des Erzählers zu seiner Hauptfigur weckt verbunden mit der Tatsache, daß er den Leser nur an den Gedanken und Empfindungen Medeas teilhaben läßt, Mitgefühl und Sympathie mit eben dieser Hauptfigur. In Bezug auf Iason stellt sich allenfalls die gegenteilige Wirkung ein[68], ein besonderes Interesse an seiner Person wird nicht geweckt. Verstärkt wird dieser Effekt noch dadurch, daß Iasons Rede nur als Redebericht wiedergegeben wird, Medeas Erwiderung darauf jedoch in direkter Rede erfolgt (V.92-94a).

Trotz dieser intensiven Betrachtung der Person Medeas hat Ovid einen wichtigen Aspekt ihrer Identität bisher auffällig übergangen - den der Zauberin. Den ersten deutlichen Hinweis darauf gibt er erst jetzt, als Medea ihr Versprechen an Iason sogleich nach seinem Eid einlöst: Endlich erfährt auch der Leser explizit, worin die versprochene Hilfe besteht: es sind *cantatas herbas* (V.98), die den Schluß auf die zauberischen Fähigkeiten Medeas zulassen. Ovid nimmt diese Gelegenheit allerdings noch nicht zum Anlaß für eine ausführlichere Schilderung der Hexenpraktiken, wie sie Apollonios gibt, als das erstemal von diesem Zaubersaft gesprochen wird (Arg. 3, 845-867). Auch die mit zahlreichen unheimlichen Riten verbundene, umfangreiche 'Gebrauchsanweisung' der Mittel, mit der Apollonios einen Eindruck von der gewaltigen Hexenkunst Medeas vermittelt (Arg. 3,1025-1062)[69], finden wir in den Metamorphosen in dieser Form nicht wieder. Denn anstatt den Inhalt zu erzählen, informiert Ovid nur knapp darüber, daß eine solche Belehrung stattfindet (V.99: *edidicitque usum*). Durch das Aussparen solcher Schilderungen dominiert weiter das Bild des von übermächtigen Gefühlen überwältigten, verliebten Mädchens über das der Hexe. Im Vordergrund stehen weniger ihre Taten als vielmehr ihre Gefühle.

---

[67] Dazu Petersen 181; vgl. auch S.28 mit Anm. 20.

[68] Stanzel 173: "Auch die Verweigerung des Privilegs der Innensicht an einzelne Charaktere ist eine (negative) Form der Sympathiesteuerung. ... Je mehr ein Leser über die innersten Beweggründe für das Verhalten eines Charakters erfährt, desto größer wird seine Bereitschaft sein, für das jeweilige Verhalten dieses Charakters Verständnis, Nachsicht, Toleranz usw. zu hegen."

[69] Apollonios stellt mit dieser Beschreibung seine umfangreiche Sachkenntnis in den Vordergrund und gibt sich so, nach hellenistischer Manier, als *poeta doctus* - ein Anspruch, dem sich Ovid an dieser Stelle ausdrücklich verweigert.

4. Iasons Kampf

4.1. Zeit und Ort

Nachdem Iason am Abend vom Hekatetempel zur Argo zurückgekehrt ist, sitzen die Gefährten, so erzählt es Apollonios, bis zum Morgengrauen beratschlagend beieinander (Arg. 3,1165-1172).

Bei Tagesanbruch (Arg. 3,1172: αὐτὰρ ἄμ᾽ ἠοῖ) werden ihnen die zur Aussaat bestimmten Drachenzähne von Aietes übergeben (1172-1190). In der darauf folgenden Nacht (1193: νὺξ δ᾽ ἵπποισιν ἔβαλλεν ἔπι ζυγά) vollzieht Iason gemäß den Angaben Medeas das Hekateopfer und trifft die übrigen Vorbereitungen zur Anwendung der Zaubermittel (Arg. 3,1194-1223), bis der Tag, an dem der Kampf stattfinden soll, beginnt. Dieser wird eingeleitet durch eine für das Epos typische bildreiche Zeitumschreibung (Arg. 3,1223f):

> ... ἤδη δὲ φόως νιφόεντος ὕπερθεν
> Καυκάσου ἠριγενὴς ἠὼς βάλεν ἀντέλλουσα

> ....und schon begann das dämmernde Frührot
> über den schneeigen Höhen der Kaukasosberge zu leuchten

Der Erzähler wendet sich nun zunächst Aietes zu. Er beschreibt dessen Rüstung und seine Wagenfahrt zum Aresfeld (Arg. 3,1225-1245). Es folgen die Vorbereitungen Iasons und der Weg der Argonauten zum Kampfplatz (Arg. 3,1246-1275). Erst jetzt beginnt die Schilderung des eigentlichen Athlos, dessen Ende gleichzeitig auch das Ende dieses Tages ist (Arg. 3,1407):

> ἦμαρ ἔδυ, καὶ τῷ τετελεσμένος ἦεν ἄεθλος

> So versank der Tag nach Iasons beendetem Kampfe.

Vom morgendlichen Aufbruch Medeas zu Hekatetempel (Arg. 3,828ff) bis zum Beginn des Kampfes sind also genau zwei Tage vergangen.

An diesem Abschnitt der Erzählung ist besonders gut zu erkennen, daß die Handlungzeit in den Argonautica kontinuierlich weiterläuft und jederzeit nachrechenbar bleibt[1]. Die breit angelegten epischen Bestimmungen der Tageszeit dienen dabei als Anhaltspunkte, die dem Leser immer wieder die Einordnung der Handlung in diesen festen Zeitablauf ermöglichen.

In der Aeneis ist zwar nicht mehr eine derart exakte Chronologie der Gesamthandlung auszumachen, wie wir sie bei Apollonios finden[2]. So ist z.B. der

---

[1] Mehmel 7ff zeigt weitere Beispiele für die zeitliche Kontinuität der Argonautica und betont: "gleichmäßig und ohne Unterbrechung fließt sie [die Zeit] vor den Augen des Zuschauers mit den Geschehnissen, unter dem Geschehen dahin."

[2] Zum Vergleich beider Epiker s. Mehmel passim.

Aufenthalt der Aeneaden in Karthago von unbestimmter Dauer. Die eigentliche Didohandlung jedoch spielt sich - ebenso wie die Kämpfe in Latium - an wenigen, genau voneinander abgegrenzten Tagen ab[3], deren Beginn ebenfalls häufig durch die epische Umschreibung eines Sonnenaufganges gekennzeichnet ist (z.B. Aen. 4,6f)[4]:

> *postera Phoebea lustrabat lampade terras*
> *umentemque Aurora polo demoverat umbram*

Ebenso wie Apollonios variiert auch Vergil solche Zeitbeschreibungen[5], nimmt aber dabei noch stärker als dieser Bezug auf die jeweilige Situation und versucht, ganz bestimmte Stimmungen zu erwecken[6]. Er entfernt sich damit von der Vorgehensweise Homers, der vor allem in der Odyssee den Sonnenaufgang formelhaft immer wieder mit denselben Worten umschreibt (z.B. Hom. Od. 2,1; 4,306.576; 5,228; 8,1; 9,157. 307.560 u.ö.):

> Ἦμος δ' ἠριγένεια φάνη ῥοδοδάκτυλος Ἠώς

> *Als aber die frühgeborene erschien, die rosenfingrige Eos*

Bei allen Unterschieden in der Ausgestaltung der epischen Zeitbestimmung ist jedoch bereits in der Ilias und Odyssee wie auch später in den Argonautica und der Aeneis der Zeitablauf weitgehend nachrechenbar.

Ovid dagegen macht in dem gesamten bisher untersuchten Textabschnitt keinerlei absolute oder relative Zeitangaben. Umso auffälliger ist es, daß er seine Kampfesschilderung, die sich bei ihm direkt an die Tempelszene anschließt, mit einer bildhaften Umschreibung des Tagesanbruchs - einer traditionellen epischen Zeitbestimmung also - beginnt: *Postera depulerat stellas aurora micantes* (V.100), die so oder in leicht variierter Form[7] noch mehrfach

---

[3] Vgl. dazu die zeitliche Übersicht bei Heinze, Virgil 340ff. Daß es in der Forschung zu Unstimmigkeiten im Bezug auf die exakte Anzahl der Tage kam (vgl. dazu Mehmel 71f) spricht keineswegs dagegen, daß die Handlung prinzipiell chronologisch festgelegt ist.

[4] Vgl. Pease ad loc. und Heinze, Virgil 345: "sie [die Sonnenaufgänge] werden in der zusammenhängenden Darstellung regelmäßig angegeben." (So etwa Aen. 1,306: *ut primum lux alma data est*; Aen. 4,129: *Oceanum interea surgens Aurora reliquit*); Aen. 4,584f: *Et iam prima novo spargebat lumine terras / tithoni croceum linquens Aurora cubile*).

[5] Zum Streben nach Variation bei Apollonios vgl. P.Gummert, Die Erzählstruktur in den Argonautika des Apollonios Rhodios, Frankfurt a.M. 1992, 16.

[6] Vgl. Heinze, Virgil 366-370; Mehmel 38f.

[7] Vgl. Met. 4,81: *Postera nocturnos aurora removerat ignes*; 7,835: *Postera depulerant aurorae lumina noctem*; 15,665: *postera sidereos aurora fugaverat ignes*; außerdem 2,144 und 7,703.

in den Metamorphosen begegnet und daher an die stereotype Formel erinnert, mit der Homer den beginnenden Morgen darstellt[8].

Postera scheint dabei den zeitlichen Bezug zum vorhergehenden Ereignis, also dem Treffen am Tempel, herzustellen. Da jedoch weder dieser vorige Tag erzählerisch eingegrenzt ist, noch irgendein Anhaltspunkt gegeben wird, wielange sich die Argonauten schon in Kolchis aufhalten, ist dieser Bezug ohne chronologischen Wert. Ebenso unklar ist das Verhältnis zur Folgezeit. Der Tag, dessen Anbruch Ovid uns bildreich schildert, wird nicht von einem folgenden abgelöst, obgleich völlig klar ist, daß die weiteren Ereignisse einschließlich der Rückfahrt der Argonauten nach Iolcos unmöglich innerhalb dieses einen Tages stattgefunden haben können. Die Handlungszeit ist kaum zu erahnen, keinesfalls jedoch ist sie nachrechenbar. Der Tagesanbruch dient also lediglich dazu, den Beginn eines bedeutsamen Ereignisses in traditioneller epischer Form anzukündigen[9], seine eigentliche Funktion zur Einordnung der Handlung in ein Zeitkontinuum hat er jedoch verloren[10].

Ebenso deutlich wie der Verzicht auf zeitliche Kontinuität ist auch der auf räumliche. Bereits zuvor hatte Ovid die Fahrt Medeas vom Palast zum Tempel und wieder zurück ausgespart[11]. Auch jetzt beginnt er seine Darstellung direkt am Schauplatz des Kampfes. Die Ereignisse vor dem Kampf, die bei Apollonios immerhin fast ein Drittel (Arg. 3,1225-1277) der gesamten Schilderung einnehmen[12], nämlich die Rüstung des Aietes, dessen Fahrt durch die Stadt zum Aresfeld und auch die noch viel wichtigeren Kampfvorbereitungen Iasons, von dem vorher nur gesagt wurde, daß er vom Tempel zu den *tecta* zu-

---

[8] Die Formelhaftigkeit solcher Verse in den Metamorphosen wird hervorgehoben bei A.M.Betten, Naturbilder in Ovids Metamorphosen, Diss. Erlangen 1968, 63.

[9] Diese Funktion der Zeitangaben hebt Döscher 176-184 hervor. Den Grund für die fehlende zeitliche Gliederung sieht er darin, daß Ovid keinen großen zusammenhängenden Sagenstoff gestalten muß. Diese Begründung scheint jedoch nicht ausreichend, da gerade grössere Einheiten wie die Medeaepisode zeitlich hätten geordnet werden können.

[10] Ähnliches läßt sich auch für andere vergleichbare Zeitangaben feststellen. So erzählt Ovid zunächst von den sich regelmäßig wiederholenden Treffen des Pyramus und der Thisbe an der sie trennenden Mauer, *saepe...* (Met.4,71ff), um dann mit *Postera nocturnos aurora...* (V.81) einen ganz bestimmten Tag herauszugreifen, an dem sie sich außerhalb der Stadt verabreden (vgl. dazu Döscher 177f, der in Ovids Beschreibung des Sonnenaufgangs das Sinnbild des neuen Glückes der Liebenden sieht). Die gleiche Funktion, einen entscheidenden Tag betont hervorzuheben, hat die Formel bei der Geschichte von Kephalos und Prokris (7,835). Zur Bedeutung der Zeitangaben in Szeneneinleitungen vgl. auch Bernbeck 63, der ihnen vor allem die Funktion zuschreibt, neue Erzählabschnitte einzuführen.

[11] Vgl dazu Kap. III 3.1.

[12] E.Burck, Iasons Kämpfe in Kolchis bei Apollonios Rhodios und C.Valerius Flaccus, in: Dorema (FS Diller), hrsg. v. K.Vourveris u. A.Skiadas, Athen 1975, 20: "Apollonios mißt also der ruhigen Phase der Einleitung des Entscheidungstages ein beträchtliches Eigengewicht zu,...".

rückgekehrt sei (V.99), sowie der Weg der Argonauten zum Aresfeld werden bei Ovid nicht einmal erwähnt. Eine erzählerische Verbindung zwischen den Ereignissen am Tempel und der neu begonnenen Szene wird nicht hergestellt. Selbst für die Anwesenheit Medeas, der wir zuletzt am Tempel begegnet sind, gibt es keine Erklärung. Stattdessen wird die Erzählung mit Hilfe dramatischer Mittel erneut stark akzentuiert: die in sich geschlossene, kaum in die Gesamthandlung eingebundene Szene findet an einem festen Schauplatz statt, auf dem die Handelnden dann nacheinander auftreten, ohne daß erklärt wird, woher sie kommen. Die Darstellung räumlicher Bewegung, die das Epos wesentlich vom Drama unterscheidet, fehlt.

Der szenische Hintergrund der Handlung wird dagegen genauer umrissen, allerdings ohne die bei Apollonios auffällig präzisen Angaben zur geographischen Lage (vgl. Apoll. Rhod. Arg. 3,1271-1277)[13]. Wir lesen vom Zusammenkommen der Volksmassen auf den umliegenden Hügeln (V.101f). Dabei werden die *populi* (V.101) nicht wie bei Apollonios (Arg. 3,1275) differenziert, vielmehr ist allein die Tatsache einer großen Menschenansammlung entscheidend. Das apollonische πεδίον τὸ Ἀρήιον (Arg. 3,1270) übersetzt Ovid ohne weitere Erklärungen mit *sacrum Mavortis in arvum* (V.101) und evoziert damit bei seinen Lesern die anachronistische Vorstellung des ebenfalls von Hügeln eingeschlossenen römischen Marsfeldes[14], auf dem sich die Zuschauer vor Wettspielen, einem Wagenrennen o.ä.[15] versammeln. Dieser Eindruck, durch den der griechische Mythos in die römische Vorstellungswelt verlegt wird, wird noch verstärkt durch das Bild des Königs. Bei Apollonios geht Aietes in voller Kriegsbewaffnung (Helm, Schild, Speer; vgl. Arg.3,1229f), notfalls auch kampfbereit, am Ufer des Phasis auf und ab (Arg. 3,1277). Ovid dagegen beschreibt einen *rex* (V.102), der in festliches, herrschaftliches Purpur gehüllt inmitten seiner Untertanen thront und anstelle von Waffen ein elfenbeinernes Zepter trägt. Rot und Weiß bilden dabei einen reizvollen Farbkontrast und lassen das beschriebene Bild noch anschaulicher wirken[16]. Insgesamt geht es Ovid bei der Beschreibung nicht darum, den Anschein sachlich korrekter Information zu erwecken[17], sondern vor dem Auge des Leser eine Szenerie von

---

[13] Zur Topographie vgl. Fränkel, Noten 439-441.

[14] Anderson ad.loc.: "*Mavortis arvum*: archaic poetic synonym for *campus Martius*"; zum römischen Marsfeld vgl. W.Kubitschek, Art. Martius campus, RE XIV,2, Sp. 2025-2032.

[15] Vgl. Burck 26 Anm.1, der von einem "'Schauspiel', das Ovid vorführt", spricht.

[16] Der Farbkontrast Rot-Weiß begegnet in der antiken Literatur vielfach variiert immer wieder. So nutzt Homer Il. 4,141ff dieses Farbspiel, um die blutende Wunde des Menelaos zu beschreiben. Später wird das Motiv vor allem in der Liebesdichtung verwendet, um die Schönheit des/der Geliebten zu zeigen. Zur besonderen symbolischen Bedeutung der Farbe Rot bei Kleidungsstücken vgl. M.Reinhold, History of Purple as a Status Symbol in Antiquity, Brüssel 1970 passim.

[17] Dieses Anliegen vertritt Apollonios, vgl. Gummert 133f.

großer Plastizität und eher festlicher als bedrohlicher Stimmung entstehen zu
lassen.

4.2. Beschreibung der Gegner Iasons

Schon die breite epische Umschreibung des Tagesanbruchs hebt sich von der
bisher auffällig knappen Darstellung äußerer Handlung ab. Noch ausgiebiger
verweilt der Erzähler bei der nun folgenden Deskription, die dazu dient, dem
Leser ein möglichst beeindruckendes und furchterregendes Bild der unvermutet auftretenden[18] Gegner Iasons, der Stiere, zu vermitteln (V.104-114).
Um dies zu erreichen, verwendet er erneut ein typisches Mittel epischen Erzählens: das Gleichnis. Seit Homer dienen Gleichnisse vor allem dazu, dem
Leser mythisches Geschehen zu veranschaulichen und zu erklären, indem dieses Geschehen mit einem entsprechenden Vorgang aus einem völlig anderen
Vorstellungsbereich verglichen wird, der der Erfahrungswelt des Publikums
eher entspricht[19]. Dies führt gerade bei Homer teilweise zu sehr krassen, natu-
ralistischen Vergleichen, etwa wenn der sich schlaflos auf seinem Lager wäl-
zende Odysseus mit einer über dem Feuer gedrehten Blutwurst verglichen wird
(Od. 20,25ff)[20].
Sehr häufig dienen die epischen Gleichnisse dazu, einen Eindruck von der
Stärke und Gefährlichkeit sich gegenüberstehender Kampfgegner zu vermitteln. So wird z.B. Hektor mit einem strahlenden Stern (Il. 11,62ff) und Agamemnon mit einem Löwen (Il. 11,113ff) verglichen[21]. Auch Vergil verwendet
derartige Gleichnisse bei der Beschreibung der Helden Aeneas und Turnus
(Aen. 12,103ff.331ff.521f.739f u.ö.)[22].

----

[18] Das Auftreten der Stiere wird eingeleitet durch *ecce*, eine Partikel, die Ovid mehrfach
verwendet, um das plötzliche Aufkommen einer Bedrohung darzustellen. So erscheint z.B.,
als Thisbe Pyramus erwartet, plötzlich ein blutrünstiger Löwe (Met. 3,96: *venit ecce...*);
die badende Skylla wird von dem aus dem Meer auftauchenden Glaukus erschreckt (13,904:
ecce freto...).
[19] Vgl. M.v.Albrecht, Mythos und römische Realität in Ovids Metamorphosen, ANRW II
32,4, 1981, 2331.
[20] Zu den Gleichnissen bei Homer vgl. auch H.Fränkel, Die Homerischen Gleichnisse,
Göttingen 1921. Eine nach Vorstellungsbereichen geordnete Aufstellung aller Gleichnisse
Homers findet sich bei E.G.Wilkins, A Classification of the Similes of Homer, CW 13,
1920, 147-150; 154-159.
[21] Zur Verbindung zwischen Kampfszene und Gleichnis bei Homer vgl. T.Krischer, Formale Konventionen der Homerischen Epik, München 1971, bes. 36-75, der verschiedene
Gleichnistypen aufzählt, die vor allem auch dem Helden einer Aristie gelten.
[22] Vgl. R.Rieks, Die Gleichnisse Vergils, ANRW II 31,2, 1011-1110 u. E.G.Wilkins, A
Classification of the Similes in Vergil's Aeneid and Georgics, CW 14, 1921, 170-174.

In den Argonautica des Apollonios sticht gerade die der betrachteten ovidischen Szene entsprechende Schilderung des Athlos zwischen Iason und den
Stieren bzw. den Erdgeborenen durch eine relativ hohe Dichte homerischer
Gleichnisse[23] hervor, mit denen Apollonios seine Darstellung ausschmückt: Iason wird mit einem Blitz (Arg. 3,1265ff), einer Klippe (V.1295ff), einem pflü-
genden u. mähenden Bauern (V.1322ff. 1396ff), einem kampfbegierigen Eber
(V.1351ff) und einem Kometen (V.1376ff) verglichen. Die Erdgeborenen vergleicht Apollonios mit Sternen (V.1359ff), mit Fichten (V.1375f) und Getreide
(1399ff), die Stiere mit einem Seesturm (V.1328f) sowie mit von Blasebälgen
entfachtem Feuer im Schmiedeofen (1299ff).

Auf dieses letzte Gleichnis geht auch der von Ovid angewendete Vergleich
der feueratmenden Stiere zurück (Met. 7,106-108):

> .. utque solent pleni resonare camini
> aut ubi terrena silices fornace soluti
> concipiunt ignem liquidarum adspergine aquarum

Anders als Apollonios macht Ovid dabei nicht das züngelnde Feuer, das die
Stiere ausatmen, sondern das dröhnende Geräusch, das dabei in ihrer Brust
und Kehle entsteht, zum eigentlichen *tertium comparationis* (V.106-110): *utque
... resonare ... pectora sic ... gutturaque ... sonant.* Zusätzlich ist mit den beschriebenen Öfen aber auch der Gedanke an Glut, Feuer und Qualm eng verbunden, ohne daß dies ausdrücklich gesagt werden muß, so daß darin eine
weitere Analogie besteht und das Gleichnis, wie zumeist auch die apollonischen Gleichnisse[24], vollständig auf die Handlung übertragbar ist.

Zu dem nicht weiter ausgeführten Vergleich der Stiere mit den Schmiede-
öfen (V.106: *camini*)[25], der dem apollonischen Gleichnis entspricht, kommt bei
Ovid als zweiter Teil des Gleichnisses noch die Beschreibung der relativ kom-
plizierten Vorgänge in einem Kalkbrennofen hinzu, die ebenfalls mit Lärm und
Hitze verbunden sind (V.107f)[26]. Er wählt damit ein in gewisser Weise
anachronistisches Beispiel aus dem zeitgenössisch[27] römischen Bereich, um die
wundersame Erscheinung der feuerschnaubenden Stiere seiner Leserschaft

---

[23] Burck 30 sieht in dieser Partie den "Anschluß an homerische Gleichnisse und ihre
sprachliche und gegenständliche Variation geradezu dominant."

[24] Dazu und zu dem vor allem in der antiken Homerphilologie umstrittenen Problem der
vollständigen Analogie homerischer Gleichnisse mit der Handlung vgl. Gummert 99ff und
v.Albrecht, Mythos 2333.

[25] Vgl. dazu Bömer ad loc.

[26] Zu den chemischen Vorgängen beim Brennen und dem von Ovid geschilderten Ablauf
vgl. die ausführliche Darstellung bei Bömer ad loc.

[27] Laut Anderson ad loc. ist das Kalkbrennverfahren erst seit dem 1.Jh.v.Ch. bekannt.

möglichst nahe zu bringen[28]. Mit dieser krassen Gegenüberstellung von märchenhaften Elementen und moderner Technik nähert sich Ovid deutlich dem Naturalismus homerischer Gleichnisse an und setzt sich gleichzeitig von Vergil ab, der solche "drastischen" Vergleiche möglichst vermeidet[29].

Über dieses Gleichnis hinaus verwendet Ovid noch weitere epische Mittel zur Beschreibung der Stiere: Das Feuer aus ihren Nüstern, das, wie anschaulich geschildert wird, sogar die umliegenden Pflanzen verbrennt (V.105f), wird in einer vor allem seit Vergil verbreiteten Metonymie[30] mit *Vulcanus* gleichgesetzt (V.104: vgl. Aen. 2,311; 5,662; 7,77). Ebenfalls von hohem epischen Stil zeugt das sonst ungebräuchliche vergilische Kompositum *aeripes* (Aen. 6,802)[31], das Ovid als Attribut zu *taurus* verwendet (V.105).

Mit großem rhetorischen Aufwand wird auch die Reaktion der Stiere auf die Konfrontation mit Iason geschildert (V.113f):

> *pulvereumque solum pede pulsavere bisulco*
> *fumificisque locum mugitibus inpleverunt.*

Die Lautmalerei durch p-Alliteration und dunkle Vokale, durch die die akustischen Phänomene des Stampfens und Brüllens nachgeahmt werden, erinnert an eine Beschreibung der ausziehenden Reiterei bei Vergil (Aen. 8,596):

> *quadripedante putrem sonitu quatit ungula campum.*

Die dabei entstehende Staubwolke wird von Vergil (Aen. 8,593) ebenso wie von Ovid (V.113) mit *pulvereus* beschrieben, einem Adjektiv, das vor allem dem epischen Sprachgebrauch zuzuweisen ist[32]. Den angemessenen Abschluß findet die emphatische Beschreibung schließlich in Vers 113 durch die sehr gesuchte poetische Junktur *fumificus mugitus*[33] und den feierlichen *versus spon-*

---

[28] M.v.Albrecht, Gleichnisse 287 betont, daß die technischen Beispiele dazu dienen, märchenhafte Elemente zu erklären und den Mythos den Römern näher zu bringen. Ders., Mythos 2333f erläutert dies am Beispiel unseres Gleichnisses: die wundersamen Stiere werden mit "den Wundern der Technik" verglichen, "undichterisch empfundene Dinge" dienen als Erkenntnismittel.

[29] Laut v.Albrecht, Mythos 2334 umgeht Vergil "drastische" Gleichnisse. Generell läßt sich feststellen, daß Vergil seine Gleichnisse eher aus dem Bereich der Natur nimmt, vgl. dazu die Übersicht bei Rieks 1093ff.

[30] Vgl. dazu Bömer ad loc.

[31] Es handelt sich um eine Wortschöpfung Vergils, vgl. dazu Norden Komm. zu Aen. 6,802.

[32] Es begegnet weder bei Tibull noch Properz, vgl. Bömer ad loc.

[33] Anderson ad loc.: "another 'poetic' word." Der Gebrauch von *fumificus* ist außer bei Ovid nur noch in einem Plautus-Fragment nachgewiesen.

diacus (V.114: *impleverunt*), der "die Tendenz nach würdevoller Darstellung"[34] widerspiegelt.

Eine ähnlich intensive, wenn auch weniger pathetische Deskription wie den Stieren des Vulkan widmet der Erzähler den anderen außergewöhnlichen Gegnern Iasons, den Erdgeborenen. Apollonios, der ihrem eigentlichen Werden weniger Bedeutung zumißt, legt dabei das Hauptgewicht der Schilderung auf die Vernichtung dieses 'gewachsenen' Heeres, das immer wieder entwurzelten oder abgeschnittenen Pflanzen gleichgesetzt wird (Arg. 3,1373-1402). Das Auftauchen der Männer aus der Erde (Arg. 3,1354f) berichtet er nur kurz. Erst die Wirkung ihrer zahlreichen strahlenden Waffen wird näher beschrieben (Arg. 3,1355-1358) und anschaulich mit dem Leuchten der Sterne nach einem Schneesturm verglichen (Arg. 3,1359-1362).

Bei Ovid dagegen wird vor allem die wundersame Genese der Erdgeborenen mit auffälligem sprachlichen Aufwand und großer Genauigkeit beschrieben (V.123-130). Sein Interesse gilt zunächst der Frage, wie unter der Erde aus den Drachenzähnen Körper entstehen[35]. Zum Auslöser für die Verwandlung des Samens macht er ein Gift, mit dem der Boden getränkt wurde (V.123: *humus valido praetincta veneno*). Dem anschließenden Gleichnis liegt eine völlig andere Vorstellung zugrunde als die des pflanzengleichen Herauswachsens aus dem Boden bei Apollonios[36]. Laut Ovid entspricht die Genese der Krieger unter der Erde dem Entstehen und Heranwachsen eines Kindes im Mutterleib, das erst, wenn der Körper vollständig ausgebildet ist, das Licht der Welt erblickt (V.125-127). Dieses Bild, das erstmals von Ovid[37] verwendet wird, wird in der Erzählung selbst noch einmal aufgenommen durch *visceribus*

---

[34] H.Holtorf, Wie kann die Metrik die Aussage römischer Dichter erschließen helfen? Gymn.65, 1958, 166-185, hier 183.

[35] Eine solche Metamorphose eines wie auch immer gearteten Objektes in einen Menschen stellt in den Metamorphosen eine überaus seltene Ausnahme dar, die Regel ist die Verwandlung von Menschen, vgl. dazu E.A.Schmidt 13ff.

[36] Diese Vorstellung des Apollonios, daß die Männer aus dem Boden herauswachsen, also vom Kopf her beginnend langsam Stück für Stück sichtbar werden, verwendet Ovid in der Kadmosepisode (Met. 3,106-114), wo er das Gleichnis allerdings dem Bereich des Theaters entnimmt und die Krieger mit allmählich sichtbar werdenden Schauspielern auf der Bühne vergleicht. Der neue gedankliche Bezug an unserer Stelle entspringt also nicht zuletzt dem Streben nach Variation.

[37] Er verwendet es in ähnlicher Weise, um die Entstehung der Lebewesen nach der deucalionischen Flut zu beschreiben (Met. 1,416ff). Besonders auffällig ist die Parallele zwischen Met. 1,420: *ceu matris in alvo creverunt* und Met. 7,125: *materna sumit in alvo*; Vgl. dazu die Zusammenstellung aller Gleichnisse Apollonios' und Ovids bei E.G.Wilkins, A Classification of the Similes in the Argonautica of Apollonios Rhodios, CW 14, 1921, 162-166; ders., A Classification of the Similes of Ovid, CW 25, 1932, 73-77; 81-86.

gravidae telluris (V.128)[38]. Im Vordergrund steht bei dieser Darstellung nicht, wie bei Apollonios, die Bedrohlichkeit der Männer in ihrer Rüstung, sondern ihre unglaubliche und wundersame Herkunft. So ist auch an ihren Waffen vor allem die Tatsache bemerkenswert, daß sie zugleich mit ihren Trägern entstanden sind (V.130):

> *quodque magis mirum est, simul edita concutit arma.*

4.3. Iasons Athlos - eine epische Kampfschilderung?

Die in epischer Manier beschriebenen Gegner Iasons sind zwar eher außergewöhnlich. Der eigentliche Gegenstand der Narration jedoch ist ein Athlos und somit für das Epos durchaus typisch. Ovid verwendet für die Einleitung die üblichen Mittel, so z.B. die formelhafte Beschreibung des Morgens an einem Kampftag (V.100), wie Homer etwa vor der Aristie Agamemnons (Il. 11,1f) oder Vergil vor dem Zweikampf zwischen Aeneas und Turnus (Aen. 12,113). Der Text enthält Gleichnisse, die einen Eindruck vom Aussehen oder Verhalten der Kämpfer geben sollen (V.106ff.125ff), und die Darstellungsweise ist betont episch (V.113f). Es wäre demnach zu erwarten, daß der eigentliche Held dieses Kampfes, Iason, ebenfalls in der traditionellen Form mit Hilfe von Gleichnissen beschrieben wird und diese Beschreibung schließlich in eine epische Kampfschilderung, eine Demonstration seines Heldentums, mündet.

So dient denn auch die entsprechende Vorlage des Apollonios, der ebenfalls von den traditionellen homerischen Stilmitteln Gebrauch macht, offensichtlich der Heroisierung des kämpfenden Iason[39]. Der Held, dessen Aussehen mit dem von Ares und Apoll verglichen wird (3,1283), betritt als erster den Kampfplatz (Arg.3,1278f) und muß die Stiere erst aus ihrer Behausung locken (3,1288-1292). Noch bevor der Dichter auf die Gestalt dieser Ungeheuer näher eingeht, wird bereits die kühne Reaktion Iasons geschildert, der sich ihnen, nur mit dem Schild gewappnet, entgegenstellt. Seine Tapferkeit wird insgesamt sechsmal durch Gleichnisse verherrlicht (s.o.), und von den 130 Versen, die in den Argonautica die eigentliche Kampfbeschreibung ausmachen, betreffen

---

[38] Zu der Technik, die Metaphorik des Gleichnisses im umliegenden Text nochmals aufzunehmen, vgl. oben S.38 Anm. 39.

[39] P.Händel, Beobachtungen zur epischen Technik des Apollonios Rhodios, München 1954 (Zetemata 7), 117 sieht in Iasons Kampf in den Argonautica "eine heldische Leistung ersten Ranges". Schwinge 115 sieht den Zweck der Kampfschilderung darin, das Mißverhältnis zwischen diesem "Heldentum der Droge" und dem nicht vorhandenen Heldentum des nicht "narkotisierten" Iason zu zeigen. Allerdings bestreitet auch er nicht, daß die eigentliche Darstellung des Athlos einen "große[n], heldische[n] Iason" zeigt, der ungeheure Leistungen vollbringt und auf dessen Größe explizit verwiesen wird.

mehr als die Hälfte (73 Verse) Iason und sein Vorgehen, so daß er eindeutig im Mittelpunkt der Geschehnisse steht.

Bei Ovid dagegen kommt der Person Iasons weit weniger Bedeutung zu. Der Held tritt erst in Erscheinung (V.110), nachdem sein erster Gegner genau beschrieben wurde. Über sein Äußeres herrscht Schweigen. Wir erfahren selbst jetzt, da er der Hauptakteur sein müßte, nichts darüber, welche Gefühle, z.B. Mut, Furcht, Zögern, sein Verhalten prägen[40].

Gleichzeitig rückt damit auch die fortschreitende epische Handlung, die darin besteht, daß Iason die ersten beiden Bedingungen des Aietes erfüllt, in den Hintergrund.

In den Argonautica wird das Pflügen und Säen als mühevoller Arbeitsgang beschrieben, der längere Zeit in Anspruch nimmt (Arg.3,1321-1345). Die Angabe, daß die Arbeit beendet ist, als noch ein Drittel des Tages verbleibt (Arg. 3,1340), vermittelt einerseits den Eindruck von Dauer und hebt andererseits die Leistung Iasons hervor[41].

Ovid jedoch gibt auch hier wieder keinen Hinweis auf die Zeitdauer, sondern konstatiert ohne weitere Ausschmückung die eigentliche Bewältigung der ersten Aufgabe, das Anspannen und Pflügen (V.118f):

suppositosque iugo pondus grave cogit aratri
ducere et insuetum ferro proscindere campum.

Dabei wird das Unterjochen der Tiere nur beiläufig in einem erweiterten Partizip angedeutet (V.118: *suppositosque iugo*) und nicht mehr, wie bei Apollonios, detailliert und wirklichkeitsnah dargestellt (Arg. 3,1306-1319)[42].

Ungeklärt bleibt in den Metamorphosen, woher Iason nach dem Pflügen die Saat - den Helm mit den Zähnen also - nimmt, für deren Beschaffung es in dem hellenistischen Epos eines zusätzlichen Tages bedarf - dort wird bei dieser Gelegenheit auch die sagenhafte Herkunft dieser Zähne erzählt. Bei Ovid sind sie in dem Moment, da sie für die Handlung nötig werden, ähnlich wie vorher das Zaubermittel Medeas, selbstverständlich vorhandene Requisiten (V.121f: *galea tum sumit aena / vipereos dentes ...*).

Die zweite Aufgabe, die Verteidigung gegen die zahlreich der Erde entsprossenen Angreifer, wird von Apollonios zum Anlaß genommen, Iason bei einer Aristie darzustellen (Arg. 3,1377-1399): Nachdem er mit dem Wurf eines Steines die Gegner gegeneinander aufgebracht hat, greift der Held kometengleich (Arg. 3,1377-1380) in den Kampf ein und mäht die zum Teil noch nicht vollständig dem Boden entwachsenen Kämpfer mit seinem Schwert

---

[40] Die betonte Außensicht Iasons war bereits in der Tempelszene zu erkennen, vgl. o. Kap. 3.5.
[41] Iason ist trotz der außergewöhnlichen Zugtiere schneller fertig als ein Bauer, der diese Arbeit täglich verrichtet, vgl. Burck 27 Anm.1.
[42] Vgl. Burck, Iasons Kämpfe 25f.

buchstäblich nieder[43], was ganz in der Tradition homerischer Aristien bildreich und mit vielen Details geschildert wird[44].

Ovid dagegen beschränkt sich auch hier auf die Feststellung der zentralen
Fakten (V.139f):

> *Ille gravem medios silicem iaculatus in hostes*
> *a se depulsum Martem convertit in ipsos.*

Der riesige Fels, der dem Ares als Diskos hätte dienen können, ist laut Apollonios so schwer, daß ihn nicht vier kräftige Männer anheben können (Arg.
3,1365-1369)[45]. Bei Ovid ist es einfach ein *gravis silex* (V.139), dessen Wurf
der Erzähler keine größere Bedeutung zumißt. Iasons Arbeit ist damit bereits
vollbracht, den Rest übernehmen die erdentsprossenen Krieger selbst, indem
sie sich gegenseitig 'wie im Bürgerkrieg' umbringen (V.142: *civilique cadunt
acie*), ein Aspekt, den Ovid bereits in der Cadmus-Erzählung betont (Met.
3,117: *civilibus ... bellis*)[46]. Wie schon bei dem Gleichnis der Kalköfen
(V.106-109) wird also auch hier ein besonders märchenhaftes Element des
Mythos dem Leser nahegebracht, indem es mit einem Phänomen, das der römischen Vorstellungswelt entnommen ist, verglichen wird[47].

In auffälligem Gegensatz zu Apollonios läßt Ovid es nicht zu irgendeiner
wirklichen Kampfhandlung des Argonautenführers kommen und verzichtet
damit ausdrücklich auf die Darstellung einer Aristie, ja, wir erfahren noch
nicht einmal, ob Iason Waffen bei sich trägt. Anders als bei seinen Gegnern
wird weder seine Gestalt noch eine seiner Taten durch ein Gleichnis besonders
hervorgehoben. Vielmehr steht die knappe Berichtsform, in der seine Handlungen konstatiert werden, in deutlichem Gegensatz zu der wortreichen Beschreibung der Stiere und Erdgeborenen. Es kann demnach nicht in Ovids Ab-

---

[43] Vgl. bes. Arg. 3,1391:

ὡς ὅγε γηγενέων κεῖρεν στάχυν

Also mähte auch Iason die Erdgesäten.

[44] Vgl. z.B. die Aristie des Agamemnon: Hom. Il. 11, 1-280; des Patroklos: Il. 16,284ff;
des Pallas: Verg. Aen. 10,362-509; der Camilla: 11, 647ff. Zum Begriff der Aristie bei
Homer vgl. J.Latacz, Kampfparänese, Kampfdarstellung und Kampfwirklichkeit in der
Ilias, bei Kallinos und Tyrtaios, München 1977 (Zetemata 66), 77 u. R.Schröter, Die Aristie als Grundform homerischer Dichtung und der Freiermord in der Odyssee, Marburg
1950 passim.

[45] Apollonios überbietet damit Homer Il. 12,445ff, bei dem Hektor einen Stein trägt, den
zwei kräftige Männer nicht tragen könnten.

[46] Ovid zitiert sich bei der Beschreibung des Kampfes der Erdgeborenen fast wörtlich:
pereunt per mutua vulnera fratres (7,141) - *cadunt subiti per mutua vulnera fratres* (3,123).

[47] Gleichzeitig schwingt auch Kritik an der Sinnlosigkeit solcher Bürgerkriege mit, in denen
sich ein Volk selbst vernichtet.

sicht liegen, Iason wie einen homerischen Helden zu verherrlichen und die Schilderung des Athlos zum Mittelpunkt der Szene zu machen.

4.4 Die Zuschauer

Demgegenüber legt aber Ovid in auffälliger Weise Gewicht auf die Beschreibung der Zuschauerreaktion auf dieses Geschehen. Immer wieder lenkt der Erzähler seinen Blick vom Kampfplatz zu dem zuvor erwähnten Publikum (V.101: *conveniunt populi*). So wird die ohnedies schon beeindruckende Darstellung der brüllenden und aufstampfenden Stiere (V.112ff) in ihrer Wirkung noch intensiviert durch die Tatsache, daß die Argonauten vor Furcht erstarren (V.115):

> *deriguere metu Myniae...*

Die Bedrohung, die von den Ungeheuern ausgeht, kann so vom Leser noch lebhafter nachempfunden werden.

Die dramatisierende Wirkung eines solchen Umschwenkens vom Geschehen auf dem Kampfplatz zu den Reaktionen des Publikums macht sich jedoch nicht erst Ovid zunutze. Vielmehr liegt dieser Technik ebenfalls eine lange epische Tradition zugrunde. Schon Homer wendet, während er von den Leichenspielen für Patroklos berichtet, sein Interesse immer wieder den Äußerungen des Publikums zu, das die Wettkämpfe verfolgt (Hom. Il.23,728)[48]:

> *... λαοὶ δ' αὖ θηεῦντό τε θάμβησάν τε.*

> *Verwundert staunten da wieder die Männer.*

Auch Vergil bezieht bei den Leichenspielen für Anchises die Zuschauer mit ein (Aen. 5,450.429.555)[49], verwendet solche Einschübe aber auch beim Zweikampf zwischen Turnus und Aeneas (Aen. 12,730):

> *... exclamant Troes trepidique Latini*

(Aen. 12,928):

> *consurgunt gemitu Rutuli ...*

---

[48] Vgl. auch Hom. Il. 23,766.815 u.ö. Eine ähnliche Wirkung erzielt Homer bei der Teichoskopie Il.3,154ff, wo er zunächst die Reaktion der Umstehenden auf das Erscheinen Helenas schildert und nachfolgend Helena und Agamemnon als Zuschauer über das griechische Heer sprechen läßt.

[49] Vgl. dazu Heinze, Virgil 162, der darin einen "aus dem Drama erwachsenen Kunstgriff" sieht.

Ein direktes Vorbild hat Ovid aber vor allem in Apollonios, der ebenfalls bei der Schilderung von Iasons Athlos auf die Stimmung der Zuschauer eingeht und dabei einfühlsam zwischen der Angst der mit Iason fühlenden Argonauten z.B. beim Anblick der Stiere (Arg. 3,1293):

ἔδδεισαν δ᾽ ἥρωες ὅπως ἴδον

Die Helden bebten, wie sie das sahen ...

und dem Staunen des überraschten Aietes über Iasons Erfolg unterscheidet (Arg. 3,1314):

θαύμασε δ᾽ Αἰήτης σθένος ἀνέρος

Staunend erblickte Aietes die Stärke des Mannes.

Zwar wird Aietes, der in den Metamorphosen zur Nebenfigur ohne individuelle Konturen wird, nicht mehr gesondert aus der Gruppe der Kolcher hervorgehoben, aber auch Ovid stellt nach der Bewältigung der ersten Aufgabe Iasons die Reaktion beider Parteien gegenüber (V.120f):

mirantur Colchi, Minyae clamoribus augent
adiciunt animos.

und schafft dabei durch den Hinweis auf das laute Zwischenrufen eine lebhafte Wettkampfatmosphäre (V.120: *clamoribus*)[50].

Im Folgenden geht Ovid jedoch noch einen Schritt über seine Vorgänger hinaus, indem er schließlich nicht nur die Reaktion der Zuschauer auf das Geschehen schildert, sondern dieses Geschehen, die Tatsache nämlich, daß die erdentsprossenen Krieger ihre Waffen zuerst gegen Iason richten, nicht in neutraler Erzählung, sondern indirekt aus der Sicht der Argonauten berichtet und damit die Gefühle der Argonauten, nämlich die Furcht, die sie empfinden, über die äußere Handlung stellt (V.131-133):

quos ubi viderunt praeacutae cuspidis hastas
in caput Haemonii iuvenis torquere parantes
demisere metu vultumque animumque Pelasgi.

Die Mutlosigkeit, die der Anblick dieses Angriffs bei den Pelasgern auslöst, wird durch das Zeugma und das epiphorische -*que* betont (V.133: *demisere ... vultumque animumque...*). Dieser Eindruck der Furcht angesichts großer Gefahr wird nicht etwa, wie man erwarten könnte, sofort durch eine kontrastierende Schilderung der heftigen Gegenwehr des Helden aufgehoben, sondern

---

[50] *clamor* auch bei Vergil für die Anfeuerungsrufe beim Wettkampf: vgl. Aen. 5,227.

lenkt den Blick vielmehr auf die besonderen Empfindungen einer ganz bestimmten Zuschauerin, nämlich der Person Medeas.

4.5. Medea

Die erste Verknüpfung von Iasons Kampf mit der vorausgehenden Handlung einschließlich ihrer Hauptperson Medea stellt der Erzähler bereits her, als sich Iason seinem ersten Gegner, den Stieren, nähert. Denn in diesem Moment wird der Leser explizit darauf hingewiesen, daß für Iason die Stiere aufgrund der Zaubermittel, die er von Medea bekommen hat, völlig ungefährlich sind und er somit ihren feurigen Atem gar nicht spürt (V.115f):

> ... *nec illos*
> *sensit anhelantes, tantum medicamina possunt.*

Diese Worte stehen deutlich in inhaltlicher Beziehung zu Medeas Monolog. Denn was zuvor aus der personalen Sichtweise des verliebten Mädchens gesagt wurde, nämlich daß nur sie Iason gegen den Anhauch der Stiere zu schützen vermag (V.29: *at nisi opem tulero, taurorum adflabitur ore*)[51], wird jetzt vom Erzähler selbst als objektiv richtig bestätigt. Vor allem aber wird erstmals ausdrücklich die große Macht der Zaubermittel und somit der Zauberin Medea selbst in den Vordergrund gerückt. Nur durch sie ist Iason in der Lage, die geschilderten Taten zu vollbringen, so daß auch in einem Handlungsabschnitt, in dem Iason der eigentliche Akteur ist, die Person Medeas, wenn auch zunächst indirekt, unübersehbar präsent bleibt.

Die Möglichkeit, Medea auch direkt in das Geschehen einzubeziehen, schafft sich Ovid, indem er sie zur Zuschauerin macht (V.134) und folglich in einem wesentlichen inhaltlichen Detail auffällig von den Argonautica des Apollonios abweicht[52], in denen Medea während des Kampfes auf dem Ares-

---

[51] Auch Apollonios erwähnt, daß der Held durch die Zauberkräuter gegen das Feuer geschützt ist (Arg. 3,1305). Hier fällt diese Bemerkung jedoch innerhalb der ausführlichen Schilderung des tapferen und tatkräftigen Verhaltens weit weniger ins Gewicht. Dennoch erkennt Schwinge 115 darin eine Kritik am Heldentum Iasons. Entsprechend meint auch Wise 19, in Ovids Bemerkung ein deutliches Zeichen dafür zu sehen, daß Ovid das Heldentum Iasons in Frage stellt:"Iason's encounter becomes a performance, heroic action merely a gesture". Sie beachtet dabei nicht, daß Iason bei Ovid ohnehin zur Nebenfigur wird und die äußere Handlung zweitrangig ist. Seinem Heldentum kann schon deshalb keine besondere Beachtung geschenkt werden.

[52] Die gleiche Abweichung findet sich auch in den Heroides, wo Medea selbst von ihren Empfindungen während des Kampfes erzählt: *ipsa ego, quae dederam medicamina, pallida sedi/cum vidi subitos arma tenere viros* (Her. 12,97f). Die Änderung wird später von Valerius übernommen: vgl. Val. Arg. 7, 575. 596f. Dort tritt Medea allerdings nur in Erschei-

feld nicht anwesend ist. Ovid bindet durch diese Änderung den Erzählerstandort während der gesamten Handlung an die Person Medeas[53], die dadurch noch mehr an Bedeutung gewinnt. Ihre nicht weiter begründete Anwesenheit, die angesichts ihrer dominierenden Rolle in der ovidischen Darstellung kaum noch überraschend ist, läßt die gesamte Szene in einem neuen Licht
erscheinen.

So bekommen die wiederholt eingeschobenen Zuschauerreaktionen durch
die Tatsache, daß Medea zum Publikum gehört, zusätzliche Bedeutung. Sie
dienen nicht mehr, wie bei Apollonios, der Heroisierung Iasons[54], sondern
sind gleichsam ein Spiegelbild der Gefühle Medeas, auf deren Beschreibung
sich die Handlung auch in dieser Szene immer mehr konzentriert. Die Angst
der Argonauten um ihren Anführer (V.132f) wird dementsprechend noch
übertroffen durch die Angst Medeas um den Geliebten (V.134):

> *ipsa quoque extimuit, quae tutum fecerat illum,*
> *utque peti vidit iuvenem tot ab hostibus unum,*
> *palluit et subito sine sanguine frigida sedit.*

Wie zuvor aus der Sicht der Gefährten (V.131) wird somit noch einmal aus
der Sicht der Medea der Angriff gegen Iason beschrieben, diesmal unter dem
Aspekt der feindlichen Überzahl (V.135: *tot ab hostibus unum*). Auch jetzt
wird dabei die fortschreitende äußere Handlung zweitrangig gegenüber den
Gefühlen, die sie bei der Liebenden auslöst und in die der Erzähler wiederum
aus der Perspektive der Innensicht Einblick gibt. Zugleich wird die Kampfschilderung erneut in enge inhaltliche Beziehung zu dem ebenfalls aus dieser
Perspektive dargestellten Monolog gesetzt, wobei die Korrespondenz zwischen
Medeas Vorstellungen und der Realität von besonderem Reiz ist: Hatte Medea
bereits im Monolog um Iason gebangt (V.16: *ne pereat timeo*), als sie die Gefahren für ihn nur in ihrer Phantasie vor sich sah (V.29-36), um wieviel größer
ist die Angst nun, da diese Bedrohung Wirklichkeit wird. Obwohl Medea
selbst den Helden "sicher" (V.134: *tutum*) gemacht hat und daher wissen

---

nung, um mit ihren Zaubermitteln in den Kampf einzugreifen, über ihre Empfindungen
wird nichts gesagt.

[53] D.h. daß Medea an jedem Schauplatz anwesend ist, von dem der Erzähler berichtet, er
seinen Standort mit ihrem verbindet, vgl. Petersen 180 zur Kategorie des *point of view* und
dazu oben S.28 Anm.20.

[54] Schwinge 116: "Er [Apollonios] verdeutlicht Iasons heldenhaftes Gebaren durch die Reaktionen der Zuschauer"; vgl. auch Händel 118. Besonders deutlich wird dies bei der zwei-
fachen Bewunderung durch den Göttersohn Aietes, der über die Kraft Iasons erstaunt ist,
zunächst beim Pflügen (Arg. 3,1314), dann beim Wurf des Diskos (Arg.3,1372f):

τὸν δ᾽ ἕλεν ἀμφασίη ῥιπῇ στιβαροῖο σόλοιο Αἰήτην
Sprachloses Staunen ergriff den Aietes über des großen / Steines Wurf.

müßte, daß sie sich grundlos fürchtet[55], erbleicht sie, und das Blut erstarrt in ihren Adern (V.136). Diese letztlich unbegründete Angst um den Helden verleiht selbst dieser zunächst von epischen Darstellungsmitteln beherrschten Szene elegische Züge[56]. Wieder wird, wie schon im Monolog, das vergilische Motiv variiert, wonach Liebende selbst das, was als sicher gelten kann, noch fürchten (Aen. 4,298: *omnia tuta timens*)[57]. Ovid steigert den Topos noch dahingehend, daß sogar eine Zauberin soweit gebracht wird, ihre eigenen Künste anzuzweifeln[58]. Ihre Angst ist stärker als die Vernunft, und sie unterstützt die ohnehin sichere Wirkung der Zaubermittel durch Zaubergesänge und Zuhilfenahme weiterer geheimer Künste (V.137f):

> *neve parum valeant a se data gramina, carmen*
> *auxiliare canit secretasque advocat artes.*

Erst jetzt, nach mehr als 130 Versen zeigt Ovid seine Hauptfigur Medea erstmals beim aktiven Ausüben ihrer Hexenkunst. Damit wird das elegische Bild von dem unschuldigen Mädchen, das um seinen Geliebten fürchtet, jetzt ausdrücklich verschmolzen mit dem der mächtigen Zauberin. Da es gerade die Liebe ist, die sie zur Anwendung solcher Mittel bewegt, wirken die beiden Charakterzüge, die bei Apollonios von vorneherein nebeneinanderstehen[59], keineswegs unvereinbar. Die Innensicht, der Einblick in ihre Gefühle, und damit auch die Individualität Medeas bleiben gewahrt. Dennoch hat Ovid durch diese erste direkte Demonstration der Zauberkunst den Blick des Lesers ausdrücklich auf einen Umstand gerichtet, der in der weiteren Handlung immer mehr an Bedeutung gewinnen wird. Zunächst jedoch ist die zusätzlich zu Hilfe genommene Magie zweitrangig. Ob und wie sie dazu beiträgt, daß Iason das Heer der Erdgeborenen, deren große Zahl Medea so erschreckt hatte, endgültig besiegt, wird nicht ausgeführt[60] - es dominiert weiterhin das Bild der Liebenden[61].

---

[55] Rosner-Siegel 236: "this doubt stresses her nature as a woman in love ...".

[56] Die Angst, daß dem Geliebten etwas geschehen könnte, ist ein häufiger verwendetes Motiv; so fürchtet Tarpeia, Tatius könne verletzt werden (Prop. 4,26), und Skylla bangt um Minos (Ov. Met. 8,65f). Neu ist hier, daß das Mädchen direkt zusieht und ihre Angst sich unmittelbar während des Kampfes äußert.

[57] Vgl. Met. 7,47 (Monolog Medeas): *quid tuta times?*, dazu oben S.55.

[58] Bereits in ihrem Brief läßt Ovid die Heroine betonen, daß sie selbst blaß vor Furcht war (Her. 12,97).

[59] Zu dem von Anfang an präsenten Doppelcharakter Medeas bei Apollonios vgl. Hübscher 23f.

[60] Ob er hier den Stein auf den Rat Medeas wirft, wie es Apollonios ausdrücklich sagt (Arg. 3,1363f), ob die vorher erwähnten Zaubergesänge Medeas die Erdgeborenen gegeneinander aufstacheln, wie später bei Valerius (Arg. 7,636f), oder ob Iason die Aufgabe ohne die Hilfe von Zauberkräften bewältigt, läßt Ovid zunächst offen. Später jedoch, vor

Diese Liebe, von der Medea noch immer beherrscht wird, sorgt dafür, daß der Anblick der jubelnden Argonauten, die ihren siegreichen Führer beglückwünschen und umarmen (V.142f)[62], noch einmal einen inneren Konflikt auslöst, der von Ovid diesmal nicht durch einen Monolog, sondern sehr viel kürzer in Form einer Apostrophe dargestellt wird. Solche Anreden, mit denen sich der Erzähler direkt an eine Person der Handlung richtet, gehören ebenfalls zu den traditionellen Mitteln epischen Erzählens seit Homer. Sie haben insofern eine besondere Bedeutung, als durch sie bereits in der Ilias der sonst objektive, neutrale Erzähler sein persönliches Mitgefühl zum Ausdruck bringen kann (z.B. Il. 16,692f)[63]. Gleichzeitig wird jedoch auch die auf solche Weise angesprochene Gestalt gegenüber anderen in den Vordergrund gestellt.

So gibt der Erzähler der Aeneis an einer von hohem Pathos geprägten Stelle seine große Anteilnahme am Schicksal Didos zu erkennen[64], indem er in dem Moment eine direkte Anrede an seine weibliche Hauptfigur richtet, als diese die zur Abfahrt bereiten Schiffe des Aeneas sieht und erkennen muß, daß sie verlassen wird (Aen. 4,408f):

quis tibi tum, Dido, cernenti talia, sensus,
quosve dabas gemitus,...

---

der Verjüngung des Aeson, bedankt sich Medea ausdrücklich bei den Göttern dafür, daß sie die Erdgeborenen aufeinander gehetzt haben, *vos serpentigenis in se fera bella dedistis* (V.212), so daß man auch hier von magischen Einflüssen ausgehen kann. Es zeigt sich also, daß es wichtig ist, die gesamte Medeahandlung im Blick zu haben. Anders Rosner-Siegel 237, die hervorhebt, daß Iason diese Aufgabe ohne jede Hilfe Medeas allein löst.

[61] Die Ausübung ihrer Kunst wird zu einem untergeordneten Bestandteil ihrer Liebesbeziehung zu Iason. Vgl. Wise 19, die dabei in Medea nicht so sehr die Zauberin als vielmehr das verliebte Mädchen sieht.

[62] Durch die Beschreibung dieses Jubels ist die Stimmung gelöst und fröhlich - anders als bei Apollonios, der nicht die Freude der Argonauten, sondern die Besorgnis des Aietes beschreibt, der bereits darüber nachsinnt, wie er Iason dennoch schaden könnte (Arg. 3,1404f), so daß der Kampftag, auch in Hinblick auf die noch zu lösende Aufgabe, in einer Atmosphäre der Bedrohung endet.

[63] Vgl. Effe, Epische Objektivität 175. Allerdings darf die Komponente der Subjektivität bei Homer auch an solchen Stellen nicht überbewertet werden. Vielfach überwiegt bei den homerischen Apostrophen noch die Formelhaftigkeit. Darauf wird bereits hingewiesen von A.Meinecke, Die Apostrophe in Ilias und Odyssee, Philol. 16, 1860, 151-154. Weniger formelhaft und damit deutlicher von Subjektivität geprägt sind die Apostrophen in den Argonautica des Apollonios, vgl. dazu Gummert 116.

[64] Effe, Epische Objektivität 185 zu Aen. 4,408ff: "Die Apostrophe wird zu einem wesentlichen Träger des affektischen Engagements des Erzählers. ... versetzt sich der Erzähler mitfühlend in den Seelenzustand seiner Heldin hinein."

Die Ergriffenheit des Erzählers angesichts der Verzweiflung seiner Heldin überträgt sich auch auf die Leser. Die rhetorische Frage nach den Gefühlen läßt uns die große innere Erregung Didos erahnen. Was die Königin jedoch tatsächlich denkt und fühlt, wird nicht ausgesprochen, da eine allzu detaillierte Innensicht der Idealisierung[65] der vergilischen Heldin widersprechen würde. Ovid dagegen nutzt die Apostrophe an dieser Stelle zu einer direkten Darstellung dessen, was in Medea vorgeht[66]. Er verzichtet dabei auf überschwengliches Pathos und legt das Gewicht nicht so sehr auf die heroische, als vielmehr auf die individuell menschliche Komponente des geschilderten Konfliktes (V.144-148):

> *tu quoque victorem conplecti, barbara, velles;*
> *obstitit incepto pudor, et complexa fuisses,*
> *sed te, ne faceres, tenuit reverentia famae.* [67]
> *quod licet, adfectu tacito laetaris agisque*
> *carminibus grates et dis auctoribus horum.*

Bereits bei der Benennung Medeas rekurriert Ovid auf ihren Monolog: nachdem sie sich dort von ihrer Heimat distanziert, indem sie sie als *barbara tellus*, ihren Vater als *saevus* (V.53) bezeichnet, wird sie nun selbst vom Er-

---

[65] Vgl. Heinze, Virgil 138, "Dido ist, kurz gesagt, das Idealbild eines heroischen Weibes,...".

[66] Allgemein wird die Apostrophe von Ovid in den Metamorphosen derart häufig in den unterschiedlichsten Zusammenhängen angewendet, daß ihr bloßes Vorhandensein an sich noch nicht zwingend auf eine bestimmte Intention, wie etwa Anheben des Pathos, Subjektivität oder persönliches Mitgefühl des Erzählers, schließen lassen muß. Eine Ausdehnung der Verwendung dieses Stilmittels im römischen Epos konstatiert bereits J.Endt, Der Gebrauch der Apostrophe bei den Lateinischen Epikern, WS 27, 1905, 106ff: Vor allem bei Ovid und Späteren sei häufig kein innerer Grund für die Anrede vorhanden (ders. 129). Zu einem ähnlichen Ergebnis kommt auch Heinze, Ovid el. Erz. 354f. An der besprochenen Stelle jedoch wird durch die Apostrophe die Person Medeas ausdrücklich in den Mittelpunkt gestellt.

[67] Die Reihenfolge der letzten beiden Verse (145 u.146) wird in den MSS unterschiedlich überliefert. Die Frage, die von der Überlieferungssituation her nicht zu lösen ist, ist Gegenstand einer Forschungskontroverse, die von Bömer ad loc. ausführlich referiert wird. Wir folgen hier aus inhaltlichen Gründen in der Versanordnung Bömer, da durch diese Reihenfolge zum einen das innere Schwanken Medeas, das Gegenstand des Monologes ist, noch einmal fortgesetzt wird, zum anderen fraglich ist, wie bei einer umgekehrten Reihenfolge das unvollständige *at complexa fuisses...* gedanklich fortzusetzen wäre. Vgl. auch F.W.Lenz, Ovid's Metamorphoses. Prolegomena to a Revision of H.Magnus' Edition, Zürich 1967, 29-31; anders S.Mendner, Der Text der Metamorphosen Ovids, Diss. Bochum 1939, 15 Anm.54.

zähler *barbara* genannt[68]. Sie steht zwar emotional auf der Seite der siegreichen *Achivi* (V.142), gehört jedoch weiterhin zu den Kolchern und kann
ihre Freude über den Sieg Iasons, der für ihren Vater eine Niederlage bedeutet, nicht zeigen, ohne ihren Ruf zu verletzen. Es geht also nicht mehr um die
Liebe selbst - für Iason hat sie sich bereits zuvor entschieden -, sondern um ihr
äußeres Verhalten.

Wie schon im Monolog äußert sich auch jetzt der Zwiespalt Medeas in einem Widerstreit zwischen Gefühl und Vernunft, der diesmal jedoch nicht mit
den Worten Medeas, sondern unvermittelt vom Erzähler selbst aus der Perspektive der Innensicht dargestellt wird. Erneut wird dabei eine antithetische
Gedankenführung zum Ausdruck für das innere Ringen: Der spontane Wunsch
Medeas, den Geliebten ebenfalls im Arm zu halten und die Freude über den
Sieg zu teilen, wird zunächst wieder verworfen, da diesem Vorhaben der
pudor (V.146) entgegensteht. Durch die ausdrückliche Nennung des *pudor*
wird die Parallele zum Monolog evident. Denn unter anderem war es der
pudor als moralischer Wert, der am Ende dieses Selbstgespräches der Vernunft vorübergehend zum Sieg verholfen hatte (V.72f: *ante oculos ... pudorque / constiterant*)[69]. Auch jetzt ist der Einfluß des *pudor* nicht dauerhaft. In
einem Gefühlsumschwung, der an entsprechende gedankliche 'Kehrt-
wendungen' im Monolog erinnert, flammt die Liebe noch einmal heftig auf, so
daß der Erzähler feststellt, Medea wäre trotz des Einwandes in Iasons Arme
geeilt (V.146)[70], würde sie nicht - und damit erfolgt die in diesem Zusammenhang endgültige Hinwendung zur Vernunft - die Angst um ihren guten
Ruf[71] zurückhalten, so daß sie es dabei bewenden läßt, sich still über den Sieg
des Geliebten zu freuen. Auf den Fortschritt der Handlung selbst hat Medeas
Verhalten keine Auswirkung. Der Erzähler richtet den Blick nicht noch einmal
auf dieses äußere Geschehen, das somit zu keinem Abschluß gebracht wird[72],
sondern wendet sich, wie bereits in der Tempelszene, unvermittelt vom Schau-

---

[68] Das Epitheton bekommt sie bereits bei Euripides Med.591.1330; vgl. insgesamt die Ausführungen o. S.50.
[69] Allerdings ist es diesmal eher äußerliche Scham, die sie zurückhält, den *pudor* als absoluten moralischen Wert hat sie bereits mit ihrer Entscheidung für Iason verletzt. Den Unterschied zwischen den moralischen Werten, die zunächst gegen die Liebe sprechen, und dem
äußeren *pudor* jetzt bemerkt auch Galinsky 65.
[70] Ovid löst die Schwierigkeit, eine bereits in ihrer Entstehung unterdrückte Gefühlsregung
darzustellen, durch die Verwendung des Irrealis (V. 145): *et complexa fuisses...*, wobei *et*
im Sinne von *et tamen* gebraucht wird, vgl. Bömer ad loc.
[71] Scham und Angst davor, 'ins Gerede zu kommen', verbinden sie hier mit der apollonischen Medea, deren Verhalten von Beginn an von diesen Faktoren beeinflußt wird (z.B.
Arg. 3,792ff).
[72] Vgl. im Gegensatz dazu Apollonios, der den Heimweg der Kolcher und das Ende des
Tages erwähnt (Arg. 3,1405f) und damit auch hier wieder die räumliche und zeitliche Kontinuität wahrt.

platz ab. Im Zentrum seines Interesses steht nicht das Ereignis des Kampfes
selbst, sondern seine Wirkung auf Medea, ihre Angst, die anschließende
Freude und schließlich die Scham, diese Freude zu zeigen: die ganze Psycho-
logie der Verliebten also. Die Apostrophe endet jedoch mit dem Hinweis, daß
Medea den Göttern der Zauberkunst für ihre Hilfe dankt, ohne die Iasons Sieg
gar nicht möglich gewesen wäre. Noch einmal wird also die Identität der Liebenden explizit mit der der Hexe verbunden, die damit immer mehr in den
Vordergrund drängt. Da der Dank an die Zaubergesänge und Medeas Götter
den Abschluß der gesamten Schilderung bildet, wird dieser Aspekt ausdrücklich betont und hat deshalb vorausweisende Bedeutung.

5. Die dritte Aufgabe Iasons

Wie bereits festgestellt, tritt Medea in den Argonautica des Apollonios während Iasons Kampf nicht in Erscheinung. Der anschließende Musenanruf jedoch, mit dem Apollonios das 4.Buch beginnt, rückt die Königstochter wieder in den Mittelpunkt des Interesses. In der Nacht nach dem Kampf beginnt sie, die Rache des Vaters zu fürchten, und entschließt sich, mit den Argonauten zu fliehen (Arg. 4,11-25). Weinend nimmt sie Abschied von ihrer heimatlichen Umgebung und begibt sich noch während der Nacht zu den Argonauten, fleht sie um Hilfe an und verspricht, bei der Beschaffung des goldenen Vlieses behilflich zu sein (Arg. 4,26-91). Nachdem Iason ihr unter Anrufung der Götter die Ehe versprochen hat (Arg. 4,95-99), rudern die Argonauten auf Anweisung Medeas ihr Schiff zu dem heiligen Hain, der von dem Drachen, dem Wächter des Vlieses, bewohnt wird. Konsequent wird also auch jetzt der Weg der Personen von einem Schauplatz zum nächsten sorgfältig nachvollzogen. Nach einem Hinweis auf die Tageszeit (Arg. 4,111: *das Frührot hat noch nicht begonnen*) folgt eine ausführliche Beschreibung der Örtlichkeiten, des Drachen selbst sowie der beeindruckenden Wirkung seines Gebrülls (Arg. 4,112-144). Mit Hilfe von Zaubergesängen und -säften gelingt es Medea, das Untier in tiefen Schlummer zu senken (Arg. 4,145-161). Iason bemächtigt sich daraufhin des Vlieses, und beide kehren zum Schiff zurück (Arg. 4,162-182). Beim ersten Morgenrot legt die Argo ab - es beginnt die abenteuerliche und ereignisreiche Rückfahrt.

Im Gegensatz zur apollonischen Medea hat die Medea der Metamorphosen bereits in ihrem Monolog noch vor dem Entschluß, Iason zu helfen, erkannt, daß diese Hilfe unweigerlich das Verlassen der Heimat zur Konsequenz haben muß (V.51f: *ergo ego .../ natale solum ...relinquam*). Da sie bereits am Tempel ein Eheversprechen von Iason erhalten hat (V.91) und demzufolge auch dazu entschlossen ist, ihn zu begleiten, kann Ovid ohne Verletzung des Kausalzusammenhanges die entsprechenden Partien überspringen und die Gewinnung des Vlieses direkt im Anschluß an Iasons Kampf erzählen. Dabei verzichtet er erneut darauf, beide Ereignissen in eine zeitliche Abfolge zu bringen; auch die Tageszeit wird nicht mehr benannt. Wie bei den vorhergehenden Schauplatzwechseln fehlt auch jetzt die räumliche Kontinuität, ja, jetzt wird nicht einmal der Ort der Handlung benannt: Ovids Darstellung der Drachenbezwingung verzichtet auf jeglichen konkreten Zeit- und Raumbezug. Bereits der erste Vers: *pervigilem* *superest* *herbis sopire draconem* (V.149) vermittelt durch die Anknüpfung mit *superest* den Eindruck, daß der Erzähler fast am Ende seiner Schilderung ist[73], und richtet das Augenmerk des Lesers schon jetzt auf die anschließende Abfahrt der Argonauten. Daß mit der Überwindung

---

[73] Vgl. Bömer ad loc., der feststellt, daß diese dritte Tat durch *superest* geradezu zur "Appendix" wird.

des Drachen die Gewinnung des Vlieses und damit der eigentliche Zweck der Argonautenfahrt verbunden ist, bleibt innerhalb der knappen Darstellung unbeachtet. Ovid geht ganz offensichtlich von der Prämisse aus, daß die Handlung selbst seinem Publikum bereits bekannt ist, und es genügt, sie dort, wo es ihm nicht auf seine individuelle Aus- und Umgestaltung ankommt, durch einige Andeutungen wieder ins Gedächtnis zu rufen. Er selbst hatte den Drachen nur zweimal kurz im Monolog erwähnt (V.31.36: *insopitumque draconem*), ohne ihn mit dem Vlies in Verbindung zu bringen. Die Erklärung, der Drache sei Wächter der *arboris aureae* (V.149), ist für sich genommen kaum verständlich. Nur wer die Sage kennt und daher weiß, daß das alles überstrahlende goldene Vlies sich in den Zweigen einer Eiche befindet (Arg. 4,124ff), versteht, worauf Ovid anspielt. Auch daß der Drache mit Hilfe von Kräutern (*herbis* V.149) besiegt werden muß, wird, ebenfalls mit Blick auf Apollonios, als gegeben hingenommen und nicht weiter begründet.

Wie vorher bei der Beschreibung der feueratmenden Stiere und der Erdmenschen gilt auch jetzt die Aufmerksamkeit einem Einzelaspekt: Ovid betont das unheimliche Aussehen des Ungeheuers, indem er detaillierter als Apollonios seine prägnantesten Merkmale, den Kamm, die gebogenen Zähne und die drei Zungen (V.150f) beschreibt[74]. Diese Beschreibung des Drachen (V.149-151) bildet zugleich die Exposition zur eigentlichen Ausführung der Aufgabe, dem Einschläfern des Drachen, das in einem temporalen Nebensatz erzählt wird (V.152ff: *hunc postquam ...*), so daß der ohnehin knappe Bericht noch gedrängter wirkt.

Erstmals kommt es hier zur Beschreibung eines magischen Rituals, bei dem Medea ausschließlich als Zauberin agiert[75]. Sie verwendet für ihren Zauber Kräuter - hier dem Zweck entsprechend Saft von lethäischen Kräutern - und eine magische Formel, deren Macht Ovid demonstriert, indem er zwei bereits von Apollonios verwendete Motive variiert und in ihrem Kontext verändert: In den Argonautica wird der vielfach gewundene Körper des einschlafenden Dra-

---

[74] Apollonios betont neben den riesigen Ausmaßen des Tieres vor allem die Lautstärke seines furchtbaren Zischens. In typischer hellenistischer Kleinmalerei beschreibt er die Wirkung: Wöchnerinnen erwachen und umarmen ängstlich ihre Kinder (Apoll. Rhod. Arg. 4,136ff), dazu Fränkel, Noten ad loc.: "...leuchtet der hellenistische Dichter in das intime Dasein von unbeteiligten Müttern hinein"; vgl. auch Burck 36.

[75] Entgegen der Annahme von Wise 20 und Rosner-Siegel 237 mit Anm. 20 kann kein Zweifel darüber bestehen, daß Medea Subjekt sowohl zu *sparsit* (V.152) als auch zu *dixit* (V.153) ist. Von ihr war zuletzt im vorhergehenden Abschnitt die Rede (*agisque/ ... grates* V.147f), sie ist die Hauptfigur der gesamten Erzählung und wird deshalb bereits V.74ff (*ibat...*) nicht namentlich als Subjekt genannt. In der Vorlage Ovids bei Apollonios wie auch in Ovids Medea-Brief ist sie es, die den Zauber ausführt, vgl. Her.12,105ff: *illa ego .../flammea subduxi medicato lumina somno*. Bei Euripides Med. 480ff beansprucht sie sogar, den Drachen getötet zu haben. Daß Iason gerade in den Metamorphosen, wo er deutlich im Schatten der Medeafigur steht, selbst zum Zauberer wird, ist völlig undenkbar.

chen mit einem besänftigten, ruhig wogenden Meer verglichen (Arg.4.152).
Ovid nimmt diese Aussage wörtlich und schreibt den Zauberworten, die Medea hier anwendet, neben der schlafbringenden Eigenschaft (V.153: *facientia
somnos*) generell die Fähigkeit zu, ein aufgewühltes Meer beruhigen zu können
(V.154: *mare turbatum ... sistunt*).

Die Kraft, selbst Flüsse in ihrem Lauf anzuhalten, die Argos Medea zu-
spricht, um seine Gefährten von ihrer Macht zu überzeugen (Arg. 3,532), hat
auch die massylische Priesterin, die Dido zu Rate zieht (Aen. 4,489: *sistere
aquam fluviis...*)[76]. Von Ovid wird auch diese Macht zunächst[77] nicht auf die
Person, sondern auf die Zauberworte übertragen, die Medea spricht (V.154:
concita flumina sistunt). Solche Adynata dienen vor allem dazu, die Paradoxie
hervorzuheben, die darin liegt, daß ein Wesen, das zuvor als *pervigil* (V.149)
bezeichnet wurde, dazu gebracht wird einzuschlafen (V.152: *somnus in ignotos
oculos*). Wirksam wird die Zauberformel erst durch die dreimalige Wiederholung (V.153: *ter dixit*). Die Dreizahl, die auf allen Gebieten der Magie eine
wichtige Rolle spielt[78], bewirkt eine Ritualisierung des Vorganges, ähnlich der
Nennung von dreimal hundert Göttern in der Aeneis (4,510)[79]. Ovid beläßt es
jedoch nicht bei der dreifachen Zauberformel, sondern verbindet diese Zahl in
verschiedener Form mehrfach mit der Handlung: Es ist die *dritte* Aufgabe, die
Iason erfüllen muß; der Drache, der zu überwinden ist, hat *drei* Zungen[80]; der
magische Spruch hat eine *drei*fache Wirkung: er bringt Schlaf, hält Flüsse an
und beruhigt das Meer.[81]

---

[76] In Ov. Her. 6,87: ...*obliquaque flumina sistit*, schreibt auch Hypsipyle der Nebenbuhlerin solche Fähigkeiten zu. Das Motiv ist nicht nur bei der Darstellung von Hexen allgemein
üblich (vgl. auch Tib. 1,2,46), sondern gehört zu den in der Dichtung regelmäßig verwendeten Adynata: vgl. Pease zu Aen. 4,489 mit zahlreichen weiteren Belegen.

[77] Später rühmt sich Medea selbst dieser von den Göttern gegebenen Macht, vgl. Met.
7,199f.

[78] A.-M.Tupet, La magie dans la poesie Latine, Lille 1976, 47: "On en déduit que le chif-
fre trois et ses multiples ont une valeur magique". Die Zahl drei hat auch in Zusammenhängen, die nicht direkt die Magie betreffen, große Bedeutung. So regiert Aeneas 3 Jahre in
Latium, Ascanius 30, die albanischen Könige 300 (Verg. Aen. 1,265ff). Eine große Fülle
an Material zu diesem Thema bietet E.B.Lease, The Number Three, Mysterious, Mystic,
Magic, CPh 14, 1919, 56-73.

[79] Vgl. Pease ad loc. mit zahlreichen Stellen und weiterführender Literatur.

[80] Der Drache des Mars, von dem die Saat für die Erdmenschen stammt, hat nicht nur drei
Zungen, sondern auch drei Reihen von Zähnen, vgl. Met. 3,34.

[81] Die Zahl drei begegnet uns auch im weiteren Handlungsverlauf regelmäßig wieder. Von
der Dreigestalt Hecates war bereits oben (zu V.94) in Iasons Eid die Rede; sie wird danach
noch mehrmals erwähnt (V.177.194). Auch innerhalb der folgenden Zauberriten verwendet
Ovid die Drei und ihre Vielfachen auffällig oft: V.180 *tres*; 189 *ter...ter*; 234 *nona*; 235
nonaque; 274 *novem*; 324 *ter*; 414 *ternis*.

Über Medea selbst, ihre Motive und Empfindungen während der Ausführung des Zaubers wird in der knappen Wiedergabe der Ereignisse nichts gesagt. Sie ist hier erstmals nur Handelnde, wobei die Aufmerksamkeit des Erzählers ausschließlich dem von ihr vollzogenen magischen Ritual gilt. Es zeigt sich deutlich, daß Ovid bereits hier ganz allmählich den Schwerpunkt der Darstellung zugunsten des Aspekts der 'Zauberin Medea' und ihrer Handlungen verschiebt und dabei zunehmend die Perspektive der Außensicht einnimmt.

Erst als der Drache schläft, greift Iason in das Geschehen ein und bemächtigt sich des Vlieses (V.156). Ovid forciert das ohnehin rasche Erzähltempo noch einmal und berichtet im übernächsten Vers (V.158) bereits davon, daß der Held Iolcos erreicht. Die gesamte Rückfahrt, deren Schilderung bei Apollonios den größten Teil des 4.Buches ausmacht, wird übersprungen. Die Ereignisse, die in den Argonautica auf der Rückreise stattfinden, bilden jedoch offenbar auch für Ovid die inhaltliche Grundlage. So erwähnt er zwar die von Apollonios geschilderte Hochzeit zwischen Medea und Iason (Arg. 4,1128ff) nicht, bezeichnet jedoch Medea als Gattin Iasons (V.158: *tetigit cum coniuge portus*). Die Hoffnungen, die Medea in ihrem Monolog geäußert hat, haben sich demnach erfüllt (V.60: *quo coniuge felix*).

In einem Atemzug, d.h. in einem Satz, informiert uns Ovid damit über die Betäubung des Drachen, den Raub des Vlieses, die Hochzeit Iasons und Medeas und ihre Heimkehr nach Iolcos. Die starke Raffung des Handlungsverlaufs erinnert deutlich an den Bericht zu Beginn der Medea-Handlung (V.7,1ff).

Bei seiner Ankunft in Iolcos wird Iason erstmals in traditioneller Weise als *heros* (V.156), als stolzer Sieger (V.156ff: *superbus...victor*) mit reichlicher Kriegsbeute (V.156: *spolioque*)[82] gezeichnet. Dieses Heldentum wird jedoch fraglich, wenn man bedenkt, wie wenig Bedeutung der eigentlichen Darstellung seiner Heldentaten zugemessen wurde[83]. Durch den ausdrücklichen Hinweis darauf, daß er seine *spolia* fremder Hilfe zu verdanken hat (V.157: *muneris auctorem secum*)[84], gerät vielmehr auch jetzt wieder Medea ins Blickfeld. Aus Iasons Sicht ist sie jedoch nichts weiter als *spolia altera* (V.157), eine zusätzliche Beute. Sie wird dadurch, obgleich sie sich selbst für diesen Weg entschieden hat, zu einem Opfer, dem tragischen Opfer ihrer Gefühle und der Umstände. Entsprechend setzt Medea selbst bei Euripides ihre Abfahrt mit einem Raub gleich (Med.256):

... ἐκ γῆς βαρβάρου λελῃσμένη

---

[82] Die Bedeutung von *spolium* ist dabei ambivalent, es ist sowohl, entsprechend der ursprünglichen Bedeutung, eine Tierhaut als auch eine Siegesbeute.

[83] Vgl. oben Kap. 4.3.

[84] Ovid spielt an dieser Stelle auf die Übereinkunft zwischen Iason und Medea am Tempel an, wo Medea den Helden mahnt: *servabere munere nostro/servatus promissa dato* (V.93f).

... aus fremdem Land geraubt.

Nicht zu übersehen ist jedoch gerade bei Ovid der zusätzliche erotische Ne-
bensinn von *spolia*. Er selbst bezeichnet an exponierter Stelle seiner Ars
Amatoria die Eroberungen der Liebenden als *spolia*[85], Properz setzt seinen Erfolg bei Cynthia den *spolia* und *currus* des Sieges gleich. Das übergreifende
elegische Motiv der *militiae amoris*[86] wird hier mit dem Bezug auf eine
tatsächliche Waffentat vermischt.

Insgesamt unterscheidet sich dieser letzte Abschnitt der Kolchishandlung
deutlich von der vorhergehenden Erzählung. Denn auf die zeitdeckende Wiedergabe des Monologs und die anschauliche szenische Darstellung der beiden
folgenden Episoden, in denen ebenfalls die Gedanken und Gefühle Medeas im
Vordergrund stehen, folgt an dieser Stelle ein knapper Bericht, in dem die
Darstellung auf wenige Momente äußerer Handlung reduziert wird. Dabei
konzentriert sich Ovid auf die Darstellung der Magie und eine Innensicht Medeas fehlt. Die starke Raffungsintensität[87] entspricht in etwa der der einleitenden Exposition (V.1-9). Ovid verzichtet auf die Erzählung der Hinfahrt
ebenso wie auf die der Rückfahrt der Argonauten. Die nur angedeutete Begegnung zwischen Iason und Aietes mit der Nennung der Aufgaben korrespondiert
mit der kurzen Wiedergabe der Gewinnung des Vlieses. In beiden Fällen ist
die Kenntnis der Argonautica Voraussetzung. Der geraffte Handlungsbericht
bildet also einen Rahmen für den stark dramatisierten, dreigeteilten ersten Abschnitt einer Haupthandlung, in deren Mittelpunkt die Person Medeas und ihre
Gefühle stehen: der Ausbruch ihres inneren Konfliktes im Monolog (V.9-73),
die Begegnung mit Iason am Tempel (74-99) und ihre Anteilnahme an Iasons
Kampf (100-148).

---

[85] Vgl. die Schlußverse des zweiten und dritten Buches der Ars Amatoria: *inscriba(n)t
spoliis 'Naso magister erat'* (Ars 2,744 bzw. 3,812) bzw. Prop. 2,14,24. In den Heroides
ist die Ehre Helenas ein *spolium* (16, 144), ähnlich behauptet Oinone von sich: *ille meae
spolium virginitatis habet* (Her. 5,140). Insgesamt vgl. Pichon 267.
[86] Zu diesem elegischen Motiv vgl. Holzberg 20.33.39f.
[87] Es kommt zu einem starken Auseinanderklaffen von Erzählzeit und Erzähler Zeit, vgl.
dazu Lämmert, bes. 83f.

IV. Die Zauberin Medea

1. Verknüpfung mit der Kolchishandlung

Mit der Ankunft der Helden in Iolcos (V.158) ist die Argonautenfahrt zu Ende - entsprechend schließen die Argonautica des Apollonios, die Ovid bis jetzt als inhaltliche Vorlage gedient haben, mit dem Hinweis auf die glückliche Heimkehr der Argonauten (Arg. 4,1781). Auch in den Metamorphosen findet das bisher geschilderte Geschehen an dieser Stelle einen Abschluß: Die Hoffnungen der liebenden Medea haben sich erfüllt, in der Ehe mit Iason hat sie ihr Ziel erreicht. Gleichzeitig wird nun eine neue Handlungsstufe eingeleitet, in der nicht mehr, wie bisher, die Gefühle des verliebten Mädchens im Vordergrund stehen, sondern sich das Interesse des Erzählers vorrangig auf die Zauberkunst Medeas und die Beschreibung magischer Rituale richtet[1].

Anders als bei Ovid werden von Apollonios, der sich auf die Schilderung der Argonautenfahrt beschränkt, solche Magie-Szenen mit der 'Liebesgeschichte' eng verbunden, und die Aktivitäten der Zauberin Medea werden bereits in diesem Zusammenhang mehrfach eingehend geschildert: in einem längeren Exkurs erfahren wir die Herkunft und Zusammensetzung des Zaubermittels, das Iason gegen die Stiere schützt (Apoll. Rhod. Arg. 3,845-866); Medea selbst gibt dazu die 'Magische Gebrauchsanweisung' (Arg. 3,1029-1040)[2]; später folgen die Verzauberung des Drachen (Arg. 4,145-161), ein Hekateopfer (Arg. 4,246-252), Sühneriten bei Kirke (Arg. 4,700-717), die Bezwingung des Talos (Arg. 4,1659-1688)[3]. Alle diese Darstellungen sind mehr oder weniger exkursartig in die Gesamthandlung eingebunden und dieser untergeordnet.

In ähnlicher Weise fügt auch Vergil eine solche 'Zauber-Szene' in die Handlung des 4. Aeneisbuches ein (Aen. 4,478-521): Nachdem Dido bereits den Beschluß gefaßt hat, ihrem Leben ein Ende zu setzen, läßt sie eine über

---

[1] Eine umfangreiche und gründliche Untersuchung zur Darstellung von Zauber und Magie in der antiken Dichtung bildet die Arbeit von A-M.Tupet, La Magie dans la Poesie Latine, Lille 1976, auf die im folgenden immer wieder zurückzugreifen sein wird. Tupet liefert neben einer allgemeinen Erläuterung zu den geläufigsten Motiven detaillierte Interpretationen der wichtigsten Behandlungen dieses Themas innerhalb der griechischen Dichtung (im Hinblick auf ihre Vorbildfunktion für die Römer) sowie der lateinischen Dichtung bis Ovid. Vgl. außerdem u.a. G.Luck, Hexen und Zauberei in der Römischen Dichtung, Zürich 1962 u. S.Eitrem, La Magie comme motif littéraire chez les Grecs et les Romains, SO 21, 1941, 39-83.

[2] S. dazu o. S.75 mit Anm.69.

[3] Zu der Darstellung der Magie in den Argonautica vgl. Eitrem 79-83; Tupet, Magie 154-162; Hübscher 24-27.

Zauberkräfte und magische Fähigkeiten verfügende massylische Priesterin kommen, mit deren Hilfe sie angeblich durch einen Liebeszauber Aeneas zurückgewinnen will. Ihre wahren Motive verhüllt sie jedoch. Der unter einem Vorwand errichtete Scheiterhaufen mit Erinnerungsstücken an den Helden dient, ebenso wie die magischen Rituale und Opferhandlungen, dazu, den Selbstmord der Königin vorzubereiten. Die gesamte Szene ist, entsprechend ihrem Ausgang, nämlich dem Tod Didos, geprägt von hohem Pathos und einer feierlichen, getragenen Stimmung. Die Zauberhandlung dient der Ritualisierung von Didos Opfertod[4], der, zusammen mit ihrem Fluch, eine weit über die eigentliche Dido-Episode hinausreichende Bedeutung für die Gesamtkonzeption der Aeneis besitzt, da er die Grundlage der für die Zukunft Roms so bedeutsamen Rivalität mit Karthago bildet[5].

Anders als bei Vergil und Apollonios wird die Magie in den Metamorphosen nicht zum Teilaspekt einer unabhängigen übergeordneten Gesamthandlung, ja, Ovid löst diese Elemente aus der von Apollonios vorgegebenen inhaltlichen Verknüpfung mit der Kolchishandlung und konzentriert sich in diesem Abschnitt ganz auf die 'Liebesgeschichte'. Die Magie spielt dabei eine sehr untergeordnet Rolle[6]. Sie erlangt erst im folgenden Abschnitt zentrale Bedeutung, in dem wiederum die Liebe Medeas nicht mehr erwähnt wird. Ovid macht folglich erst den einen, dann den anderen Aspekt zum Handlungsschwerpunkt. Die Zauber-Szene, die Ovid der Argonautenhandlung folgen läßt, beschreibt die Verjüngung des Aeson und besitzt eine hohe dramatische Eigenständigkeit. Das Handlungsziel dieses Abschnitts, das Gelingen des Verjüngungszaubers nämlich, das im weiteren Verlauf immer wieder ins Blickfeld gerät, steht dabei in keiner direkten Beziehung zur vorausgehenden Kolchishandlung.

Die aristotelische Forderung nach einer einzigen, auf ein festes Ziel gerichteten Handlung mit Anfang, Mitte und Ende, die für die gesamten Metamorphosen ohnehin nicht zum Maßstab gemacht werden kann[7], wird somit von Ovid auch im Kleinen nicht angestrebt: Die einzelnen Teile der Medea-'Erzählung' sind nicht, wie z.B. Vergils Aeneis[8], einem teleologischen Ge-

---

[4] Zu dieser Funktion der magischen Rituale und ihrem engen Bezug zum Fluch Didos vgl. A.-M.Tupet, Didon magicienne, REL 48, 1970, 229-258 und, mit ähnlicher Aussage, dies., Magie 247-266.

[5] Zur Verbindung dieser Szene mit den Punischen Kriegen, wie sie insbes. von Silius Italicus in seinen 'Punica' geknüpft wird, vgl. Küppers 73.78f.

[6] So findet sich im gesamten Monolog kein Hinweis darauf, daß Medea eine Zauberin ist: vgl. S.47 mit Anm.105.

[7] Zu diesen Forderungen des Aristoteles in seiner Poetik und ihrem Verhältnis zu den Metamorphosen insgesamt vgl. o. S.13, bes. Anm. 10.

[8] Zu der Einheit der Handlung bei Vergil vgl. Heinze, Virgil 438. Inwieweit bereits Apollonios von der aristotelischen Forderung nach Einheit der Handlung abweicht, erörtert Gummert 20ff.

samtzusammenhang untergeordnet und somit durch enge kausale Verknüpfung zu einer festen Einheit zusammengefügt[9].

Es wäre jedoch verfehlt, aufgrund der Nichteinhaltung aristotelischer Normen eine Geschlossenheit der Medea-Handlung überhaupt abzustreiten, und sie, wie dies häufig geschehen ist[10], nicht mehr als Ganzes ins Auge zu fassen. Vielmehr beschreitet Ovid andere Wege als seine Vorgänger, um eine Homogenität des gesamten Geschehens zu erreichen. Einer dieser Wege ist die Konzentration des Erzählers auf die Gestalt Medeas, die unter mehrfacher Verschiebung des Aspektes gleichwohl immer im Mittelpunkt der Handlung steht. Darüber hinaus bemüht sich Ovid auch um inhaltliche Verknüpfungen. So wird die Zauberszene sorgfältig vorbereitet, indem, wie bereits dargelegt, die Zauberkunst Medeas schon in der Kolchishandlung ganz allmählich in das Bewußtsein des Lesers gerückt wird. Daneben sind die zahlreichen Anspielungen auf Euripides gleichzeitig Vorverweise auf die 'Mörderin Medea', die in der Pelias-Episode und in der kurzen Zusammenfassung des Kindermordes in Erscheinung treten wird. Im weiteren Handlungsverlauf werden, wie sich zeigen wird, immer wieder Beziehungen zu den vorher geschilderten Ereignissen hergestellt. Wieweit auch das unter verschiedenen Gesichtspunkten beleuchtete Motiv der *pietas* eine Verbindung schafft, muß die genauere Betrachtung klären.

---

[9] Daß Ovid selbst in der in sich geschlossenen Kolchishandlung die kausale Verknüpfung im Gegensatz zu Apollonios und Vergil weitgehend vernachlässigt, ist bereits gezeigt worden.

[10] So sieht z.B. Galinsky 65 keine Verbindung zwischen dem vorher geschilderten Mädchen und der Zauberin und vermißt jegliche Entwicklung oder Motivation der Handlung. Vgl. auch Heinze, Ovids el. Erz. 390ff. Diller 331; Büchner, Ovids Met. 390ff; Hehrlein 28ff und Otis, Ovid 59ff beschränken ihre Interpretation von vornherein auf den ersten Abschnitt der Medea-Handlung und betrachten vor allem den Monolog.

2. Die Verjüngung Aesons

2.1. Exposition

Nachdem Ovid am Ende des knappen Berichts über die Gewinnung des Vlieses die Ankunft der Argonauten in Iolcos konstatiert hat (V.158), beschreibt er im Anschluß daran das Siegesfest, mit dem die Daheimgebliebenen die glückliche Rückkehr ihrer Söhne feiern und zum Dank dafür den Göttern Opfer darbringen (V.159-162). Anders als zwischen den einzelnen, inhaltlich sehr viel enger zusammengehörenden Szenen innerhalb der Kolchishandlung wahrt Ovid beim Übergang von eben dieser Kolchishandlung zum folgenden, inhaltlich selbständigen Geschehen in Griechenland weitgehend die räumliche Kontinuität, indem er die Fahrt von Kolchis nach Iolcos erwähnt (V.156ff), und schafft eine auffällig enge erzählerische Verbindung[11]: Die Opferfeier bildet sowohl den Abschluß der Argonautenfahrt als auch den Anfang der Geschehnisse um die Zauberin Medea. Deutlich wird dabei auch jetzt noch der inhaltliche Bezug zu Apollonios' Argonautica hergestellt. Dort wird bei einer ähnlichen Feier anläßlich des Aufbruchs der Helden, die mit der von Ovid geschilderten Ankunftsfeier korrespondiert[12], das Gelübde abgelegt, den Göttern im Falle einer erfolgreichen Rückkehr ein weiteres großzügiges Opfer zu bringen (Arg. 1,415-419) - in den Metamorphosen nun lesen wir von der Erfüllung dieses Gelübdes (V.162: *vota facit*). Daß vor allem die Mütter über die Rettung der Söhne besonders dankbar sein würden (V.159: *Haemoniae matres*), hatte Ovid Medea bereits in ihrem Monolog vermuten lassen (V.50: *matrum celebrabere turba*)[13].

Ebenso nahtlos wie der beschriebene Übergang zu der beginnenden neuen Handlungsstufe ist auch die Einführung einer weiteren Person. Die Teilnahme der Väter an der Opferfeier bietet Ovid die Gelegenheit, den Vater Iasons zu erwähnen (V.162f), und zwar mittels des Motivs der Abwesenheit: "alle sind

---

[11] Es ist zwar anzunehmen, daß diese Feier kurz nach der Ankunft der Argonauten stattgefunden hat, genaue zeitliche Bezüge oder ein Hinweis auf die Tageszeit fehlen aber auch hier.

[12] Vgl. bes. Apoll.Rhod. Arg. 1,235-518; hier wie dort ist von Opferhandlungen die Rede (Arg. 1,402f - Met. 7,160f); von Apollonios wird die Angst und Verzweiflung der abschiednehmenden Frauen und Mütter geschildert (Arg. 1,262ff), Ovid betont die Freude der Mütter bei der Rückkehr der Argonauten (Met. 7,159), an beiden Feiern kann der alte und kranke Vater Iasons nicht teilnehmen (Arg. 1,263f - Met. 7,162).

[13] Ihre Hoffnungen, selbst als Retterin der Argonauten von eben diesen Frauen gefeiert zu werden, *titulum servatae pubis Achivae* (V.56) zu tragen, erfüllen sich jedoch nicht; der Dank gilt in erster Linie den Göttern. Ein solches Versprechen, sie werde von den Müttern und Frauen der Argonauten in Hellas gerühmt werden, macht Iason Medea bereits in den Argonautica (3,991ff).

da, nur Aeson fehlt aufgrund seines Alters"[14]. Diese ganz spezielle Technik der fließenden Überleitung verwendet Ovid in den Metamorphosen häufiger, sie dient ihm jedoch normalerweise dazu, eine Verbindung zwischen zwei verschiedenen Metamorphosen herzustellen. Ein besonders auffälliges Beispiel dafür ist der Beginn seiner Schilderung des trojanischen Krieges: Ovid erzählt zunächst die Geschichte von Ceyx und Alcyone, einem getrennten Liebespaar, das von den Göttern in Vögel verwandelt und wieder vereint wird (Met. 11,410-748). Der Anblick dieser Vögel veranlaßt einen nicht näher bezeichneten alten Mann, die Metamorphose des Priamussohnes Aesacus zu erzählen, der sich aus Verzweiflung über den Tod seiner Geliebten von einem Felsen stürzt und während des Fallens ebenfalls in einen Vogel verwandelt wird (Met. 11,749-795). Priamus, der seinen Sohn für tot hält, läßt zu dessen Ehren ein Totenopfer bringen, an dem alle übrigen Söhne teilnehmen, nur Paris fehlt; er wird später mit der geraubten Helena in die Heimat zurückkommen (Met. 12,1-6) - der Übergang zum trojanischen Krieg ist erreicht[15]. Ganz ähnlich wird auch die Überleitung zur Metamorphose Ios (Met. 1,568ff) bzw. zur Midas-Sage (11,85) gestaltet[16].

Ovid bedient sich somit hier einer rein äußerlichen, mehrfach erprobten Technik, diesmal nicht, um zwei Metamorphosen, sondern um zwei unterschiedliche Abschnitte der einen Medea-Handlung miteinander zu verknüpfen. Der naheliegende Schluß, daß auch hier ein äußerer Zusammenhang geschaffen werden soll, wo ein innerer nicht besteht, wird jedoch sogleich widerlegt. Denn die sehr viel wichtigere inhaltliche Verknüpfung erfolgt gleich anschließend durch einen Dialog zwischen Iason und Medea (V.164-178):

Dieses Zwiegespräch wird ohne weitere Einleitung in direkter Rede und somit wiederum in stark dramatisierter Form wiedergegeben, wobei die vorher beschriebene Opferfeier, an der Iason und seine Gattin selbstverständlich teilnehmen, gleichsam den szenischen Hintergrund bildet. Die Verbindung zu der zuvor eingeführten Person des Aeson wird zunächst nur durch die Benennung Iason mit dem Patronym *Aesonides* (V.164) hergestellt. Bevor jedoch Iason selbst, dem Ovid hier erstmals eine direkte Rede in den Mund legt, auf seinen Vater und damit auf sein eigentliches Anliegen zu sprechen kommt, erinnert er

---

[14] Als einziges Charakteristikum Aesons wird sein Greisenalter, das nahe Lebensende, genannt, also diejenige seiner Eigenschaften, die allein für die weitere Handlung von Bedeutung ist. Daß bereits die Anwesenden als *grandaevi patres* (V.160) bezeichnet werden, läßt die außerordentliche Altersschwäche, die den Aeson fernhält, noch deutlicher hervortreten.

[15] Latacz, Metamorphosen 148f bezeichnet diese Überleitung als "grotesk beiläufig". Vgl. auch Galinsky 100 u. Ludwig 61.

[16] Vgl.auch Met. 2,676; 4,602; 6,412; allgemein zu Überleitungen dieser Art vgl. R.Schmidt 65.

zunächst noch einmal daran, was Medea in Kolchis für ihn getan hat (V.164-
166):

> ... *"o cui debere salutem*
> *confiteor, coniunx, quamquam mihi cuncta dedisti*
> *excessitque fidem meritorum summa tuorum,..."*

Damit wird nicht nur die Rettung Iasons durch Medea noch einmal ausdrücklich ins Gedächtnis gerufen, sondern auch die Angst, die Medea bereits
in ihrem Monolog geäußert hat, daß nämlich Iason sich als undankbar (V.43:
ingratus) erweisen und ihre Verdienste um ihn nicht anerkennen (V.45: *meritique oblivia nostri*) könnte[17]. Medeas frühere Befürchtung erweist sich nun anscheinend als grundlos, womit der Topos von der Undankbarkeit gegenüber
der Geliebten schließlich umgekehrt wird: Iason, der Prototyp des undankbaren und treulosen Mannes, bedankt sich überschwenglich bei seiner Gattin für
ihre Hilfe, die er dabei ausdrücklich auf ihre Zauberkraft zurückführt (V.167:
quid enim non carmina possunt?). Er tut dies jedoch nicht aus dem Gefühl reiner Dankbarkeit - inwiefern dieses überhaupt bei Iason vorhanden ist, bleibt
dabei der Phantasie des Lesers überlassen -, sondern verfolgt damit, ebenso
wie in Kolchis mit seinem Eheversprechen, einen ganz bestimmten Zweck:
Noch einmal soll Medea ihm durch ihre Magie helfen, diesmal indem sie einige der ihm verbleibenden Lebensjahre auf seinen Vater überträgt (V.168).
Die auf diese Weise erstmals angedeutete und im folgenden geschilderte Zauberhandlung Medeas wird durch den vorausgeschickten Dank ausdrücklich in
eine Reihe mit den ebenfalls mit Hilfe der Magie vollbrachten Taten zur Rettung Iasons gestellt. Ovid hat somit ganz bewußt einen engen Zusammenhang
zwischen den unterschiedlichen Überlieferungssträngen angehörenden
Handlungsteilen geschaffen[18].

---

[17] Diese Undankbarkeit des Helden gegenüber der Geliebten, die ihm geholfen hat, ist topisch: vgl. dazu Hross 73ff und Grantz 211f. Sie findet sich auch bei Eur. Med 475; Verg.
Aen. 4,372; Ov. Met. 8,108; Her. 7,89 u.ö. Weiteres zu diesem Motiv bereits oben S.54.
[18] Weder bei Euripides noch bei Apollonios wird die Verjüngung Aesons durch Medea erwähnt. Die älteste überlieferte Behandlung des Themas, die inhaltlich der ovidischen Version am nächsten steht, findet sich in den Nostoi, Frg.6 Allen

αὐτίκα δ' Αἴσονα θῆκε φίλον κόρον ἡβώοντα
γῆρας ἀποξύσασα ἰδυίῃσι πραπίδεσσι,
φάρμακα πόλλ' ἔψουσ' ἐπὶ χρυσείοισι λέβησιν.

Sofort machte sie den Aison zu einem liebenswerten heranwachsenden Jüngling,
indem sie sein Alter abstreifte in kundigem Sinn,
viele Zaubermittel kochend in silbernen Kesseln

(Übers. von K.H.Eller, Eurip. Medea, Stuttgart 1983, Hypothesis). - Zu den verschiedenen
Varianten dieses Mythos vom Verjüngungszauber vgl. A.Lesky, Art. Medeia, RE XV.1,
Sp. 39-41; K.Seeliger, Art. Medeia, Roscher II.2, Sp. 2483f; Bömer ad loc.

Die offensichtlich berechnete Wirkung der Bitte Iasons wird durch Tränen noch verstärkt (V.169: *nec tenuit lacrimas*). Seine wahren Gefühle werden jedoch verschwiegen - Ovid bleibt auch jetzt im Bezug auf seine Person bei der Außensicht[19] und beschreibt lediglich die sichtbaren Anzeichen, an denen Medea die Aufrichtigkeit der Empfindungen Iasons für seinen Vater ablesen kann[20] und die die Wirkung seiner Worte auf sie verstärken.

Im Gegensatz dazu wird, noch bevor Medeas eigentliche Antwort folgt, eine unmittelbare Darstellung dessen gegeben, was in ihr vorgeht, als sie die Bitte ihres Mannes vernimmt. Die Innensicht, die der Erzähler auch jetzt nur in Bezug auf Medea verwendet, wird noch betont, indem er explizit darauf hinweist, daß das, was Medea fühlt, durchaus nicht übereinstimmt mit dem, was sie ausspricht (V.171):

> *nec tamen adfectus tales confessa.*

Die Gefühle Medeas, die in direkter Darstellung hier noch einmal in den Vordergrund gerückt werden (V.169f), stehen in auffälliger Korrespondenz zu dem inneren Konflikt, den die erwachende Liebe in Medea ausgelöst hatte. Bereits dort hatten ihre wichtigsten rationalen Bedenken der Tatsache gegolten, daß sie mit ihrer Hilfe für Iason gegen die Interessen des Vaters handeln, also gegen die kindliche *pietas*[21] verstoßen würde (so z.B. V.14.38.51f). Als eine der Ursachen für ihre vorläufige Entscheidung gegen die Liebe wird dieser moralische Wert dann auch *expressis verbis* genannt (V.72: *rectum pietasque pudorque*)[22]. Indem sie schließlich dennoch ihren Gefühlen nachgegeben hat,

---

[19] Die betonte 'Außensicht' Iasons war bereits in der Tempelszene festzustellen, vgl. dazu o. S.74ff.

[20] Die *pietas* Iasons gegenüber seinem Vater scheint an dieser Stelle echt zu sein, spielt jedoch für Ovid, wie auch sonst die Gefühle Iasons, nur eine untergeordnete Rolle. Hier dient Iasons Haltung vor allem dazu, die entsprechende Reaktion Medeas auszulösen und somit einen neuen Handlungsstrang zu initiieren.

[21] Die Bedeutung des Begriffes *pietas* wird dabei von Ovid dem Zusammenhang entsprechend eingeschränkt auf den privaten Bereich, die Beziehung zwischen Eltern und Kindern. Die bei Vergil vorherrschende politische und religiöse Dimension dieser in der vergilischen Gestalt des *pius Aeneas* lebendigen 'Römertugend' muß dabei außer Acht bleiben. Zur Bedeutung der *pietas* des Helden Aeneas in der Aeneis, bei der das Verhalten des Aeneas gegenüber seinem Vater Anchises nur einen Teilaspekt bildet, vgl. Heinze, Virgil 302: "Aeneas' Größe liegt ... vornehmlich in seiner *pietas*, und diese zeigt sich am deutlichsten, wo sie zur Ergebung in den göttlichen Willen wird". Zur *pietas* als spezifisch römischer Wertvorstellung vgl. Pease zu Aen. 4,393, der neben zahlreichen Zitaten antiker Autoren auch umfangreiche weiterführende Literatur nennt; vgl. auch E.Burck, Drei Grundwerte der Römischen Lebensordnung, in: H.Oppermann, Römertum, Darmstadt 1962, 35-65, zur *pietas* bes. 57-65.

[22] Vgl. dazu o. S.56ff.

hat sie sich folglich wissentlich *impia* verhalten (vgl. V.92: *quid faciam video*) und wird nun durch die *pietas* ihres Gatten gegenüber seinem Vater daran erinnert (V.169f):

> ... *mota est*[23] *pietate rogantis*
> *dissimilemque animum subiit Aeeta relictus.*

Selbst jetzt in Iolcos also, nachdem sich alle ihre Hoffnungen erfüllt zu haben scheinen, ist sie sich noch immer dessen bewußt, welchen Preis sie dafür gezahlt hat, nämlich den Verrat an ihrem Vater. Im Gegensatz zu der euripideischen Medea[24] hat Medea bei Ovid bislang noch keinen äußeren Anlaß, das Geschehene zu bedauern. Dennoch empfindet sie Reue über ihre *impietas* und ist daher bereit, die *pietas* Iasons zu unterstützen und seine Bitte zu erfüllen[25]. Die Motivierung für die Verjüngung Aesons wird damit sorgfältig aus der bisherigen Darstellung entwickelt. Das durchgehende Wissen Medeas um ihr moralisches Scheitern und die Anerkennug der *pietas* als geltenden Wert verleiht ihrer Charakterisierung Geschlossenheit. Auch jetzt gelingt es Ovid mit Hilfe der psychologisch einfühlsamen Innendarstellung, Mitgefühl und Sympathie des Lesers aufrechtzuerhalten[26]. Die Antwort Medeas (V.171-178) auf Iasons Frage läßt zunächst (bis V.174) allerdings nichts von ihren Absichten erkennen. Für den über Medeas Gedanken unterrichteten Leser völlig überraschend lehnt sie voll Empörung das Ansinnen ihres Mannes als frevelhaft (V.172: *scelus*) ab - die vom Erzähler angekündigte Diskrepanz zwischen Gedachtem und Gesagtem kommt damit besonders deutlich zum Ausdruck. Wie zuvor in Kolchis (V.71: *effuge crimen*) ist Medea auch jetzt zunächst nicht bereit, Schuld auf sich zu nehmen und beweist damit *pietas* auch gegenüber ihrer Göttin Hecate (V.174):

> *nec sinat hoc Hecate, nec tu petis aequa....*

In der bereits bekannten Form antithetischer Gedankenführung[27] nehmen

---

[23] Da Ovid durchgehend die Perspektive Medeas beibehält, ist trotz Subjektwechsel eine namentliche Nennung nicht nötig; ähnlich bereits V.74.134.152: vgl. dazu o. S. 97, Anm. 75.

[24] Das Motiv der Erinnerung an ihren Verrat und die Reue darüber findet sich wiederholt bei Euripides: vgl. Med. 441.483.502f.

[25] Warum Otis 173 diese Regung Medeas für "improbable" hält, ist unverständlich.

[26] Zur Sympathiesteuerung mit Hilfe der Innensicht vgl. Stanzel 173, dazu o. S.75 mit Anm. 68.

[27] Ovid zeigt zunächst Medeas innere Bereitschaft, gestaltet ihre ersten Worte wie eine Ablehnung und läßt sie schließlich einen Dienst anbieten, der das von Iason Gewünschte weit übersteigt. Dieses 'Auf und Ab' erinnert an ihre Argumentation im Monolog (dazu Offermann 53) und an den unterdrückten Wunsch, Iason nach seinem Sieg zu umarmen (V.144-147).

ihre Worte jedoch auch jetzt plötzlich eine neue Wendung (V.174f):

...sed isto,
quod petis, experiar maius dare munus, Iason.

Die neuerliche seelische Konfliktsituation, entstanden aus dem Wunsch, die *pietas* Iasons zu unterstützen, aber auch den Gehorsam gegenüber der Göttin zu bewahren, mündet schließlich in einen außergewöhnlichen Plan, dessen exzeptionelle Bedeutung[28] durch die kontrastreiche Darstellung effektvoll unterstrichen wird (V.176-178):

arte mea soceri longum temptabimus aevum,
non annis tuis, modo diva triformis
adiuvet et praesens ingentibus adnuat ausis.

Die eigentliche Exposition zur Zauberhandlung wird also nicht in auktorialer Erzählweise gegeben, sondern durch Medeas eigene Worte aus subjektiver Sicht vermittelt. Dabei wird deutlich, daß es nicht einfach nur um eine weitere Anwendung der bereits gezeigten Zauberkraft geht: Die Zauberin Medea selbst ist sich des Erfolges nicht sicher, sie will lediglich versuchen - *experiar* (V.175), *temptabimus* (V.176) - Aeson zu verjüngen und sieht darin ein ungeheures Wagnis (V.178: *ingentibus ausis*). Die folgende Darstellung der Zauberriten erhält durch diese Zweifel hinsichtlich des Gelingens eine ganz besondere Bedeutung, da sich für den Rezipienten einerseits die Frage erhebt, wie Medea vorgehen wird, andererseits sein Blick dadurch bereits jetzt auf das in Frage gestellte Ergebnis des unheimlichen Vorhabens gerichtet wird[29]. Dessen Ziel wird im weiteren Verlauf immer wieder ins Gedächtnis gerufen durch die vorausdeutenden kleineren Verjüngungswunder (V.236f: Verjüngung der Drachen; V.279ff: des Olivenzweiges). Ovid zieht so einen klaren dramatischen Spannungsbogen[30] von der Vorgeschichte zum Ausgang der Handlung und gibt ihr damit eine starke innere Geschlossenheit.

---

[28] Das Handlungsziel, nämlich die Verjüngung, weicht auffällig von den üblichen Zwecken magischer Riten, wie Liebeszauber, Sühne oder Nekromantie ab. Die besondere Originalität, die in der Wahl dieses außergewöhnlichen Zweckes der Zauberei liegt, wird auch betont von Tupet, Magie 402: "Celui-ci diffère nettement des thèmes que traitent les autres poètes", die jedoch nicht beachtet, daß dieser Gegenstand durch die Tradition des Medea-Mythos vorgegeben ist.

[29] Pfister 143 spricht dabei von der "Wie-Spannung' = 'Spannung auf den Gang' und 'Was-Spannung' = 'Spannung auf den Ausgang".

[30] Diese Spannung, die "gerade in dramatischen Texten häufig eine dominante Wirkungsintention" (Pfister 142) besitzt, ergibt sich laut Pfister nicht nur aus der partiellen Informiertheit des Rezipienten, der ja in diesem Fall den Mythos kennt und daher im voraus Hypothesen über den Verlauf bilden kann, sondern auch aus der partiellen Informiertheit der Figuren, hier vor allem Medeas, die weiß, was sie tun will, jedoch nicht, ob sie Erfolg ha-

Nach dieser direkten und dadurch dramatisierten Ankündigung des Zauber-
aktes läßt Ovid sogleich die umfangreiche und detailliert beschriebene Ausführung folgen (V.179-293). Die zuvor begonnene Opferszene (V.159f) wird erzählerisch nicht mehr zu einem Abschluß gebracht.

2.2. Magische Praktiken

Eingeleitet wird die Zauberdarstellung von Ovid durch eine umfangreiche
Zeitangabe, die sie in Bezug zu dem vorhergehenden Dialog setzt (V.179-182):

> *Tres aberant noctes, ut cornua tota coirent*
> *efficerentque orbem. postquam plenissima fulsit*
> *et solida terras spectavit imagine luna,*

Drei Nächte muß Medea nach ihrem Gespräch mit Iason warten, bis
schließlich eine Vollmondnacht den passenden Hintergrund für die Durchführung ihres Planes schafft. Da in der bisherigen Handlung ein nachrechenbares
Zeitgerüst nicht erkennbar[31] und für die vorausgehende Opferszene die Tageszeit der Handlung unklar geblieben war, ist auch jetzt die Zeitangabe in Hinsicht auf den Gesamtablauf bedeutungslos. Vielmehr dient sie wiederum der
effektvollen Eröffnung der Szene[32] und der Einstimmung auf das folgende magische Ritual, da die am Versanfang betonte 'Drei' und die in epischer Breite
(V.179-181) umschriebene Vollmondphase ihren festen Platz in der Schilderung magischer Vorgänge haben[33].
    Räumliche Kontinuität ist nicht zu erkennen: Hatte Medea zuvor den Opfer-
feiern beigewohnt, so tritt sie nun aus einem Haus ins Freie (V.182: *egreditur
tectis*). Das nicht genauer definierte Gebäude spielt für die weitere Handlung
keine Rolle, es erfüllt hier gleichsam die Aufgabe einer Kulisse, aus der der
Auftritt der Hauptakteurin erfolgt. In ähnlicher, an das Drama erinnernder
Weise wurde bereits zuvor der Abgang Iasons nach dem Gespräch am Tempel
beschrieben (V.99: *in tecta recessit*).
    Über den eigentlichen Schauplatz der Zauber-Szene erfahren wir zunächst
nur, daß er unter freiem Himmel[34], eben außerhalb jenes *tectum* liegt. Daß

---

ben wird (vgl. ders. 142f). Die Intensität des Spannungspotentials hängt außerdem vom
Identifikationgrad des Rezipienten mit dem Helden ab (ders.143), der hier durch die personale Erzählweise, verbunden mit der Innensicht, erreicht wird (vgl. insgesamt Pfister 143ff).

[31] Vgl. o. bes. S.76ff.

[32] Wie schon V.100, vgl. dazu o. S.77.

[33] Zur Dreizahl vgl. oben S.98 mit Anm.81. Viele Zauberhandlungen z.B. das Sammeln
von Zauberkräutern sind abhängig von bestimmten Mondphasen, vgl. Pease zu Aen. 4,514
mit Lit., zum Vollmond auch Tupet, Magie 92-103.

[34] Zauberrituale finden üblicherweise im Freien statt, vgl. Luck, Hexen, 19.

dennoch die äußere Handlung in dieser Szene deutlich an Bedeutung gewinnt, zeigt sich aber bereits an der Tatsache, daß der Leser an dieser Stelle zum erstenmal in der Medea-Episode eine Beschreibung von Medeas Äußerem bekommt. Das Erscheinungsbild steht dabei in starkem Kontrast zu der Schilderung, die uns Apollonios vom Aussehen Medeas gibt[35]. Dort bindet Medea sich das Haar hoch, trägt einen mit einer Spange geschlossenen Mantel und hat das Haupt mit einem Schleier bedeckt (Arg. 3,828ff). Die ovidische Medea dagegen hat, entsprechend der Handlung, die typische Gestalt einer agierenden Hexe: das Haar ist aufgelöst und unbedeckt, das Kleid ungegürtet, die Füße nackt (V.182f)[36]. In der Person Medeas werden somit die Merkmale zusammengefaßt, die bei Vergil verteilt sind auf die Zauberin, deren Haare offen sind (Aen. 4,509), und Dido, die während der Zeremonie barfuß und mit gelöstem Kleid am Altar steht (Aen. 4,518) und so zwar an den Ritualen teilnimmt, nicht aber Hauptakteurin ist.

Im Gegensatz zu Vergil konzentriert Ovid seine Darstellung auch jetzt, da die Außensicht dominiert, ganz auf die Person Medeas und schafft damit die Verbindung zu den vorausgehenden Handlungsabschnitten, in denen er ebenfalls, wenn möglich, auf Nebenfiguren verzichtet hatte[37]. In dieser Szene bedeutet die ausdrückliche Betonung der schon durch die Überlieferung vorgegebenen Tatsache, daß Medea *incomitata* (V.185) ist, zugleich ein Abrücken von den traditionellen Schilderungen, in denen die Mithilfe einer zweiten Person oder Assistentin bei den Zauberhandlungen durchaus die Regel ist: In Vergils 8.Ekloge steht Amaryllis der Zauberin bei (Buc.8,77); Horaz' Canidia wird von Sagana oder Veia begleitet (epod. 5,25; serm.1,8,25).

Besonders betont wird die Einsamkeit Medeas zusätzlich durch die anschauliche Umschreibung der mitternächtlichen Stille, die auffällige Parallelen zu traditionell epischen Mitternachtsschilderungen[38] wie z.B. derjenigen im 4.Buch der Aeneis zeigt. Vergil vermittelt dort einen universellen Eindruck von ruhender Natur in der Mitte der Nacht (Aen. 4,522ff)[39]: ... *silvaeque et saeva quierant/aequora,.../cum tacet omnis ager, pecudes pictaeque volucres.*

---

[35] Zum Äußeren Medeas bei Apollonios vergleiche Hübscher 23f.

[36] Knoten und Bänder stören die Wirkung der Magie, vgl. Pease zu Aen.4,509; Luck Anm. 32.

[37] So fehlt während der Kolchishandlung anders als bei Apollonios der Beistand der Schwester Chalkiope ebenso wie die Dienerinnen, die sie zum Tempel begleiten, vgl. o. S.31.61.

[38] Beschreibungen mitternächtlicher Ruhe haben ihren Ursprung bereits bei Homer: so ist z.B. in der Ilias eine Nacht beschrieben, in der alle Helden vom Schlummer umfangen sind und allein Agamemnon voll Sorgen wacht (Il. 10,1-4). Apollonios zeichnet in hellenistischer Kleinmalerei ein Bild nächtlicher Stille, in der unterschiedliche Menschen, Wanderer, Wächter, selbst Mütter verstorbener Kinder, vom Schlaf übermannt werden (Arg. 3,744ff).

[39] Der Frieden dieser Nacht dient Vergil dazu, die Einsamkeit Didos zu zeigen, die verzweifelt wach liegt und deren Kummer in der allgemeinen Stille noch stärker wird, vgl. Klingner, Virgil 455 u. Pease ad loc.

Ovid schließt sich zwar in der Art der Schilderung eng an diese Vorlage an, indem auch er die Stille der gesamten Natur beschreibt (185-186)[40]:

> ... *homines volucresque ferasque*
> *solverat alta quies: nullo cum murmure serpens*[41]
> *inmotaeque silent frondes, silet umidus aêr;*

verfolgt damit jedoch einen völlig anderen Zweck als Vergil, der ja die Verzweiflung der ruhelosen Dido veranschaulichen will[42]. Hier in den Metamorphosen erhält die Darstellung des üblicherweise in der Nacht stattfindenden magischen Rituals durch die feierliche Beschreibung der ruhenden Natur einen 'epischen' Rahmen. Die inmitten einer absoluten Bewegungslosigkeit und Stille[43] umherschweifende Medea verkörpert eine geradezu unheimliche Macht - sie beherrscht gleichsam die schlafende Natur[44].

Die vorhergehenden Informationen über Medeas Aussehen (V.182f) werden dabei erweitert durch die anschauliche Beschreibung ihrer Gebärden und Posen: sie streckt die Arme aus (V.188), wendet sich um (V.189), sinkt auf die Knie und öffnet den Mund zum Gebet (V.190f). Erstmals gewinnt der Leser einen genauen Eindruck der nach außenhin sichtbaren Aktionen Medeas, einen Einblick in ihre Gedanken und Beweggründe erhält er jedoch jetzt nicht mehr. Die bisher dominierende unmittelbare Innensicht wird ersetzt durch eine ebenso intensive Darstellung äußerer Handlung, in deren Zentrum die Zauberin Medea steht, ein Gesichtspunkt, der zuvor eher vernachlässigt worden war. Das Bild, das uns hier von der Gestalt der Zauberin vermittelt wird, muß aber durchaus nicht im Widerspruch zu dem der Liebenden stehen - im Gegenteil ist ja durch die Beschreibung der Motive Medeas, den Verjüngungszauber zu vollziehen, die einheitliche Charakterisierung erkennbar geworden[45] -,

---

[40] Zu dieser Mitternachtsschilderung vgl. Betten 66f, die ebenfalls eine enge Beziehung zu Verg. Aen. 4,522ff feststellt.

[41] Der Text von V.186f ist in folgender Form überliefert:

> 186:   *solverat alta quies: nullo cum murmure serpit;*
> 186a: *sopitae similis, nullo cum murmure serpens.*

Da es sich hierbei offenbar um eine Verdoppelung des Verses handelt, lesen die meisten Ausgaben unter Weglassung eines Verses: *solverat alta quies; nullo cum murmure serpens*; vgl.dazu Mendner 42 und Bömer ad loc.

[42] Ovid selbst verwendet das Motiv in dieser Form bei der Schilderung der verliebten Myrrha (Met. 10,368ff).

[43] Tupet, Magie 406 zeigt, wie Ovid hier eine vollständige Beschreibung der Natur gibt, aufsteigend von der Erde bis zum Himmel, mit Medea im Zentrum.

[44] Vgl. S.Viarre, L'orginalité de la magie d'Ovide dans les 'Metamorphoses', in: ACO, Rom 1959, 336 über die besondere Bedeutung der Natur und der Naturgottheiten bei der Darstellung von Medeas Zauberritus.

[45] Das Bewußtsein der eigenen *impietas* bewegt sie dazu, vgl. o. S.107.

verschoben hat sich lediglich die Blickrichtung, aus der die Gestalt betrachtet wird, jetzt nämlich aus der Perspektive der Außensicht.

Auch das folgende Gebet Medeas (V.192-219), das in direkter Rede wiedergegeben wird, läßt nichts mehr von ihren Gefühlen erkennen, sondern hebt ihre bisherigen Taten hervor und ist vor allem daraufhin ausgerichtet, die Zustimmung der Götter zu erreichen. Dabei lassen sich vier Hauptabschnitte unterscheiden:

Medea beginnt gemäß dem üblichen Gebetsritus mit einer *invocatio* der Götter[46], von denen sie Beistand erhofft (V.192-198). Daran schließt sich eine längere Aufzählung der Fähigkeiten, über die die Zauberin Medea dank der Hilfe der Götter verfügt (V.199-209). Nachdem sie dann konkret auf den Dienst hingewiesen hat, den ihr die Zaubergottheiten beim Kampf Iasons und der Gewinnung des Vlieses erwiesen haben (V.210-214), kommt sie schließlich zum eigentlichen Gegenstand ihrer Bitte (V.215-217), deren Erfüllung sich sogleich ankündigt (V.217-219).

Im Mittelpunkt der von Medea gerufenen Götter steht Hecate (V.194f), deren Priesterin Medea bereits in Kolchis war und die die wichtigste Schutzgöttin der Zauberei ist[47], so daß sich z.B. auch die Priesterin der Aeneis an sie wendet (Aen. 4,511). Danach folgt jedoch nicht, wie vielleicht zu erwarten wäre, eine lange Aufzählung aller bekannten Unterweltsgötter[48]. Stattdessen wendet sich Medea an ihre nächste Umgebung und betet zur Nacht, die sie umschließt (V.192), zu den Sternen (V.193), zu denen sie die Arme ausgestreckt hat (V.188), und zur Erde (V.196), auf der sie kniet (V.191), außerdem zu den Winden, den Gewässern (V.197), Wäldern und schließlich, um niemanden zu vergessen, zu allen Göttern der Nacht (V.198). Das zuvor von Ovid so eindrucksvoll beschriebene Bild der ruhenden Natur, in deren Zentrum Medea steht, wird damit noch einmal aufgenommen und verstärkt[49].

In der langen Reihung der Beispiele, die die Macht Medeas demonstrieren, verwendet Ovid Topoi, die in der Literatur in diesem Zusammenhang regelmäßig auftreten[50]: Das Anhalten und Umwenden von Flüssen (V.199f), das Beherrschen der Meeresfluten und des Wetters (V.201f) und die Fähigkeit, die Erde erbeben zu lassen (V.204f), gehören ebenso zu den traditionellen Hexen-

---

[46] Der Aufbau des Gebetes folgt in groben Zügen der für Gebet bzw. Hymnos üblichen Abfolge von Anrufung, Verherrlichung und Bitte, ist aber inhaltlich eine "freie Erfindung Ovids", so Haupt / Ehwald / v.Albrecht, Komm. ad loc. Vgl. dazu auch Anderson, Komm. ad loc.

[47] Vgl. o. S.61 mit Anm.10 und allgemein Th.Kraus, Hekate, Heidelberg 1960 und Pease zu Aen. 4,511.

[48] Zu den zahlreichen Schutzgöttern der Zauberei vgl. Tupet, Magie 11f.

[49] Tupet, Magie 407 sieht in dieser Aufzählung ein Zeichen für eine rationale Sehweise der Magie ausgehend von den Kräften der Natur.

[50] Vgl. die zahlreichen Belegstellen bei Bömer ad loc. und Pease zu Aen. 4,489f, außerdem Luck 54.

künsten wie die Nekromantie (V.206) oder das Beherrschen der Gestirne (V.207-209)[51].

Schon in den Argonautica erzählt Argos den Helden davon, daß die Königstochter Medea Flüsse anhalten, Mond und Sterne fesseln könne (Arg. 3,528-533)[52]. In der Aeneis berichtet Dido ihrer Schwester Anna, daß sie eine Zauberin zu Rate ziehen wird, die in der Lage ist, Flüsse zu hemmen, den Lauf der Sterne zu ändern, Manen zu beschwören, die Erde aufstöhnen zu lassen und Bäume in Bewegung zu setzen (Aen. 4,489-491) - die Parallele zu den von Medea aufgezählten Taten ist nicht zu übersehen.

Die ovidische Besonderheit nun liegt nicht so sehr in der ungewöhnlichen Häufung dieser Motive als vielmehr in der Form ihrer Mitteilung.

Aus dem Munde Argos bzw. Didos, die an diesen 'Zaubertaten' nicht direkt beteiligt waren, sondern sie gleichsam als allgemeine Qualifikation einer Zauberin anführen, klingen sie wie kaum glaubliche Gerüchte. Hier jedoch spricht die Zauberin Medea selbst mit großem Selbstbewußtsein von Vorgängen, die ihrem eigenen Willen unterstehen (V.199: *cum volui...*). Die Darstellung dieser Fähigkeiten durch ihre Besitzerin selbst aus personaler Sicht sowie die Tatsache, daß Medea sie im Gebet als Argumente gegenüber den Göttern verwendet, lassen die Wunder sehr viel authentischer wirken und erlauben keinen Zweifel an der Glaubwürdigkeit. Sie verstärken den Eindruck von Medeas ungeheurer Macht.

Ist bereits die Bezeichnung des durch Hexenkunst erbleichenden Sonnenwagens als *currus ...avi* (208f) individuell auf die Person Medeas und die spezifische magische Handlung zugeschnitten, so sind die folgenden Beweise ihrer Zauberkraft (V.210) überhaupt nicht mehr auf andere Hexen zu übertragen: Sie nehmen noch einmal die vorausgehende Kolchishandlung auf, so daß auch jetzt wieder, wie zuvor bei der Exposition[53], eine enge Verbindung zwischen beiden Handlungsabschnitten geschaffen wird und der Verjüngungszauber mit den auf Kolchis zur Unterstützung Iasons vollbrachten Zauberhandlungen in eine Reihe gestellt wird.

Zuvor im Monolog hatte Ovid die Aufgaben, die Aietes den Argonauten auferlegt hatte, aus der Sicht des verliebten Mädchens vor allem im Hinblick auf die Gefahr für Iason und die Möglichkeit Medeas, ihm zu helfen, dargestellt (V.29). Dann, direkt im Augenblick der Durchführung, stand vor allem die Angst der Zuschauerin Medea im Vordergrund (V.100ff). Bereits dort ist am Rande auf die wesentliche Rolle der Götter bei der Bewältigung der Aufgaben hingewiesen worden: Nach Iasons Sieg dankt Medea den Urhebern ihrer Zauberkunst (V.148). Jetzt, in der besonderen Situation des Gebetes, werden

---

[51] Zu der besonders hervorgehobenen Fähigkeit, den Mond herabzuziehen, die den Hexen auffällig häufig zugesprochen wird, vgl. Tupet, Magie 92-103 = Kapitel 7, La descente de la lune.

[52] Vgl. o. S.97ff zu V.154.

[53] Dort vor allem durch das Motiv der *pietas*, vgl. o. S.107f.

die Aufgaben noch einmal aufgezählt und dabei verstärkt die rituellen Domi-
nanten und das Ziel des Gebetes berücksichtigt. Die Götter erscheinen dabei
selbst als Handelnde. Nicht nur das Unterjochen der Stiere (V.210f) und das
Verzaubern des Drachen (V.213) werden unmittelbar als ihre Taten hingestellt, sie sind es auch gewesen, die, so Medea, den Bruderkrieg zwischen den
Erdgeborenen ausgelöst haben (V.212) - ein Umstand, den Ovid zuvor verschwiegen hatte - und schließlich auch das goldene Vlies nach Griechenland
zurückgebracht haben (V.213f):

> ...*aurum*
> *vindice decepto Graias misistis in urbes.*

Die neuerliche Aufzählung der Aufgaben dient also nicht nur der Geschlossenheit der Gesamthandlung, sondern hat gleichzeitig eine feste inhaltliche
Funktion innerhalb der Szene selbst: Gleichsam in einer *captatio bene-
volentiae*[54] soll die Betonung ihrer Verdienste[55] den Göttern schmeicheln und
ihnen dadurch ein weiterer Gefallen abgerungen werden. In offensichtlichem
'rhetorischen' Kalkül, mit dem Medea bereits im Monolog versucht hatte, sich
selbst zu überreden[56], wird schließlich das eigentliche Anliegen Medeas, dessen Ungeheuerlichkeit sie zuvor selbst hervorgehoben hatte[57], so dargestellt,
daß es im Verhältnis zu den bisher genannten Leistungen der Götter, deren
Aufzählung 16 Verse beansprucht (V.199-214), wie die Bitte um einen zusätzlichen kleinen Gefallen wirkt (V.215f):

> *Nunc opus est sucis, per quos renovata senectus*
> *in florem redeat primosque reconligat annos.*

Noch während sie diese Bitte ausspricht, erkennt Medea bereits, daß sie
nicht vergeblich gebetet hat[58] - als Zeichen der göttlichen Zustimmung blinken

---

[54] Das "Lob des Adressaten" dient als rhetorisches Mittel dazu, sein Wohlwollen zu gewinnen, vgl. Lausberg 158f.

[55] Im Gegensatz dazu werden in entsprechenden Rückblicken auf das Kolchisabenteuer bei
Euripides (Med. 476), Apollonios (Arg. 4,4,364ff) oder in den Heroides (Ov. Her.
12,93ff), die sich vorwurfsvoll gegen Iason richten, vor allem Medeas eigene Verdienste in
den Vordergrund gestellt. Hier jedoch geht es nicht darum, Iason zu Treue und Dankbarkeit
zu verpflichten, sondern das Ziel der Rede ist es, die Götter noch einmal zur Mithilfe zu
bewegen.

[56] Medea zeigt dort geradezu sophistisches Geschick, indem sie das Unterlassen der Hilfe
einem aktiven Ermorden Iasons gleichsetzt; vgl. dazu oben S.44f.

[57] Vgl. V.175f; dazu oben S.109.

[58] Dieser Umstand wird stilistisch betont durch die Anadiplose des verneinten *frustra*
(V.217f).

die Sterne, und der Drachenwagen erscheint (V.217-219):

> *et dabitis! neque enim micuerunt sidera frustra*
> *nec frustra volucrum tractus cervice draconum*
> *currus adest.*

Mit dieser Feststellung unterbricht Medea sich selbst bzw. ihr Gebet. Ihre letzten Worte werden zum Monolog, mit dem sie ein sich gleichzeitig vollziehendes Geschehen aus personaler Perspektive kommentiert. Ovid wählt damit für die Mitteilung der Gebetserhörung eine mimetische Form der Darstellung[59]. Nicht der Erzähler hält den Leser über das äußere Geschehen auf dem Laufenden, sondern Medea selbst setzt ihn über die während ihres Gebetes erfolgte Szenerieveränderung in Kenntnis[60] und kann ihm damit gleichzeitig erläutern, welche Bedeutung diese Veränderung für sie hat. Eine solche Form "gesprochener Handlung"[61] hat ihren Ursprung im Drama, in dem ja die Möglichkeit eines Erzählerberichts nicht gegeben ist. Sie dient dort dazu, die Situation des Sprechenden zu spezifizieren und stellt zudem eine implizite Inszenierungsanweisung dar[62]. So erfährt man auch in der Medeatragödie des Euripides, die Ovid hier sicher zum Vorbild hat, von dem Erscheinen des Drachenwagens durch die Worte, die Medea an Iason richtet (V.1321f)[63]:

> τοιόνδ᾽ ὄχημα πατρὸς Ἥλιος πατὴρ
> δίδωσιν ἡμῖν, ἔρυμα πολεμίας χερός.

> *Ein solches Fahrzeug gab mir Helios, der Vatersvater...*

Eine der ovidischen Darstellung vergleichbare Ankündigung der Gebetserhörung[64] noch während des Gebetes selbst findet sich in Senecas Medeatragödie (V.785): Medea berichtet von dem Dröhnen der Altäre, durch das sie die Zustimmung der Göttin erkennt[65].

---

[59] Zur Unterscheidung von mimetischer und diegetischer Erzählweise vgl. Stanzel 191f; zum Mimesis-Begriff der Antike vgl. Fuhrmann bes. 72ff.

[60] Vgl. W.Albert, Das mimetische Gedicht in der Antike, Ffm 1988, 24f, der in dem Bezug des Sprechenden auf Vorgänge oder Geschehnisse, "die sich während des Sprechens in der Szenerie ereignen und eine Szenerieveränderung bewirken", das Hauptmerkmal eines mimetischen Gedichtes sieht.

[61] Pfister 24: "Dramatische Rede als Sprechakt konstituiert jeweils ihre Sprechsituation...".

[62] Vor allem im antiken Drama läßt sich so die gesamte Bühnenaktion weitgehend aus dem eigentlichen Text erschließen; vgl. Pfister 37.

[63] Vgl. auch Sen. Med. 1022: *patuit in caelum via: / squamosa gemini colla serpentes iugo / submissa praebent.*

[64] Zur Gebetserhörung als einer in mimetischen Gedichten häufig dargestellten Situation vgl. Albert 233 mit weiteren Beispielen.

[65] Ähnliche Darstellungsformen begegnen auch in der Elegie; vgl. dazu Albert passim, der die einzelnen römischen Elegiker auf diesen Aspekt hin untersucht. Ovid selbst verwendet

Das auffällige Streben Ovids nach Dramatisierung, das im vorhergehenden Handlungsabschnitt vor allem dazu diente, die Gefühle und die subjektive Sichtweise Medeas in den Vordergrund zu stellen, dient in dieser Szene, in der die äußere Handlung dominiert, in effektvoller Weise dazu, das Augenmerk des Publikums auf ein außergewöhnliches äußeres Geschehen zu richten. Üblicherweise werden derartige Veränderungen der Szenerie vom Erzähler direkt mitgeteilt, die hier vorliegende mimetische Form ist im Epos sehr selten[66]. Die Dido der Aeneis nimmt in ihren Reden niemals auf gleichzeitige äußere Ereignisse Bezug, sondern nur auf vorausgehende: Die Tatsache z.B., daß der Hafen leer ist und die Flotte der Aeneaden aufs Meer hinaussegelt, wird, bevor sich die Königin in ihrer Rede darauf bezieht, in neutraler Erzählung mitgeteilt (Verg. Aen. 4,587f). Ovid selbst läßt zwar in den Metamorphosen mehrfach in Personenreden Einzelheiten zur äußeren Szenerie einfließen, kombiniert dabei jedoch oft die mimetische mit der diegetischen Darstellung, indem der Erzähler die Andeutungen seiner Figuren noch einmal ausdrücklich - häufig in Parenthese - bestätigt[67]. Auch jetzt wird, nachdem der Leser den Drachenwagen gleichsam mit den Augen Medeas wahrgenommen hat, die Mitteilung über sein Erscheinen auch in der neutralen Erzählung nachgeholt (V.215)[68]:

aderat demissus ab aethere currus .

Durch diese Wiederholung wird der Erfolg, den Medea mit ihrem Gebet hat, nachdrücklich betont. Es ist der erste Hinweis darauf, daß sie mit ihrem gesamten Vorhaben erfolgreich sein wird[69], und lenkt so den Blick auf das eigentliche Ziel ihrer Zauberhandlung. Ovid vermeidet es, durch eine detaillierte Beschreibung dieses wundersamen Gefährtes eine Retardation des Handlungsablaufes herbeizuführen, und schließt in rasch fortschreitender Narration be-

---

sie dort vor allem in den Heroides: So unterbricht die schreibende Hero ein in ihren Brief integriertes Gebet an Neptun, indem sie, als günstiges Omen, das plötzliche Flackern der Kerze konstatiert, bei deren Licht sie schreibt (Her. 19,151ff; vgl. auch Her. 9,143ff: Deianira berichtet, wie sie während des Schreibens die Botschaft vom Tode ihres Gatten erhält; Her. 14,131f: Hypermnestra schreibt, wie ihr die gefesselten Hände vor Erschöpfung sinken.

[66] Vgl. Albert 225, der feststellt, daß im Epos bei Homer, Apollonios, Vergil und zumeist auch bei Ovid die Figuren in ihren Reden nur Bezug nehmen auf "statische Szeneriegegebenheiten oder ... Szenerieveränderungen, die schon vor Beginn der Rede eintreten".

[67] Met. 5.281f: *"nec dubitate, precor, tecto grave sidus et imbrem"* / *(imber erat) "vitare...*; vgl. auch Met.2,697.703; 7,659f u.ö., dazu Bernbeck 74f. mit Anm. 94 u. 96.

[68] Bernbeck 75 sieht in dieser von Ovid mehrfach verwendeten Form der nachgeholten Erläuterung geradezu "das Gegenteil von epischer Kontinuität", da solche Nachträge einen Bruch des Erzählflusses bewirken.

[69] Vgl. dazu Luck 62f.

reits den nächsten Satz mit der Feststellung, daß der Wagen sich mit Medea in die Luft erhebt (V.221: *sublimis rapitur*). Dabei behält der Erzähler weiterhin den Standort Medeas bei und berichtet, welcher Anblick sich von oben bietet (V.222f):

> *Subiectaque Thessala Tempe / despicit...*

Der Zweck dieses Fluges wird erst im weiteren Verlauf deutlich: Medea sucht nach den geeigneten Zauberkräutern für ihr Vorhaben und erntet sie den magischen Vorschriften entsprechend (V.226f: *radice revellit; succidit curvamine falcis aenae*)[70].

Üblicherweise sind bei der Beschreibung magischer Rituale die erforderlichen Ingredienzien bereits vorhanden[71] - ihre Herkunft wird nachträglich durch eine zusätzliche Erläuterung des Erzählers bzw. durch Einfügung eines Exkurses geklärt. Entsprechend erfahren wir in den Argonautica des Apollonios Rhodios erst, als Medea das Zaubermittel zum Tempel bringt, von dessen Beschaffenheit: In einem eigenständigen Exkurs wird vom Ursprung des Prometheussaftes und von der Zubereitung durch Medea berichtet (Arg. 3,845-866). Der eigentliche Handlungsgang wird durch den Einschub dieser unbestimmte Zeit zurückliegenden Episode unterbrochen[72].

Auch Vergil beschreibt zunächst die massylische Priesterin, die an den Altären steht und die entsprechenden Rituale ausführt (Aen. 4,509ff), und zählt dann die von ihr benötigten Zaubermittel auf, die sie offenbar schon früher vorbereitet hat oder ihren Vorräten entnimmt[73]. Im Verlauf dieser Aufzählung wird dann kurz berichtet, wie die jeweiligen Ingredienzien, unter anderem auch die Zauberkräuter, gewonnen werden (Aen. 4,513f):

> *falcibus et maessae ad lunam quaeruntur aenis*[74]
> *pubentes herbae nigri cum lacte veneni.*

Ovid dagegen macht die Beschaffung der Zauberkräuter zu einem bedeutenden Bestandteil der Haupthandlung. Bevor er den eigentlichen Zauberakt schildert, läßt er den Leser gleichsam an der Reise teilnehmen, die Medea zu diesem Zweck unternimmt - ein traditioneller Bestandteil literarischer

---

[70] Zur Bedeutung der bronzenen Sichel bei den magischen Riten vgl. Börner ad loc.; Tupet, Magie 35ff. und Pease zu Aen. 4, 513.

[71] So auch im ersten Teil der Medea-Handlung beim Einschläfern des kolchischen Drachen (V.152).

[72] Vgl. dazu Fränkel, Noten, 393, "Der Exkurs über die Droge", der feststellt, daß diese Versfolge "die laufende Ereignisfolge in zwei Fragmente zersprengt".

[73] Pease zu Aen.4, 513: "Rather the priestess-witch fetches from her store ritual ingredients previously laid up there..."

[74] Pease ad loc: "this verb and *quaeritur* in line 515 do not mean that the priestess or her attendants now set out to cull such herbs..."

Hexendarstellung erhält damit eine neue, stark dramatisierte Form[75]. Dabei verselbständigt sich die exzeptionelle äußere Handlung geradezu und bildet somit ein wirkungsvolles Gegengewicht zu der Verselbständigung der 'inneren Handlung' im ersten Abschnitt der Medea-Episode.

Die katalogartige Aufzählung der verschiedenen Handlungsorte, an denen die Kräuter gepflückt werden, ist nicht durchgehend geographisch geordnet[76]. Es soll keine nachvollziehbare Reiseroute wiedergegeben werden, sondern Ovid will vor allem die Vielfältigkeit der Stationen vermitteln, die von Medea aufgesucht werden: mit Hilfe ihres Gefährtes dringt sie vor bis zum Olymp (V.225) und kann die Pflanzen an den Ufern zahlreicher verschiedener Flüsse durchmustern (V.228-232).

Anders als bei entsprechenden geographischen Katalogen Vergils (vgl. z.B. Aen. 3,687-708: Reiseroute der Aeneaden)[77] werden die genannten Orte nicht einzeln charakterisiert, und auch ein übergeordneter Leitgedanke - bei Vergil die *laudes Italiae* - fehlt hier. Ovids Interesse gilt den Plätzen nur in Hinsicht auf ihren Beitrag zu Medeas ungewöhnlichem Zaubervorhaben.

Eine der Zutaten wird am Ende der Reihung durch eine auktoriale Bemerkung des allwissenden Erzählers besonders hervorgehoben (V.232f):

> *gramen / nondum mutato vulgatum corpore Glauci.*

Mit diesem Vorgriff auf ein späteres Geschehen wird die Diskrepanz zwischen erzählter und Erzähler-Gegenwart[78] ins Bewußtsein des Lesers gerückt. Ovid gibt in Durchbrechung der poetischen Fiktion gleichsam einen "Hinweis in eigener Sache": Die sagenchronologisch sehr viel später liegende Verwandlung des Glaucus, auf die er hier anspielt, wird von ihm im 13. Buch der Metamorphosen ausführlich erzählt (13,904-965). Zugleich ist damit indirekt die magische Wirksamkeit des besagten Grases erwiesen.

Sehr viel deutlicher zeigt sich diese Wirksamkeit aller gesammelten Kräuter an der wundersamen Veränderung der Drachen, die für diese Last als Zugtiere dienen (V.236f):

> *... neque erant tacti nisi odore dracones*
> *et tamen annosae pellem posuere senectae.*

Allein der Duft der Zutaten zeigt also den Erfolg, den später die fertige Mixtur erzielen soll. Der Gedanke an das eigentliche Ziel der Handlung wird somit beim Leser ständig wachgehalten, und der Teilvorgang des Kräutersammelns

---

[75] Diese Neuerung Ovids gegenüber der üblichen Darstellung bemerkt auch Tupet, Magie 404.

[76] Vgl. J.Gaßner, Die Kataloge im Römischen Epos, Augsburg 1972, 103.

[77] Vgl. Gaßner 58-61.

[78] Zu Erzählereingriffen dieser Art und der Beziehung von Erzählergegenwart und Handlung vgl. Lämmert 67-73.

wird durch diese ausdrückliche Vorausdeutung auf den positiven Ausgang der Verjüngung fest in den Gesamtablauf eingebunden[79]. Die Folgen sind eine deutliche Spannungssteigerung und eine Straffung der Handlungseinheit.

Dasselbe poetische Mittel wird von Ovid noch einmal, und zwar in gesteigerter Form, kurz vor Ende der Handlung angewendet. Er beschreibt anschaulich (V.279: *ecce*)[80], wie der trockene Olivenzweig, mit dem Medea den fertig zubereiteten Zaubersaft umrührt, plötzlich aufblüht und sogar Früchte trägt und wie auch die mit dem Saft bespritzte Erde wie im Frühling erblüht (V.279-284).

Zuvor jedoch sind, sobald Medea nach ihrem neuntägigen Flug (V.234f: *nona dies ... nonaque nox*) an den Ausgangsort zurückgekehrt ist, weitere Vorbereitungen notwendig.

Der Schauplatz wird auch diesmal nicht genauer charakterisiert. Medea befindet sich wieder unter freiem Himmel (V.239), außerhalb des Hauses (V.238: *citra limenque foresque*), das auch jetzt nur den Hintergrund der Szene bildet[81]. Ob während der folgenden Opferhandlungen noch andere Personen anwesend sind, wird nicht ausdrücklich berichtet. Aus der Tatsache, daß Medea später den Dienern befiehlt, sich zu entfernen (V.255), kann zwar auf ihre vorherige Anwesenheit geschlossen werden, ihre Rolle geht jedoch nicht über die von Statisten hinaus.

Wie es Iason und seinem Vater während der langen Abwesenheit Medeas ergeht, ist für den Zauberakt selbst unwichtig und wird deshalb nicht erläutert. Ovid verzichtet wie schon zuvor auf ein Nebeneinander verschiedener Handlungsstränge zugunsten einer durchgehend an den Standort Medeas gebundenen Darstellung. Aeson ist bereits in tiefen Schlaf versetzt, als Medea befiehlt, ihn zu ihr zu bringen, und wird ebensowenig zu einer handelnden Figur wie Iason, von dessen Gegenwart das Publikum erst in dem Augenblick in Kenntnis gesetzt wird, als Medea diesen auffordert, sich zurückzuziehen: Iason verläßt den Schauplatz und tritt von da an nicht noch einmal in Erscheinung. Diese Technik Ovids, das Schicksal der einzelnen Personen vor und nach ihrem 'Auftritt' nicht weiter zu verfolgen, verstärkt den Eindruck einer Bühnenszenerie.

Dominiert wird diese Szenerie ausschließlich von der Person Medeas, die uns jetzt nur noch als agierende Zauberin gezeigt wird. Entsprechend nimmt der Erzähler ihr gegenüber die Perspektive der Außensicht ein: Er berichtet anschaulich und detailliert ihr sichtbares Handeln, beschreibt auch noch einmal ihr Äußeres (V.257: *passis Medea capillis*), unterläßt jedoch den Einblick in ihre Gefühle ebenso wie jede Form direkter Redewiedergabe.

---

[79] Vgl. Lämmert 166f zur Ausgangsvorausdeutung.
[80] Zu Verwendung von *ecce* vgl. o. S.80 Anm.18.
[81] Entsprechend auch oben V.182, vgl. S.110.

Bei der Beschreibung der Opferhandlungen (V.240-250) und der Lustration
Aesons (V.258-261)[82] hält sich Ovid ebenso an die überlieferten literarischen
Topoi[83] wie bei der Aufzählung der zahllosen weiteren Ingredienzien für Medeas Zaubermixtur (V.264-278). Bei aller Fülle innerhalb dieser Darstellungen
umgeht er jedoch die Gefahr, den Leser mit einer wahllosen Anhäufung von
magischem Inventar zu überschütten, indem er auch bei der Auswahl und Variation der Motive bemüht ist, den ungewöhnlichen Zweck der magischen
Handlung, die Verjüngung nämlich, im Blickfeld zu behalten[84]. Das Ergebnis
ist eine umfangreiche aber sehr individuelle, genau auf die besondere Situation
zugeschnittene Ausgestaltung des Themas:
So wird neben dem üblichen Altar für Hekate hier ein weiterer für die Ju-
gend errichtet (V.341: *laeva parte Iuventae*), die Aeson zuteil werden soll. Das
Trankopfer aus Blut (V.245), Wein (V.246) und Milch (V.247) entspricht
zwar demjenigen, das Aeneas dem Schatten seines verstorbenen Vaters in der
Unterwelt darbringt (Verg. Aen.5,77ff), hat aber, in genauer Umkehrung, den
Zweck, die Unterweltgötter Pluto und Proserpina zu bitten, zunächst auf die
Seele Aesons zu verzichten[85].
Dem Zaubersaft, der die Verjüngung Aesons herbeiführen soll, werden neben den gesammelten Kräutern, die ihre Wirksamkeit bereits bei der Verwandlung der Drachen gezeigt haben (V.236f), zahllose weitere Zutaten bei-
gemischt (V.275: *mille aliis sine nomine rebus*), die nur zum Teil ausdrücklich
benannt werden. Dabei hat Ovid von den traditionellen Ingredienzien vor allem
solche ausgewählt, die Dauerhaftigkeit und Langlebigkeit oder Fruchtbarkeit
symbolisieren[86].
Nachdem auch das fertiggestellte Zaubermittel die erhoffte Wirkung bewiesen hat (V.279ff, s.o.) und damit ein deutliches Indiz für das Gelingen gegeben

---

[82] Der Greis wird jeweils dreimal auf drei verschiedene Arten gereinigt; zur Verwendung
der Dreizahl vgl. o. S.98, Anm.81.

[83] Vgl. das umfangreiche Material bei Bömer ad loc. sowie Tupet, Magie 403-406; Luck
63.

[84] Die bewußte Auswahl der Zaubermittel bemerkt bereits Tupet, Magie 405 und stellt sie
dem zusammenhanglosen Wirrwarr von Substanzen bei einer entsprechenden Szene Lukans
(Bel. civ. 6,670-680) gegenüber.

[85] Bömer ad loc. sieht in dieser Variation eines vergilischen Motivs eine Depravation des
römischen Ahnenkultes.

[86] Vgl. Tupet, Magie 406, die hinter der Rezeptur das Prinzip vermutet, daß die Zutaten
ihre Eigenschaften übertragen können. So sind nach Tupet die Steine (V.266: *lapides*)
Sinnbild für Unwandelbarkeit, die Sandkörner (V.267: *harenas*) verkörpern in ihrer unend-
lichen Zahl eine unendliche Folge von Lebensjahren (vgl. Met. 14,136), Tau (V.268:
pruinas) und Häute von Schlangen (V.272) sind Fruchtbarkeitssymbole. Der Hirsch, von
dem die Leber verwendet wird, sticht durch seine Lebenskraft hervor, die Krähe, deren
Kopf hinzugefügt wird, durch ihre Langlebigkeit (V.273: *vivacisque iecur cervi*; V.274:
ora caputque novem cornicis saecula passae).

ist, hat die Erwartungssteigerung des Lesers ihren Zenit erreicht. Ovid drängt
nun mit raschem Erzähltempo zum Höhepunkt der Handlung. Wurden Medeas
bisherige Tätigkeiten bis ins Einzelne beschrieben, so wird nun ohne ausma-
lende deskriptive Elemente sehr knapp berichtet, wie sie mit wenigen Hand-
griffen das Blut Aesons gegen ihren Zaubertrank austauscht. Sogleich folgt der
nach ovidischer Manier in einzelnen Phasen beschriebene Vorgang der Metamorphose eines Greises in einen Jüngling (V.288-293). Er beginnt bei der
Veränderung der äußeren Merkmale, wie Bart und Haare, und endet mit einem
Einblick in Aesons Bewußtsein (V.292f):

> ... Aeson miratur et olim
> ante quater denos hunc se reminiscitur annos.

Das Ergebnis der Verwandlung wird damit aus der Sicht des Betroffenen selbst
dargestellt. Der Erzähler nimmt dabei erstmals eine Perspektive ein, die ihm
die Innensicht im Bezug auf eine weitere Person neben Medea erlaubt. Gleichzeitig ist damit zwangsläufig sein Standort weiter von Medea entfernt[87]. Er
kehrt nicht noch einmal zu der anfangs dominierenden Innensicht seiner Hauptfigur zurück. Medea wird vor allem als Handelnde gesehen und es bleibt offen, was sie selbst über ihren Erfolg empfindet. Stattdessen wird mit psy-
chologischem Gespür angedeutet, was es für Aeson bedeuten muß, plötzlich
mit seinem eigenen, um 40 Jahre jüngeren Körper konfrontiert zu werden[88].

Diese Pointe bildet den Schlußpunkt der Szene und wird in ihrer Wirkung
nicht mehr durch eine Weiterführung der äußeren Handlung abgeschwächt.

---

[87] Vgl. Petersen 182, der feststellt, daß der Blickpunkt bzw. "point of view" eine Narrators
nicht sehr weit von der Figur entfernt sein könne, deren Inneres er kenne. Andererseits aber
müsse er "durchaus einen 'hohen' oder gar einen olympischen Standort besitzen, wenn er
z.B. das Innere vieler oder aller Figuren kennt".
[88] Vgl. H.-D. Voigtländer, Die Idee der Ich-Spaltung und der Stil der Metamorphosen des
Ovid, in: FS Patzer, Wiesbaden 1975, bes. 195 zu den Verwandlungen, bei denen das Innere mit ergriffen wird und es zu Reflexionen über die eigene Verwandlung kommt.

3. Die Ammen des Liber

Zwischen die Darstellung der Verjüngung Aesons und den folgenden Handlungsabschnitt, der den Mord an Pelias zum Inhalt hat, fügt Ovid ein kurzes Verbindungsstück ein, indem er davon berichtet, daß der Weingott Liber Medea bei ihrem Tun beobachtet hat und nun von ihr die Verjüngung seiner Ammen als Geschenk erhält (V.294-296)[89]. In den wenigen Versen wird rückblickend noch einmal die Ungeheuerlichkeit dessen, was Medea vollbracht hat, hervorgehoben (V.294): Sogar in den Augen eines Gottes sind es *tanti miracula monstri*.

Vor allem jedoch wird in den Vordergrund gestellt, daß auch anderen, in diesem Falle Bacchus, der Wunsch nach dem gleichen Wunder erwächst, und daß Medea auch jetzt diesen Wunsch erfüllt. Ovid weckt damit die Erwartung auf eine Fortsetzung dieser Folge von Verjüngungswundern und bereitet so psychologisch auf den Wunsch der Peliastöchter vor, auch ihren Vater zu verjüngen.

---

[89] Die Quelle Ovids für diese Sage ist vermutlich ein verlorenes Satyrspiel des Aischylos; vgl. dazu Lesky, Art. Medeia, Sp.39,36 und Bömer ad loc.

4. Der Mord an Pelias

4.1. Verknüpfung mit der Gesamthandlung

Eine sehr viel größere Bedeutung als die Verjüngung Aesons hat innerhalb der Überlieferung der Medeasage bis zu Ovid die Ermordung des Pelias auf Betreiben Medeas[1].

Bereits Euripides nimmt dieses Motiv in sein Drama auf. Bei ihm ist der Mord an Pelias der Grund für die Flucht Iasons und Medeas nach Korinth. Im Prolog seines Medeadramas spricht die Amme den Wunsch aus, daß Medea doch nicht die Peliastöchter überredet hätte, ihren Vater zu töten (Eur. Med. 9f). Das Motiv für dieses Verbrechen, auf das Euripides nicht näher eingeht, erfahren wir bei Apollonios Rhodios: Es ist die Rache dafür, daß Pelias unrechtmäßig die Herrschaft an sich gerissen und Iason in der Hoffnung, daß er nicht mehr zurückkehre, auf die Fahrt nach Kolchis geschickt hat (Arg. 1,5ff). Daß es Medea ist, die diese Rache ausführen soll, deutet Apollonios in Form einer Voraussage an, indem er mehrfach darauf hinweist, daß Hera die Absicht hat, Medea nach Iolkos fahren zu lassen, damit sie dem Pelias Unheil bringe (Arg. 3,1134ff u. 4,242f).

Ovid benutzt diese mythologischen Verbindungen jedoch nicht, wie zu erwarten wäre, um auch den Mord an Pelias als einen weiteren Dienst, den die Zauberin Medea ihrem Gatten erweist, auf eine Ebene mit den bisher geschilderten Taten zu stellen und somit über eine entsprechende Motivierung eng mit der vorhergehenden Handlung zu verknüpfen. Vielmehr fehlt jegliche Begründung für Medeas Besuch bei den Peliaden. Die Beziehung der Familie des Pelias zu Iason und Medea wird nicht erläutert, und entsprechend verschweigt Ovid die Schuld des Pelias gegenüber Iason. Das Publikum, dem der Zweck von Medeas betrügerischem Tun, der Mord an Pelias, zweifellos bekannt ist und das auch den Plan des Pelias kennt, der den eigentlichen Anlaß der Argonautenfahrt bildete, ist auf dieses Vorwissen angewiesen[2], da Ovid selbst keine kausale Verbindung zu dem vorausgehenden Abschnitt herstellt. Ebenso bleiben auch die zeitlichen[3] und räumlichen Zusammenhänge unbeachtet - mit

---

[1] Bömer ad loc.: "Aeson spielt in der Sage eine geringe Rolle, die Geschichte vom Tod seines Bruders Pelias durch die List der Medea war bis zu Ovids Zeit weitaus berühmter". Zur Überlieferung vgl. neben Bömer auch Lesky, Art. Medeia, RE 41f; Seeliger, Art. Medeia, Roscher 2491f; K.v.Fritz, Die Entwicklung der Iason - Medea - Sage und die Medea des Euripides, A & A 8, 1959, 33-106, hier 36f.

[2] Zu der Tendenz Ovids, das Vorwissen des Lesers mit einzubeziehen, vgl. Bernbeck 79f u. o. S.25, Anm. 9.

[3] Der zeitliche Abstand zwischen Aesons Metamorphose und der im Anschluß geschilderten Ankunft Medeas bei den Peliaden (V.297f) bleibt völlig unklar. Daß es ihr gelingt, die Freundschaft der Schwestern tempore parvo (V.300) zu erringen, ist ein sehr relativer Begriff, der jede Deutung zuläßt. Danach fehlt bis zum Beweis von Medeas Fähigkeiten durch

der Folge, daß zwischen beiden Szenen ein deutlicher Bruch im äußeren Handlungsablauf entsteht[4]. Gemeinsam ist beiden Szenen aber, daß die Darstellung der Zauberin Medea und ihrer Taten im Zentrum des Interesses steht. Während diese Taten im vorhergehenden Handlungsabschnitt jedoch letztlich einem 'guten Zweck' dienten und sorgfältig durch den Dialog motiviert wurden, verzichtet Ovid darauf, entsprechend dem Motiv der Liebe im ersten Abschnitt und demjenigen der Rührung über die *pietas* ihres Gatten bzw. dem der Reue über die eigene *impietas* bei der Verjüngung Aesons[5], nun die Rache zum Movens ihres Handelns zu machen und somit die eindeutig verbrecherische Tat psychologisch zu erklären. Die zuvor auffällig geschlossene Charakterisierung einer vom Bewußtsein moralischer Werte geprägten Medea gerät vielmehr vollständig aus dem Blickfeld, und Medeas möglichen inneren Beweggründe für die Tat bleiben unbeachtet. Daß der Erzähler jetzt darum bemüht ist, weder Mitgefühl noch Verständnis für Medea aufkommen zu lassen, und ihre Taten von nun an nur nach der äußeren Wirkung beurteilt, ohne nach den Motiven zu fragen, zeigt sich deutlich an der überschriftartigen Ankündigung *neve doli cessent...* (V.297), mit der nicht nur alle kommenden Handlungen als hinterlistig charakterisiert werden, sondern rückwirkend auch das vorhergehende Geschehen in diesem neuen Licht erscheint. Die *doli* Medeas sind es denn auch, die Ovid zum Ausgangspunkt nimmt für seine eigene originelle und neuartige Verknüpfung des Pelias-Mordes mit dem vorausgehenden Handlungsabschnitt.

Die besagte List Medeas besteht darin, daß sie den Wunsch der Peliaden weckt, ihren Vater ebenso verjüngen zu lassen, wie dies zuvor mit Iasons Vater (und den Ammen des Liber) geschehen ist, und sich damit die Gelegenheit zur Ausführung des Mordes verschafft. Ebenso wie Medea den Peliastöchtern eine genaue Entsprechung zwischen der Verjüngung des Aeson und der des Pelias vortäuscht, spielt auch Ovid seinem Publikum eine Parallelität der Darstellung vor. Da jedoch der Leser den Ausgang kennt und sich somit des entscheidenden Unterschiedes bewußt ist, liegt von Anfang an offen, daß es sich nur um den vordergründigen Anschein von Parallelität handelt. Der Pelias-Mord, der auf diese Weise gleichsam die 'dunkle Seite' der Hexe Medea ihrer

---

die Verwandlung eines Widders (V.312-321) jede zeitliche Einbindung, so daß der Zeitraum von drei Tagen, die nach dieser Verjüngung bis zum Mord vergehen (V.324: *ter iuga ...*), hinsichtlich einer zeitlichen Einordnung völlig belanglos ist, da auch hier ein Bezugspunkt fehlt.

[4] Vielfach wird dieser Bruch bereits nach der Kolchishandlung gesehen, vgl z.B. Galinsky 65. Dagegen spricht, daß die Motivierung Medeas und die Beschreibung ihrer Reue über die eigene *impietas* über die Innensicht geschehen und somit der Darstellungsweise ihrer moralischen Haltung während des Monologs entsprechen.

[5] Der Gedanke an den Verrat an ihrem Vater ist es, der das Verständnis Medeas für den Wunsch Iasons erweckt, das Leben seines Vaters zu verlängern; dazu und zu der deutlichen Verknüpfung mit der Kolchishandlung vgl. o. S.106.

früheren Charakterisierung gegenüberstellt, wird so zum trügerischen Spiegelbild der vorhergehenden Szene, wobei sich Ovid in überdeutlichen sprachlichen Parallelen geradezu selbst zitiert.

So wird am Anfang der Episode die Figur des Pelias ebenso wie zuvor die
des Aeson (V.162) mit Hilfe des Motivs der Abwesenheit eingeführt: da Pelias
Medea nicht empfangen kann, tun dies seine Töchter (V.299f). Begründet wird
dies hier wie dort mit dem außergewöhnlichen Alter des Betreffenden (V.299):
gravis ipse senecta est [Pelias] - (V.163): *fessusque senilibus annis* [Aeson].

Vor der eigentlichen Verjüngung des Aeson hatten mehrere 'kleine' Verjüngungswunder - die Häutung der Drachen (V.236f), die Verwandlung des Olivenzweiges (V.279-281) - die Wirksamkeit der Zaubermittel bewiesen und den
Erfolg des Vorhabens vorausgedeutet. Entsprechend ist auch jetzt die anschaulich beschriebene Verjüngung eines Widders (V.317-321) ein Beweis für
die Fähigkeiten der Zauberin und scheint, zumindest aus der Sicht der Peliastöchter, ein gutes Vorzeichen im Hinblick auf die geplante Verjüngung des
Pelias zu sein.

In beiden Fällen vergehen drei Tage vom Entschluß, die Verjüngung durch-
zuführen, bis zum Beginn dieser Durchführung (V.179; V.324)[6]; außerdem
herrscht während beider Zauberhandlungen sternenklare Nacht: V.188: *sidera
sola micant* - V.325: *nocte micabant sidera*.

Pelias wird ebenso wie Aeson vor dem Ritual durch Zaubergesänge in einen
todesähnlichen Schlaf versenkt; von Aeson heißt es (V.253f):

> *...in plenos resolutum carmine somnos*
> *exanimi similem stratis porrexit in herbis.*

Damit sind folgende, Pelias betreffende Verse zu vergleichen (V.328ff):

> *iamque neci similis resoluto regem*
> *et cum rege suo custodes somnus habebat,*
> *quem dederant cantus magicaeque potentia linguae.*

Dabei zeigt sich die doppelte Bedeutung dieses Vergleichs eines Schlafenden
mit einem Toten erst im zweiten Fall, da er gleichzeitig einen Vorverweis auf
den wirklichen Tod des Pelias in sich birgt.

Die Übereinstimmung mit der Aeson-Verjüngung ist selbst noch bei dem ei-
gentlichen Mord gewahrt: Medea hatte die Kehle des Aeson *stricto ense*
(V.285f) geöffnet, um das alte Blut herauszulassen und die Adern mit den
Säften zu füllen (V.286f):

> *...veterem exire cruorem*
> *passa replet sucis...*

---

[6] Für das Zeitgerüst ist diese Spanne beide Male ohne Belang (s.o. S.110). Vielmehr ist sie
bereits Teil des magischen Rituals, was durch die Bedeutung der Drei-Zahl unterstrichen
wird.

Dem entsprechend fordert sie die Peliaden auf (V.333f):

> *stringite' ait 'gladios veteremque haurite cruorem,*
> *ut repleam vacuas iuvenali sanguine venas.*

und veranlaßt damit die noch immer Ahnungslosen zum Mord an ihrem Vater.

Die deutlichen, zum Teil wörtlichen Anklänge in zwei direkt aufeinanderfolgenden Handlungsabschnitten sind also keinesfalls, wie Bömer meint, "notgedrungene" Wiederholungen[7]. Sie dienen vielmehr dazu, mit Hilfe der Schein-Parallelität[8] eine enge Verknüpfung zwischen beiden Szenen zu schaffen, um schließlich die entscheidenden Unterschiede zu akzentuieren[9] und dadurch die 'Ambivalenz' der Zauberin Medea aufzuzeigen, die dieselben magischen Handlungen zunächst in guter Absicht zur 'weißen Magie'[10], dann jedoch, unter bloßer Vortäuschung derselben guten Absicht, zur 'schwarzen Magie', also zum Bösen, verwendet.

Der Kontrast zwischen der wundersamen Verjüngung und dem hinterhältigen Mord wird gerade durch die Wiederholungen stärker herausgearbeitet. Sie sind kein Zeichen von Unvermögen, sondern stellen eine Ovid eigentümliche Technik dar[11], die ihn allerdings deutlich von seinem Vorgänger Vergil unterscheidet, der auffällig darum bemüht ist, sprachliche und inhaltliche Wiederholungen in jeder Form zu vermeiden[12] und dort, wo die Handlung die

---

[7] Vgl. Bömer zu 7,297-349: "Vielleicht hat er auch diese Szene wirklich schnell gearbeitet"; zutreffender unterstellt Anderson, Komm. ad loc., Ovid bei diesen Parallelen durchaus eine Absicht.

[8] Ovid bedient sich dabei einer Technik, die dem entspricht, was Lämmert 186ff als "trügerische Vorspiegelung" bezeichnet. Allerdings sind dabei die modernen Vorstellungen von Elementen wie 'Überraschung' und 'Spannung' auszuklammern.

[9] Besonders deutlich wird die 'Abweichung innerhalb der Parallelität' bei der Vorbereitung des Zaubersaftes: Während Medea beim ersten Mal in ihrem Kessel zahllose pflanzliche und tierische Ingredienzien erhitzt, die ihre Wirksamkeit z.T. schon bewiesen haben, setzt sie nun *purum laticem et sine viribus herbas* (V.327) auf.

[10] Zu dieser positiven Seite der Magie, die z.B. der Befreiung von Krankheiten, Hunger und anderen Heimsuchungen dient, vgl. Tupet, Magie 404f.

[11] Diese Technik wird in einer so stark ausgeprägten Form wie hier über einen relativ langen Textabschnitt von Ovid in den Metamorphosen nicht noch einmal in derselben Weise angewendet. Höchstens andeutungsweise ist sie zu erkennen, wenn eine Antithese zweier Ereignisse durch Wortwiederholungen gekennzeichnet wird (z.B. Met. 14, 456f: ... *neque Aeneas Euandri ad limina frustra, / at Venulus frustra profugi Diomedis ad urbem/ venerat...*)

[12] Laut Heinze, Virgil 366 Anm. 2 gilt für Vergil "die *repetitio* als stilwidrig", vgl. auch ders. 462f. So bemüht er sich bei den Kämpfen der Iliupersis Aen. 2,370-558, die gleichartigen Kampfszenen voneinander abzusetzen; vgl. Heinze ebd. 329 und 463.

Darstellung gleichartiger Vorgänge verlangt, etwa bei aufeinanderfolgenden
Kampfszenen, besonders nach Variation strebt.

4.2. Medeas List

Worauf es Ovid bei diesem Teil der Medea-Episode besonders ankommt,
zeigt bereits die inhaltliche Gewichtung: mehr als die Hälfte des gesamten Abschnittes gilt der Frage, wie es Medea gelingt, die Peliaden zu täuschen und
sie zu bewegen, ihren Vater Pelias den Zauberkünsten Medeas preiszugeben
(V.297-323). Das zentrale Thema ist also der *dolus* Medeas, der zu ihrem wesentlichen Charakteristikum wird. In der Gestaltung der Szene wird dieser *dolus* durch die offensichtlich trügerische Parallelität der Handlung raffiniert
entwickelt. Die eigentliche Absicht, die hinter Medeas List steht, nämlich der
Plan, Pelias zu ermorden, deutet sich erst allmählich im Verlauf des Betrugs
indirekt an, wird aber niemals explizit genannt.

Ganz anders dagegen verläuft die Schilderung einer ähnlich hinterhältigen
und grausamen Tat Medeas in den Argonautica des Apollonios: der Mord an
Medeas Bruder Apsyrtos (Apoll. Rhod. Arg. 4,303-481). Im Vergleich mit
Ovid fällt vor allem die lückenlose und folgerichtige Darstellung des äußeren
Handlungsablaufes ins Auge. Das Motiv für den Mord ist, anders als bei Ovid,
von Beginn an klar: Apsyrtos und seine Begleiter verfolgen die Argonauten
und versuchen, die Auslieferung Medeas mit Gewalt zu erzwingen (Arg.
4,303ff). In einem Gespräch zwischen Iason und Medea, für das Handlungsort
und -zeit genau angegeben werden (Arg. 4, 352-354), beschließen beide,
Apsyrtos in einen Hinterhalt zu locken und zu töten. Dabei entwirft Medea
einen detaillierten Plan ihres Vorgehens (Arg. 4,410-420), der dann auch ge-
nauso ausgeführt wird (Arg. 4,421-470), so daß der Handlungsverlauf keine
überraschende Wendung mehr nimmt und die Kausalkette nirgendwo unterbrochen wird. Der Zweck der Lüge von einer gewaltsamen Entführung, mit der
sie Apsyrtos zum Treffpunkt lockt (Arg. 4,436-441), ist in diesem Zusammenhang von Anfang an deutlich: sie dient dazu, sein Vertrauen zu erwecken.
Daß Apsyrtos dieser recht plumpen Lüge bedenkenlos Glauben schenkt, wird
von Apollonios an keiner Stelle in Frage gestellt (Arg. 4,456).

Diese Form des Betruges ist weit weniger komplex als das raffiniert einge-
fädelte Lügengespinst, mit dem Medea in den Metamorphosen die Peliaden
ganz allmählich einfängt und vor dem die äußere Handlung deutlich in den
Hintergrund tritt. Ovid berichtet von dieser Täuschung als einem längeren
psychagogischen Prozeß, der sich in mehreren Stufen vollzieht.

Der Erzähler steht dabei nicht mehr der Figur Medeas nahe, indem er uns
ihre Gefühle und Gedanken miterleben ließe, sondern gibt distanziert von einem allwissenden, olympischen Standort aus das Verhalten Medeas gegenüber
den Peliaden wieder. Dabei kennzeichnet er jedoch mit wenigen gezielt einge-

setzten Worten alle ihre Äußerungen als auf ihre Wirkung hin berechnete Lügen und Betrug : _doli_ (V.297); _falsum odium_ (V.297f); _adsimulat_; _amicitiae mendacis imagine_ (V.301); _dubitare videtur_ (V.307); _ficta gravitate_ (V.308). Diese wenigen Anmerkungen, angeführt von der überschriftartigen Ankündigung (V.297): _Neve doli cessent ..._ zu Beginn des Abschnitts, genügen, um auch allen übrigen Handlungen Medeas den Anstrich der Täuschung zu geben und damit in Antithese zu den scheinbar gleichen Handlungen bei der Aeson-Verjüngung zu stellen.

Die erste Phase von Medeas psychologisch ausgeklügeltem Täuschungsmanöver dient dazu, ihre Anwesenheit zu rechtfertigen, deren wahrer Grund auch vom Erzähler verschwiegen wird. Der Vorwand, den Ovid ihr in den Mund legt, ist privater Natur und soll das Vertrauen der Peliaden wecken, für die sie zunächst, als Gattin Iasons, eine Feindin sein muß: Medea gibt vor, sich mit Iason gestritten zu haben (V.297f)[13], und erringt so die Freundschaft der Schwestern (V.301)[14].

Daß Medea auch den Peliaden gegenüber ihre bereits gezeigten rhetorischen Fähigkeiten anwendet[15], läßt Ovid erahnen, ohne dabei ihre Worte direkt wiederzugeben: Sie zählt noch einmal ihre Verdienste auf[16] und schmückt diesmal die Verjüngung Aesons offenbar ganz besonders reichlich aus (V.303: _hac in parte moratur_), um den Peliaden zu suggerieren, daß dasselbe auch ihrem Vater zuteil werden könnte (V.304: _spes ... subiecta_). In Anwendung des Bescheidenheitstopos stimmt sie jedoch einem entsprechenden Wunsch nicht sofort zu, sondern läßt sich erst mehrfach bitten (V.306-308).

Das psychagogische Geschick dieses Vorgehens liegt darin, in den Peliaden die feste Überzeugung entstehen zu lassen, die Idee zu der Verjüngung des Pelias käme ausschließlich von ihnen selbst und läge keineswegs im Interesse Medeas, die damit über jeden Verdacht erhaben ist. Nachdem Medea ihr erstes Ziel erreicht hat, gibt sie - scheinbar - dem Drängen der Peliaden nach (V.309:

---

[13] Mit dieser Vortäuschung eines 'Ehekrachs' zwischen Iason und Medea, der die Gattin dazu bewegt, bei den Verwandten Zuflucht zu suchen, betont Ovid nach hellenistischer Manier den Aspekt des Privaten und verbindet mythische Welt und Alltagswelt; zu dieser Eigenart des Hellenismus vgl. z.B. B.Effe, Hellenismus (Die griechische Literatur in Text und Darstellung, Bd.4), Stuttgart 1985, 12.

[14] Ähnliche Methoden zur Beeinflussung eines Menschen, dort allerdings in spielerischer Form und ohne verbrecherische Absichten, zeigt Ovid in der Elegie, vor allem in der Ars amatoria, wo es gilt, die Geliebte / den Geliebten mit Hilfe kleiner Täuschungen zu gewinnen, so z.B. auch durch die Vorspiegelung von Freundschaft, ars 1,720: _intret amicitiae nomine tectus amor_. Hier wie dort ist die Grundlage eine genaue Kenntnis psychologischer Vorgänge. Vgl.auch ars 1,611; 3,577ff.673ff.

[15] Vgl. ihr Gebet (V.192-219); dazu o. S.113f.

[16] Vgl. V.45ff im Monolog; V.166f in der Bitte Iasons; V.210ff in Medeas Gebet.

pollicita est)[17]. Zuvor jedoch wendet sie, um jeden möglichen Argwohn auszu-
schalten, einen weiteren *dolus* an, indem sie sich bereit erklärt, einen Beweis
für ihre Fähigkeit zu erbringen.

Dabei werden ihre Worte in direkter Rede wiedergegeben, und aus ihrem
Munde hören wir auch die Begründung für diesen Vorschlag (V.309f):

> ...*'quo sit fiducia maior*
> *muneris huius' ait* ...

Die trügerische Doppeldeutigkeit dieser Worte bleibt den Angeredeten, die
keinerlei Mißtrauen hegen, verborgen. Dem Leser jedoch, der den Peliaden
gegenüber einen Wissensvorsprung hat, wird damit die Verschlagenheit der
Zauberin umso deutlicher vor Augen geführt.

Die Peliaden sind jetzt so begierig auf die möglichst schnelle Erfüllung ihres
Wunsches, daß sie den Anordnungen Medeas unverzüglich (V.312: *protinus*)
Folge leisten. Die folgende Verjüngung des Widders wird von Ovid ausführ-
lich und ebenso anschaulich und beeindruckend beschrieben, wie sie sich auch
den Peliaden darstellen muß (V.312-321). Der Schwerpunkt der Schilderung
liegt dabei nicht auf der Anwendung von Magie und Zauberritualen, sondern
auf der Beschreibung der Metamorphose des bejahrten Tieres in ein junges
Lamm (V.317-321), die geprägt ist von heiterer Leichtigkeit, etwa durch die
Vorstellung des *tener balatus* (V.319)[18], der aus dem Kessel dringt, in den der
Widder versenkt wurde, und das muntere Davonhüpfen des Lammes, das nach
seiner Mutter sucht (V.320f):

> ...*agnus*
> *lascivitque fuga lactantiaque ubera quaerit.*

Die Anmut und Heiterkeit dieser Szene bildet einen scharfen Kontrast zu den
grausigen Folgen, die der vermeintlich gleiche Verjüngungszauber bei Pelias
hat.

4.3. Die Ausführung des Mordes

Nachdem die Peliaden damit endgültig von der Lauterkeit Medeas überzeugt
worden sind, setzt die Handlung mit der eigentlichen Durchführung neu ein.
Die genaue Absprache zwischen Medea und den Peliastöchtern über das geplante Vorhaben wird dabei übersprungen, obgleich die aktive Teilnahme der

---

[17] Für einen kurzen Moment wechselt damit die auktoriale Erzählhaltung in eine personale,
in der sich die eingeschränkte Perspektive der Peliaden widerspiegelt, vgl. Petersen 190f.
Denn nur in deren Augen ist Medea erst überredet worden, ihre Zauberkünste anzuwenden,
objektiv gesehen hatte sie diese Absicht bereits vorher.

[18] Betont durch Wiederholung im folgenden Vers (V.320): *balatum mirantibus*.

Töchter an der angeblichen Zauberhandlung (s.u. V.331) auffällig von der Ae-
sonverjüngung abweicht (V.256: *...removere profanos*) und daher eigentlich
einer Erklärung bedürfte.

Im Gegensatz zu dem vorausgehenden Handlungsbericht, in dem der Handlungsort mit *Peliae limina* (V.298) als das Haus des Pelias nur sehr vage umschrieben wird und in dem auch Zeitangaben fehlen, wählt Ovid für die Schilderung des Mordes selbst eine stark dramatisierte szenische Darstellungsform
mit auffälliger Geschlossenheit von Raum und Zeit sowie Angaben über die
auftretenden Personen. Die dramatischen Mittel dienen hier, wie schon bei der
Aeson-Verjüngung, der effektvollen Wiedergabe des außergewöhnlichen äußeren Geschehens.

Eingeleitet wird die Szene durch eine homerische Zeitumschreibung der drei
Tage, die zwischen Plan und Durchführung vergangen sind (V.324f: *iuga
Phoebus equis... dempserat*). Für die Schilderung der Handlung, die in der
vierten Nacht einsetzt, bildet den Hintergrund zunächst der Sternenhimmel
(vgl. V.188), unter dem Medea ihre Zaubermittel zubereitet (V.325-327), die
jedoch, ihrem Plan gemäß, völlig wirkungslos sind (V.327: *sine viribus*), so
daß die magische Vorbereitung zu einer Farce wird.

Eine genauere Differenzierung erfährt der Ort, an dem schließlich das Verbrechen ausgeführt wird - es ist das Gemach des Pelias, in dem dieser inzwischen, gemeinsam mit seinen Dienern, von durchaus wirksamen Zaubersprü-
chen in einen tiefen Schlaf versetzt ruht (V.328-330).

Innerhalb dieser genau festgelegten Szenerie erfolgt der Auftritt Medeas
gemeinsam mit dem der Peliaden (V.331: *intrabant*), die im Vertrauen auf
Medeas Künste ihren Anordnungen willig Folge leisten (V.331: *iussae*). Nachdem sich die Töchter um das Lager des Vaters herum aufgestellt haben, folgt
eine direkte Rede Medeas (V.333f)[19]:

> *stringite' ait 'gladios veteremque haurite cruorem.*
> *ut repleam vacuas iuvenali sanguine venas.*

Für die Peliaden, an die sich die Aufforderung Medeas richtet, wird somit der
Anschein aufrecht erhalten, daß dies alles der beabsichtigten Verjüngung des
Vaters diene. Der Leser dagegen erfährt direkt aus Medeas Worten den eigentlichen Kern ihres verbrecherischen Plans: die Peliastöchter sollen mit eigener Hand ihren Vater erschlagen.

Ovid nutzt auch im weiteren die direkte Rede zu einem Spiel mit der Doppeldeutigkeit der Worte, die die Ambivalenz der Zauberin widerspiegeln und
deren Sinn sich jeweils in das Gegenteil verkehrt, abhängig davon, ob man von

---

[19] Bömer ad loc., der diese Ansprache Medeas für "sachlich völlig überflüssig" hält, ver-
kennt dabei offensichtlich, daß es nicht Ovids Absicht sein kann, einen Sachbericht zu lie-
fern.

der Perspektive der angesprochenen Peliaden oder der des wissenden Lesers ausgeht (z.B. V.539):

in manibus vestris vita est aetasque parentis.

Die Tragik, die für die Töchter darin liegt, daß sie den Vater ermorden, indem sie ihm helfen wollen, und somit die Tragweite des *dolus*, den Medea anwendet, wird erst durch den Informationsvorsprung des Lesers greifbar, der weiß, daß Medea mit den Peliaden ein hinterlistiges Spiel treibt.

Vor allem im Drama ist diese "diskrepante Informiertheit"[20] häufig strukturbildend. So nutzt auch Euripides in seinem Medea-Drama den Wissensvorsprung des Publikums gegenüber Iason zu Doppeldeutigkeiten, als Medea Iason mitteilt, daß die Kinder seiner neuen Braut Geschenke bringen sollen (Eur. Med. 866ff). Iason glaubt an die Reue Medeas - der Zuschauer dagegen weiß, daß Kreusa mit eben diesen Gaben umgebracht werden soll[21].

Die Affinität der ovidischen Erzählweise zur dramatischen Darstellung zeigt sich auch darin, daß wir von dem anfänglichen Zögern der Schwestern nicht in neutraler Erzählung, sondern direkt aus dem Munde Medeas hören, ohne daß vorher davon in der Erzählung die Rede war (V.332)[22]:

...quid nunc dubitatis inertes?

In ähnlicher Weise läßt auch Euripides Medea auf das Verhalten anwesender Personen während des Sprechens hinweisen (Eur. Med. 901f)[23]:

ἆρ', ὦ τέκν', οὕτω καὶ πολὺν ζῶντες χρόνον
φίλην ὀρέξετ' ὠλένην;

*Werdet ihr Kinder so noch lange Zeit leben
und euren geliebten Arm ausstrecken.*

---

[20] Pfister 80; ders. 82: "...sowohl das Tragische als auch das Komische realisiert sich häufig im Kontrast zwischen der überlegenen Informiertheit des Zuschauers und dem Informationsdefizit der Figuren."

[21] Entsprechende Wirkung haben die in Gegenwart Iasons an die Kinder gerichteten Worte (Eur. Med. 974f):
ἴτ' ὡς τάχιστα· μητρὶ δ' ὧν ἐρᾷ τυχεῖν
εὐάγγελοι γένοισθε πράξαντες καλῶς.
*Geht nun sofort! Und dessen, was die Mutter zu erlangen strebt,
werdet gute Boten für sie, habt glücklichen Erfolg.*

[22] Zu dieser Art der mimetischen Darstellung vgl. o. S.116f; vgl. auch Albert passim, bes. 225f.

[23] Zur Bedeutung solcher "impliziten Inszenierungsanweisungen" im Drama vgl. Pfister 37f.

Als die Schwestern endlich, nach einem Appell Medeas an ihre Kindes-
pflicht[24], das Schwert gegen den Vater erheben, macht Ovid die innere Abscheu, die sie trotz der Überzeugung, Pelias zu nützen, gleichwohl gegen diese
Tat verspüren, durch eine äußere Geste deutlich: Die Töchter wenden sich ab
und schlagen gleichsam 'blindlings' (V.342: *caecaque dant ... vulnera*) auf ihren Vater ein.

Die Grausamkeit der Szene und damit gleichzeitig auch die Grausamkeit
Medeas gelangt schließlich dadurch zu ihrem Höhepunkt, daß der sterbende
Pelias noch einmal das Bewußtsein erlangt (V.343). Seine Hilflosigkeit und
völlige Verständnislosigkeit für das, was mit ihm geschieht, finden ihren Ausdruck ebenfalls in einer für das Drama typischen Geste, dem flehenden Ausstrecken der Hände (V.345)[25], während der Körper bereits halb zerfleischt
(V.344: *semilacer*) und blutüberströmt ist. Die dramatische Wirkung wird
noch verstärkt durch die direkte Rede, mit der er an seine Töchter die Frage
richtet, warum sie ihm nach dem Leben trachten (V.346).

Um das Pathos nicht ins Unerträgliche zu steigern, hält Ovid nun nicht
daran fest, die Leiden des Pelias zu beschreiben, und verzichtet auch darauf,
die Gefühle zu zeigen, die die Erkenntnis ihres tragischen Irrtums unweigerlich in den Peliaden auslösen muß. Stattdessen bemüht er sich um einen ra-
schen, effektvollen Abschluß der Erzählung. Die Sprache, die dabei verwendet
wird, drückt die zunehmende Distanz des Erzählers zum Geschehen aus[26]. So
wird die Reaktion der Peliastöchter auf die Worte des Vaters mit einem ungewöhnlichen Zeugma umschrieben[27] - einem Stilmittel, dessen gesuchte Konstruktion von Ovid sonst in den Metamorphosen mehrfach dafür verwendet
wird, eine komische Wirkung zu erzielen[28], und das hier einen deutlichen

---

[24] Dazu unten Kap. IV 4.4.

[25] Vgl. Anderson, Komm. ad loc.

[26] Einen ähnlichen Wechsel im Erzählton konstatiert Galinsky 131f für die Schilderung der
Vergewaltigung Philomelas (Met. 6,519-562): Auf die sehr gefühlvolle Beschreibung von
Philomelas Angst folgt die distanzierte und grausame Schilderung des Herausschneidens ih-
rer Zunge. Ovid neige dazu, so Galinsky 115ff, sich bei der Darstellung von Leiden und
Grausamkeit auf den äußeren Aspekt zu beschränken. Vgl. auch die Schilderung des Todes
von Pyramus und Thisbe, in der der verblutende Pyramus mit einem defekten Bleirohr
verglichen wird. N.Holzberg, Ovids Babyloniaka, WS 101, 1988, 270 sieht in diesem
Kontrast zwischen Pathos und Banalität ein "hermeneutisches Signal".

[27] Lausberg 353 wählt den Vers 347 als Beispiel für ein sog. "semantisch kompliziertes
Zeugma" zwischen Konkretum und Abstraktum.

[28] So unterstreichen ganz ähnliche Zeugmata die humorvolle Darstellung, etwa wenn dem
eifersüchtigen Apollon, als er von der Untreue der Coronis erfährt, 'die Gesichtszüge, -
farbe und sein Plektron entgleiten' (Met. 2,601: *et pariter vultusque deo plectrumque color-
que / excidit*), oder der Gatte der Venus in entsprechender Situation 'den Verstand und die
gerade gefertigte Schmiedearbeit verliert' (4,175: *et mens et quod opus fabrilis dextra tene-
bat / excidit*).

Kontrast zu dem vorher aufgebauten Pathos entstehen läßt (V.347):

> *...cecidere illis animique manusque.*

Die begonnene Mordtat wird dennoch beendet und zwar durch das grausam entschlossene Eingreifen Medeas, die damit wieder als Handelnde hervortritt. Der makabre Umstand, daß sie dem sterbenden Pelias jede Möglichkeit nimmt, noch weitere Worte an seine Töchter zu richten, indem sie ihm die Kehle durchschneidet, findet seinen sprachlichen Ausdruck in einem weiteren, ungewöhnlichen Zeugma (V.348f):

> *plura locuturo cum verbis guttura Colchis*
> *abstulit et calidis laniatum mersit in undis.*

Vorbild für diesen Gedanken ist ein ähnliches Zeugma Vergils (Aen. 10,348):

> *vocem animamque rapit traiecto gutture.*

Während Vergil jedoch zwischen der konkreten Tat - dem Durchbohren der Kehle - und den abstrakten Folgen - dem Raub von Stimme und Leben - unterscheidet, werden von Ovid beide Handlungsstufen in dem Zeugma zusammengefaßt, so daß auch jetzt durch das Nebeneinander von Konkretum und Abstraktum eine starke semantische Spannung entsteht. Mit Hilfe dieses geradezu manieristischen Stilelementes[29] schafft Ovid eine effektvolle Schlußpointe, mit der die Szene in der gewohnt knappen Form[30] zu einem überraschend schnellen Ende geführt wird. Im Vordergrund steht damit nicht die Tragik der Peliastöchter, die unwissend ihren Vater getötet haben, sondern die grausame und außergewöhnliche Tat einer Medea, die jetzt nur noch als böse Zauberin und kaltblütige Mörderin gesehen wird.

---

[29] Gehäuft finden sich diese manieristischen Pointen später bei Seneca, dem z.B. ein Zeugma zur Pointierung des grausamen Todes des Hippolytus dient (Sen.Ph.1101f): *haesere biiuges vulnere - et pariter moram / dominumque rumpunt*; ein ähnlicher Effekt wird im Bezug auf den Selbstmord Phaedras erzielt (Ph. 1177f): *... nefando pectori ferrum inseram, / animaque Phaedram pariter ac scelere exuam.* Vgl. dazu Ch.Wanke, Seneca, Lucan, Corneille. Studien zum Manierismus der römischen Kaiserzeit und der französischen Klassik, Heidelberg 1964, 130f.

[30] Das entspricht, wie sich zuvor gezeigt hat (vgl. S. 94. 122), durchaus der erzählerischen Technik Ovids und hat nichts damit zu tun, daß, wie Bömer ad loc. meint, aufgrund der Ähnlichkeit mit der Aeson-Szene "der Dichter offensichtlich zum Schluß kommen [wollte]."

4.4. Das Motiv der pietas

Neben der bereits gezeigten Verknüpfung durch vorgespiegelte Parallelität besteht eine weitere Verbindung zwischen dem Peliasmord und der vorhergehenden Handlung in der Motivation der Peliastöchter, die ihrem Vater gegenüber *piae* sein möchten.

Bereits zu Anfang der gesamten Episode, innerhalb der Kolchishandlung (V.7-158), bildet die *pietas* der Tochter gegenüber dem Vater, aus der schließlich *impietas* wird, einen wichtigen Aspekt bei der Beschreibung der seelischen Entwicklung Medeas[31]. An diese eigene *impietas*, nämlich den Verrat an ihrem Vater, fühlt sich Medea vor der Verjüngung Aesons noch einmal erinnert durch den Wunsch Iasons, von seinen eigenen Lebensjahren einige auf seinen Vater zu übertragen (V.169f)[32]. Wie die *pietas* Iason zu dieser Bitte veranlaßt, so ist es auch die *pietas*, die den entsprechenden Wunsch nach Verjüngung ihres Vaters in den Peliaden weckt.

Anders als bei ihrem Gatten jedoch nutzt Medea dieses Gefühl der Peliaden skrupellos aus und mißbraucht den Appell an die *pietas* dazu, die Schwestern zum Vatermord zu treiben (V.336ff):

> *si pietas ulla est nec spes agitatis inanes,*
> *officium praestate patri...*

Die Perversion, die dieser moralische Wert damit erfährt, findet ihren Ausdruck in einem bewußt zugespitzten Paradoxon, das durch die sprachliche Antithese unterstrichen wird (V.339f)[33]:

> *his, ut quaeque pia est, hortatibus inpia prima est*
> *et, ne sit scelerata, facit scelus;...*

Indem sie ihrem Vater einen Dienst erweisen, also das im moralischen Sinne "Richtige" tun wollen, begehen die Töchter das größtmögliche Verbrechen an ihm. Sie bewirken also genau das Gegenteil von dem, was sie eigentlich beabsichtigen, und werden damit schuldig, ohne es zu wissen. Dabei sind sie nicht,

---

[31] Die Anerkennung der *pietas* als eines moralischen Wertes und das Wissen um das Verletzen dieses Wertes bildet einen wichtigen Faktor zur Charakterisierung der verliebten Medea, vgl. dazu u. S.136, Anm. 34.

[32] Vgl. oben S.107ff.

[33] In entsprechender Weise wird die Ambivalenz des *pietas*-Begriffes bereits in der der Medea-Episode vorausgehenden Erzählung von Progne und Philomela reflektiert. Um ihrer Schwester gegenüber *pia* zu sein, beschließt Progne, ihren Sohn zu töten und erkennt dabei (V.6,635): *scelus est pietas*. Das gleiche Thema greift Ovid noch einmal auf mit dem Mythos um Althaea, die, um eine treue Schwester zu sein, die eigenen Söhne opfert (V.7,477): *inpietate pia est*. Vgl. auch Met.9,408 *natus erit facto pius et sceleratus eodem.*

wie zuvor *impia* Medea, die tragischen Opfer ihres eigenen Gefühls[34], sondern eines bewußten *dolus*. In beiden Fällen beleuchtet Ovid von jeweils unterschiedlichen Seiten das Scheitern des menschlichen Willens: die innere Bereitschaft zur *pietas* kann jedoch weder bei den Peliaden noch bei der verliebten Medea die *impietas* verhindern.

Schon jetzt ist zu erkennen, daß das in immer neuen Variationen wiederkehrende Motiv der *pietas* bzw. *impietas* einen wichtigen Faktor für die Einheit der gesamten Medea-Episode bildet. Gleichzeitig wird aber hieran die gewandelte Betrachtungsweise des Erzählers innerhalb dieser Episode besonders deutlich: In der Kolchis-Handlung und vor der Aeson-Verjüngung war das Motiv Anlaß, die 'innere Handlung' stark hervorzuheben und das Vorgehen Medeas psychologisch zu motivieren. Die sich nun ebenfalls bietende Gelegenheit zu einer ausgeprägten Innensicht der durch ihre eigene *pietas* betrogenen Peliaden läßt Ovid dagegen ebenso aus, wie die Möglichkeit, noch einmal auf die Gefühle Medeas einzugehen. Stattdessen wird Medea zur Vollstreckerin eines grauenhaften Verbrechens, wobei die Tat selbst mehr interessiert als die Person, so daß die äußere Handlung uneingeschränkt dominiert. Es geht nur noch darum, die Perversion der *pietas* und die Grausamkeit um ihrer selbst willen darzustellen. Die Faszination, die dieses äußere Geschehen auf den Erzähler auszuüben scheint, kontrastiert dabei mit der ebenso fesselnden psychologischen Betrachtung im ersten Teil.

---

[34] In Medeas Monolog nimmt die sittliche Verpflichtung gegenüber dem Vater einen hohen Stellenwert ein, und ihre (vorläufige) Entscheidung gegen die Liebe ist vor allem eine Entscheidung für den ethischen Wert der *pietas* (V.72: *ante oculos rectum pietasque...*). Dennoch, trotz dieser Erkenntnis und ihrer Bereitschaft, das Richtige zu tun, wird sie gegen ihren Willen (V.19: *invitam*) von der Liebe besiegt und infolgedessen *impia*. Daß sie damit, wie später die Peliastöchter, einer, wenn auch anders gearteten, Täuschung unterliegt, erkennt sie im Gegensatz zu jenen selbst (V.92): *nec me ignorantia veri / decipiet sed amor.*

5. Medeas Flucht

5.1. Der Flug von Iolcos nach Korinth

Mit dem Versenken des zerstückelten Pelias im brodelnden Wasser durch Medea endet die Darstellung des Mordes sehr abrupt. Wann die Peliastöchter das Ausmaß dessen, was sie getan haben, erkennen und wie sie auf diese Erkenntnis reagieren, wird nicht gesagt. Ovid setzt nach einem Handlungssprung erst wieder mit der Erzählung ein, als Medea sich bereits in ihrem Drachenwagen[35] auf der Flucht vor einer Bestrafung für ihre Tat befindet (V.350f). Auch jetzt wird ein paralleler Handlungsstrang, der das Geschehen im Hause des Pelias weiterverfolgt, zugunsten der Konzentration auf Medea vermieden.

Der vorovidischen Überlieferung gemäß flieht Medea nach dem Mord gemeinsam mit Iason, für den sie das Verbrechen begangen hat, nach Korinth[36]. Bei Ovid dagegen steht Iason, mit dem Medea einen Ehestreit vortäuscht (V.297f), völlig außerhalb der Peliashandlung und wird auch im Zusammenhang mit der als sehr überstürzt dargestellten Flucht nicht mehr erwähnt. Andrerseits tritt er selbstverständlich innerhalb der Korinth-Handlung (V.394) noch einmal kurz in Erscheinung, ohne daß seine Anwesenheit vorher erklärt wird. Ovid, der den Flug Medeas zu einem erzählerischen Exkurs nutzt, ist demnach auch hier nicht an einer lückenlosen kausalen Verknüpfung der äußeren Handlung interessiert[37], sondern achtet vielmehr auch jetzt darauf, den Erzählerstandort an die Person Medeas zu binden[38]. Endgültig verliert nun der zeitliche Aspekt jede Bedeutung. Die Dauer des Fluges und der ohnehin nur kurz angedeuteten Ereignisse in Korinth bleibt völlig offen.

Der Flug Medeas ist der Anlaß für Ovid, eine Anzahl kleinerer Verwandlungssagen zu erzählen (V.352-393)[39]. Er geht dabei von den Orten aus, die Medea auf ihrer Reise überquert und die jeweils Schauplatz eines anderen Mythos sind. Dessen Inhalt wird dann relativ knapp, oft nur andeutungsweise,

---

[35] Dieses Gefährt des Sonnengottes, ihres Großvaters, benutzte Medea schon beim Sammeln der Zauberkräuter, sodaß Ovid nun, da es als Fluchtfahrzeug dient, nicht noch einmal näher darauf eingehen muß, vgl. S.116ff.

[36] Über diese relativ späte Verknüpfung der Pelias- und der Korinth-Handlung vgl. v.Fritz 38f.

[37] Vgl. die äußerlich völlig unmotivierte Anwesenheit Iasons am Hekatetempel (V.77); vgl. dazu o. S.61ff. Zu dem völlig entgegengesetzten ständigen Bemühen Vergils um äußere Kontinuität und sorgfältige Motivierung sowohl bei göttlichen als auch bei menschlichen Handlungen vgl. auch Heinze, Virgil 330ff.379ff.

[38] Medea ist an jedem Schauplatz anwesend, vgl. Petersen 180f sowie oben S.28 Anm.20.

[39] Diese Technik, mehrere 'kleinere' Sagen in einen größeren Zusammenhang einzufügen, verwendet Ovid in den Metamorphosen mehrfach, z.B. anläßlich der Flucht Plutos mit Proserpina (2, 405ff); bei der Reise des Minos auf der Suche nach Verbündeten (7,456ff); andeutungsweise bei einem Flug Apolls (11,194); vgl. dazu Schmidt 59ff.

berichtet. Die Verknüpfung mit der Haupthandlung beschränkt sich also nur auf die Topographie, wird aber von Ovid immer wieder ins Gedächtnis gerufen, indem er zwischen den Sagen mehrfach den Blick wieder Medea zuwendet und die nächsten Orte in Bezug zu ihrer Reiseroute setzt: *fugit alta superque Pelion* ... (V.351f); *Aeoliam Pitanen a laeva parte reliquit* ... (V.357); *transit et antiquae Ceae* (V.368); *inde lacus Hyries videt* (V.371); *inde Calaureae Letoidos adspicit arva* (V.384); *dextra Cyllene est* (V.386); *Cephison procul hinc* .../ *respicit* (V.388f); *tandem vipereis Ephyren pirenida pennis / contigit* (V.391f). Diese Angaben bilden die epische Haupthandlung, in die der sich jeweils weitgehend verselbständigende Bericht der einzelnen Sagen eingefügt ist. Innerhalb der verschiedenen Berichte tritt die Figur des Erzählers und ihre Gegenwart deutlich in den Vordergrund[40]. So kann, wenn von *eventu veteris loca nota Cerambi* (V.353) gesprochen wird, nicht etwa gemeint sein, daß dieser Ort Medea bekannt war, vielmehr ist er "uns heute", d.h. dem Erzähler und seinen Zeitgenossen, durch das genannte Ereignis bekannt. Ebenso gehen auch Zeitbezüge wie *tum* (V.364) oder *aevo primo* (V.392) von der Zeit des Erzählers aus. Ausdrücklich durchbrochen wird die poetische Fiktion durch die Berufung auf Gewährsleute, als sich der Erzähler des Berichteten nicht ganz sicher scheint (V.392f): *veteres ... vulgarunt*, oder wenn die erzählten Ereignisse nachzeitig sind, wie etwa die Erwähnung der Grabstätte des Paris, dessen Tod mythenchronologisch viel später anzusetzen ist als die Argonautensage[41], und die Verwandlung der Alcidamas-Tochter in eine Taube bzw. der Frevel Menephrons, die, wie Ovid selbst sagt, erst später stattfinden: *Alcidamas ... miraturus erat...* (V.369f); *concubiturus erat* (V.387).

Derartige Abwendungen des Erzählers von der eigentlichen Handlung und ihrer Zeit sind hellenistischen Ursprungs und finden sich bereits sehr zahlreich im Epos des Apollonios, der bei der Nennung der Orte, die die Argonauten auf ihrer Fahrt passieren, immer wieder die Gelegenheit ergreift, Aitien (z.B. Arg. 4,650ff)[42], Lokalmythen (z.B. Arg. 2,946ff) oder Berichte über ethnologische Besonderheiten (z.B. Arg. 2,1000f) einzuflechten[43], ohne daß ein direkter Bezug zur Haupthandlung gegeben sein muß.

Eine Neuerung gegenüber Apollonios ist bei Ovid allerdings die ungewöhnlich dichte Häufung der Lokalsagen und die gleichzeitige Reduktion der Haupthandlung auf ein Minimum. Entscheidend ist jedoch, daß für Apollonios die eigentliche Fahrt der Argonauten ein wichtiger Bestandteil seiner Handlung

---

[40] Zur Problematik der Erzählergegenwart und ihrer Beziehung zu Handlungszeit vgl. Lämmert 67ff.

[41] Ovid selbst erzählt vom Trojanischen Krieg erst gegen Ende seines, wie er selbst sagt (Met. 1,3f), chronologisch geordneten Epos (Met. 12 u.13)

[42] Vgl. dazu P.Deutsch, Das aitiologische Element in den Argonautika des Apollonios Rhodios, Innsbruck 1982.

[43] Weitere Belege bei Fränkel, Noten, 635f. Zu diesen "Nebenhandlungen mit besonderem Bezug zur Erzählergegenwart" vgl. die entsprechenden Darlegungen bei Gummert 90ff.

ist. Er legt Wert auf die Einbeziehung genauer geographischer Kenntnisse und vermittelt den Eindruck hellenistischer Gelehrsamkeit, der durch die Exkurse, die er mit den Ortsangaben verknüpft, noch verstärkt wird. Die Auswahl dieser Exkurse wird dabei streng von der Reiseroute der Argonauten bestimmt.

Da Ovid im Gegensatz zu Apollonios häufig die Darstellung räumlicher Fortbewegung vermeidet und diesbezüglicher Kontinuität keine Bedeutung beimißt[44], könnte er auch jetzt ohne weiteres, ähnlich wie zu Beginn der Peliasepisode, nach einem Sprung die Handlung einfach an Ort und Stelle mit dem Bericht über den Kindermord in Korinth fortsetzen. Die ausführliche Wiedergabe von Medeas Fluchtweg - im übrigen eine Erfindung Ovids[45] - dient also vor allem dazu, die Gelegenheit für die mythologischen Exkurse und damit die Erzählung weiterer Metamorphosen zu schaffen. Innerhalb dieser Mythenwelt Ovids werden die realen geographischen Gegebenheiten keineswegs so sorgfältig einbezogen, wie dies bei Apollonios der Fall ist[46]: Die genannten Orte liegen nicht auf der 'direkten Fluglinie' von Iolcos nach Korinth, vielmehr fliegt Medea einen weiten Kreis[47]. Ihre Reiseroute wird demnach nicht von der Geographie, sondern von der Mythographie bestimmt.

5.2. Motivische Verbindungen

Da der Grund für die Zusammenstellung gerade dieser Mythen also nicht in erster Linie in der topographischen Lage ihrer Handlungsorte gesucht werden kann, stellt sich die Frage, ob es sich hier tatsächlich nur, wie Bömer behauptet, um Sagen handelt, die Ovid "nicht lagen oder uninteressant erscheinen mochten"[48] und die er demnach nur der Vollständigkeit halber erwähnt.

Wenn dies so wäre, hätte es sicher näher gelegen, die Aufzählung nicht mitten in die Medeahandlung zu stellen, sondern als Übergang zwischen zwei verschiedenen Sagenkreisen anzuordnen. Der Schluß liegt nahe, daß möglicherweise doch bestimmte, auf den ersten Blick nicht erkennbare Zusammenhänge zwischen eben dieser Medeahandlung und den hier eingefügten Meta-

---

[44] Vgl. o. S.78ff u.ö.

[45] Vgl. Anderson, Komm. ad loc.

[46] Haupt / Ehwald / v.Albrecht, Komm. ad loc. stellen fest, daß bei der Aneinanderreihung der Metamorphosen eine "geographische Reihenfolge" nicht beachtet wird, sie topographisch allerdings zusammengehören. Bömer ad loc. spricht von einem "bekannten geringen Interesse Ovids an exakten geographischen Angaben". Zur Geographie bei Ovid vgl. auch W.H.Friedrich, Der Kosmos Ovids, in: Ovid, hrsg. v. M.v.Albrecht, 362-383, hier 370f.

[47] Vgl. G.Lenoir, La Fuite de Médée, Caesarodunum 17, 1982, 51-55, der die geographischen Angaben Ovid untersucht und in dem Kreis, den sie bilden, einen magischen Zirkel sieht, den Medea um Korinth zieht.

[48] Vgl. Bömer ad loc.

morphosen existieren. Eine Lösung dieses Problems ist vor allem deshalb
schwierig, weil Ovid die Sagen jeweils nur sehr knapp andeutet und wir den
Inhalt dieser durchweg recht unbekannten Mythen zum Teil aufgrund fehlender
Überlieferungen nicht mehr vollständig rekonstruieren können[49].

Schubert hat den Versuch unternommen, anhand bestimmter mythologischer
Einzelzüge, sog. *Mythologeme*[50], assoziative Verbindungen zu der übergeordneten Medeahandlung herzustellen[51]. So sieht er beim ersten Mythos über
Cerambus, der mit Hilfe von Nymphen vor der deukalionischen Flut gerettet
wird (V.353-356)[52], die Parallele zur Medea-Sage darin, daß sich Cerambus in
die Luft erhebt und somit auf demselben Wege entkommt wie die in dem Drachenwagen fliehende Medea.

Daß Bacchus seinem Sohn dabei hilft, einen Stier zu rauben, wie von Ovid
in einer weiteren, ansonsten völlig unbekannten Sage berichtet wird (V.359f),
sei, so Schubert, ein Pendant zum Raub des Goldenen Vlieses mit Hilfe von
Medea. Die Zauberkraft der Telchinen, die mit ihrem 'bösen Blick' den Menschen Schaden zufügen und dafür von Juppiter im Meer versenkt werden
(V.365-367)[53], erinnere an die ebenfalls schädliche Zauberkraft Medeas.

Solche Assoziationen ergeben sich jedoch nicht für alle Mythen in gleicher
Weise. So scheint es wenig überzeugend, wenn Schubert den Bericht darüber,
daß die koischen Frauen, als Herkules die Insel Kos verlassen hat, in
"Hornvieh"[54] verwandelt werden (V.363f)[55], damit vergleicht, daß die Frauen
von Lemnos nach dem Abzug der Argonauten ihre Haltung gegenüber Män-
nern geändert haben[56], und somit die reale Verwandlung der Koerinnen dem
Sinneswandel der Lemnierinnen gleichsetzt. Außerdem ist zu beachten, daß es
sich bei der Lemnos-Sage zwar um ein von Apollonios geschildertes Ar-
gonautenabenteuer handelt (Apoll.Rhod. Arg. 1,607-910), diese Sage jedoch
von Ovid nur in den Heroides behandelt wird (Ov. Her. 6). Es ist daher höchst
unwahrscheinlich, daß Ovid mit der Erwähnung der koischen Frauen auf eine
nur im weiteren Sinne zum Medea-Mythos gehörende Sage anspielt, die er in
den Metamorphosen nicht einmal am Rande erwähnt.

---

[49] W.Schubert, Medeas Flucht aus Iolcos, WJb 15, 1989, 175-181, hier 178: "manche der
hier referierten Mythen bleiben uns allerdings völlig dunkel".
[50] Dazu ders. 175.
[51] Zum folgenden vgl. Schubert 179f.
[52] Die Sage ist in dieser Form sonst nicht überliefert. Eine andere Version, nach der
Cerambus zur Strafe in einen Käfer verwandelt wird, findet sich bei Anton. Lib. 22; vgl.
auch Bömer; Anderson; Haupt / Ehwald / v.Albrecht, jeweils Komm. ad loc.
[53] Die Bösartigkeit und der Neid der auf Rhodos beheimateten Telchinen war sprichwört-
lich, vgl. Bömer ad loc. Die von Ovid angedeutete Bestrafung dieser dämonenartigen Wesen durch Juppiter geht vermutlich auf Nikander zurück, vgl. Anderson ad loc.
[54] So Bömer ad loc.
[55] Auch diese Sage ist sonst nicht überliefert, vgl. z.B. Anderson ad loc.
[56] Schubert 180.

Auch die Verbindung, die Schubert zwischen dem von Ovid ohne weitere
Erläuterungen erwähnten Grabhügel des Corythus-Vaters Paris (V.361)[57] und
dem Grab Iasons zieht, daß nämlich beide Helden eines ruhmlosen Todes ge-
storben seien[58], ist kaum nachzuvollziehen, zumal auch Iasons Ende innerhalb
der ovidischen Darstellung ohne Belang ist.

Im Folgenden soll dagegen nur von den Teilen der Medea-Sage ausgegangen
werden, die Ovid in den Metamorphosen tatsächlich behandelt. Hier hat sich
neben der Verknüpfung durch die Person Medeas auch eine motivische Verbindung herstellen lassen, nämlich der von unterschiedlichen Seiten beleuchtete
Aspekt der *pietas* als Beziehung zwischen Eltern und Kindern[59]. Dieses Motiv
findet sich auch innerhalb der noch folgenden Teile der Medea-Episode, der
Handlung in Korinth (V.357-361: Kindermord) und in Athen (V.398-420: ver-
hinderter Kindermord).

Betrachtet man nun die von Ovid in den Flug Medeas eingefügten Sagen
unter diesem Aspekt, so zeigt sich, daß zwar völlig unterschiedliche Inhalte erzählt werden, daß jedoch bei der Art der Darstellung die entsprechenden
Verwandtschaftsverhältnisse sowie die Reaktionen der Eltern (Großeltern)
bzw. Kinder besonders stark betont werden:

- So steht z.B. V.359f nicht der Diebstahl des Stieres im Mittelpunkt, sondern
  es wird die Tatsache hervorgehoben, daß der Vater Liber die Tat seines
  Sohnes (V.359: *nati furta*) deckt.
- Der Name Paris wird nicht, wie üblich, mit einem Patronym, sondern mit
  pater Corythi (V.361) umschrieben, obgleich dieser Name kaum bekannt ist.
- Die in hörnertragende Tiere verwandelten koischen Frauen werden als
  matres Coae bezeichnet (V.363).
- Bei einer anderen Sage (V.369f) steht nicht die Verwandlung der Alcidamas-Tochter in eine Taube selbst, sondern die Reaktion ihres Vaters auf
  diese Verwandlung seiner Tochter im Vordergrund (V.369: *pater Alcidamas... miraturus...*)[60].

---

[57] Corythus war der Sohn des Paris mit Oinone oder Helena (vgl. Bömer ad loc.). Das
Grab des Paris, von dem hier die Rede ist, ist offenbar nach dem Untergang Troias unver-
sorgt geblieben und so dem Ruhm des lebenden Paris nicht angemessen, vgl. dazu Anderson ad loc.

[58] Schubert 180: "Ähnlich wie bei Paris ist von Iasons Ende nichts bekannt". Diese Gemeinsamkeit ist viel zu banal, als daß darin eine Verbindung zur Medea-Sage gesehen werden könnte.

[59] Vgl. die *pietas* bzw. *impietas* Medeas gegenüber ihrem Vater (V.38.51f.72 u.ö.); die
pietas Iasons, der seinem Vater einige Lebensjahre schenken möchte (V.169); die *pietas* der
Peliaden, die ihren Vater verjüngen möchten (V.339); vgl. dazu o. S.135ff.

[60] Nach der auf Nikander zurückgehenden Überlieferung bei Anton. Lib. 1 vollzieht sich
diese Verwandlung der Ktesylla, nachdem diese im Kindbett verstorben ist, vermutlich in

- Relativ ausführlich erzählt Ovid die Metamorphose des Cygnus, der sich aus Trauer darüber, daß sich sein bislang willfähriger Liebhaber Phyllius schließlich von ihm abwendet, von einem Felsen stürzt und im Fallen in einen Schwan verwandelt wird. Eingerahmt wird diese Erzählung jedoch von der Beschreibung des Sees, in den sich Cygnus' Mutter Hyrie aus Trauer über den Verlust des Sohnes verwandelt[61].
- Es folgt die sonst unbekannte Sage von Combe, die, offenbar in einen Vogel verwandelt, vor den Übergriffen ihrer eigenen Söhne fliehen muß (V.382f),
- sowie die von Menephron, der seiner eigenen Mutter beiwohnt (V.386f)[62].
- Bei der folgenden Metamorphose (V.388f) steht im Mittelpunkt die Trauer des Großvaters Cephisus, dessen Enkelsohn von Apollon in einen Seehund verwandelt wird[63].
- Trauer empfindet auch der Vater Eumelos um seinen sterbend in einen Vogel verwandelten Sohn (V.390), den er der Überlieferung nach allerdings selbst erschlagen hat[64].

Bei aller Vielfalt und Heterogenität der Sagen zeigt sich also, daß Ovid um eine, wenn auch sehr allgemein assoziative, motivische Verknüpfung bemüht ist. Die vorherrschende Form des *pietas*-Motivs ist dabei die Trauer der Eltern über das Schicksal ihrer Kinder[65] (bei Alcidamas, Hyrie, Cephisus, Eumelos), aber auch die *impietas* der Kinder (Söhne der Combe, Menephron) wird hervorgehoben. Ovid trägt demnach, wo nicht bei der Auswahl der Metamorphosen, dort zumindest bei der Art der Darstellung dem Umstand Rechnung, daß sie Teil seiner Medea-Episode sind.

Gleichzeitig wird durch die gedrängte Kürze und die dichte Aufeinanderfolge der Sagen, die Medeas Flug ausschmücken, ein Eindruck von der Unrast, dem Umgetrieben-Sein der fliehenden Zauberin vermittelt[66].

Athen (vgl. Bömer ad loc.); der Vater Alcidamas scheint in diesem Zusammenhang keine größere Rolle zu spielen.

[61] Auch diese Sage ist relativ unbekannt; die Tatsache, daß sich die Mutter Hyrie in einen See verwandelt, wird nur von Ovid berichtet, vgl. dazu Bömer ad loc.

[62] Von dieser Blutschande berichtet auch Hyg.fab.253, vgl. Bömer ad loc.

[63] Die Frage nach dem Namen dieses Enkels ist, da andere Überlieferungen fehlen, nicht zu beantworten; vgl. Bömer ad loc.

[64] Anton. Lib. 18 berichtet davon, daß dieser Sohn Botres die Opferhandlungen für Apoll gestört habe und deshalb von seinem Vater erschlagen wurde.

[65] Die bisher vorherrschende Darstellung der *pietas* der Kinder (Medea, Iason, Peliaden) gegenüber ihren Eltern erfährt damit eine Erweiterung und Vervollständigung.

[66] Vgl. Gaßner 365, der aus der Aufzählung der Sagen den Eindruck "zunehmender, atemlos aufgezählter Fülle" gewinnt. Durch eine ähnlich gedrängte Aufzählung von Fahrtstationen verleiht Ovid auch der Fahrt des Aeneas schwungvolle Schnelligkeit (Met. 14,82-90).

5.3. Medea in Korinth

Diese Rastlosigkeit der Mörderin ist es auch, die die zunehmend knapper werdende Darstellung der weiteren Medea-Handlung prägt.

Der Landung Medeas in Korinth folgt zunächst der kurze Bericht, daß dort einstmals Menschenleiber aus im Regen gewachsenen Pilzen entstanden sein sollen (V.392f), eine sonst unbekannte Lokalsage, die dann nahtlos in die eigentliche Korinth-Handlung übergeht (V.394-397). Nach dem Mord an ihren Kindern setzt Medea ihren Flug fort und erreicht Athen, einen Ort, der Ovid noch einmal die Gelegenheit zu einem kurzen, zwei weitere Metamorphosen umfassenden Exkurs gibt, in dem er knapp von der Verwandlung des attischen Königs Periphas und seiner Frau (V.399f)[67] sowie der Alkyone in Vögel berichtet (V.401)[68]. Das schnelle Erzähltempo und die starke Raffungsintensität bleiben dabei durchgehend erhalten, so daß der kurze Bericht über den Kindermord gegenüber der Reihe der übrigen, nicht zur Haupthandlung gehörenden Mythen in keiner Weise hervorgehoben wird. Ja, er wirkt auf den ersten Blick lediglich wie ein weiteres Glied dieser Aufzählung - Korinth wird gleichsam zu einer Zwischenstation der weiterhin auf der Flucht befindlichen Medea. Der gesamte Mythos um die Rache der betrogenen Medea, der den Inhalt der Medea-Tragödie des Euripides bildet und daher allgemein bekannt ist, wird von Ovid in nur vier Versen zusammengefaßt (V.394-397). Die Tatsache, daß der Autor diesem Stoff bereits eine eigene Tragödie gewidmet hat und ihn auch in der 12. Heroide behandelt, bietet für diese unerwartet knappe Erwähnung nur eine äußerliche, keineswegs ausreichende Erklärung[69]. Entscheidend ist vielmehr, daß Ovid innerhalb seiner Darstellung an einem Punkt angekommen ist, von dem er nicht mehr bruchlos zu einer ausführlichen Gefühlsdarstellung Medeas zurückkehren kann. Ihren inneren Kampf zwischen *furor* und *ratio*, den Euripides zum tragischen Höhepunkt der Entwicklung seiner Heldin macht, hat Ovid bereits vorweggenommen in dem Konflikt der liebenden Medea, deren Ringen zwischen Vernunft und Liebe sich im Monolog äußert (V.9-73)[70]. Eine 'Neuauflage' dieses Konfliktes wäre schon deshalb fehl am Platz, weil Medea in der Darstellung Ovids bereits mit dem Peliasmord (V.297-349) vor Iasons Ehebruch als eine skrupellose Mörderin dargestellt wird, die auf moralische Prinzipien keine Rücksicht zu nehmen scheint und deren Motive gegenüber der äußeren Handlung, der Ausführung des Mordes, völlig in den

---

[67] Das Königspaar wird von Zeus in ein Adlerpaar verwandelt, vgl. Ant. Lib. 6.

[68] Alkyone wird von ihrem Vater Skiron wegen einer Liebschaft ins Meer gestürzt und verwandelt sich während des Falls in einen Eisvogel. Eine andere Version dieser Sage gibt Ovid selbst in seiner Erzählung von Ceyx und Alkyone (Met. 11, 410ff).

[69] Haupt / Ehwald / v.Albrecht ad loc. sehen darin die eigentliche Ursache für die knappe Darstellung.

[70] Vgl. dazu die Ausführungen o. S.37-58; zur Vorwegnahme des tragischen Konfliktes bes. S.41.

Hintergrund rücken[71]. Die Morde an Kreusa und den Kindern sind damit nicht
mehr Ausdruck völliger Verzweiflung und enttäuschter Liebe - diese
Empfindungen würden zu der von List und Bosheit geprägten Zauberin, wie
sie Ovid zuvor dargestellt hat, kaum passen -, sondern lediglich weitere Glieder in der Kette der Grausamkeiten Medeas, so daß eine umfangreiche Motivierung überflüssig ist.

Aber auch die äußere Darstellung der handelnden Zauberin Medea ist nach
der Schilderung der Gedanken und Gefühle einer verliebten Medea[72] bereits zu
ihrem vollen Recht gekommen: Ihre Zauberpraktiken, die später Seneca in seinem Drama intensiv beschreibt (Sen. Med. 670-842), und ihre Grausamkeit,
die uns Euripides anhand des schrecklichen Todes der Kreusa vor Augen führt
(Eur. Med. 1156-1221), sind bei Ovid schon vorher in der Aeson- bzw. Pelias-
Handlung Gegenstand ausführlicher Betrachtung gewesen[73]. Die unterschiedlichen Facetten der Medeafigur sind damit eingehend beleuchtet worden. Jetzt
genügt eine kurze Paraphrase des euripideischen Textes, in der der wesentliche
Inhalt kurz angedeutet wird, um in der Erinnerung des Lesers ein Echo auf die
Beschreibung der grausam mordenden Zauberin, aber auch der innerlich zer-
rissenen Liebenden anklingen zu lassen (V.394-397):

> *sed postquam Colchis arsit nova nupta venenis*
> *flagrantemque domum regis mare vidit utrumque,*
> *sanguine natorum perfunditur inpius ensis,*
> *ultaque se male mater Iasonis effugit arma.*

Ausdrücklich genannt werden nur die Höhepunkte der Entwicklung, nämlich
der Feuertod Kreusas[74] mit Hilfe von Medeas bereits bekannter Hexenkunst
und der anschließende Kindermord. Die Vorgeschichte wird gänzlich ausgelassen: Der verhängnisvolle Treuebruch Iasons, auf den Ovid zuvor mehrfach indirekt vorausgewiesen hatte (z.B. V.42f)[75], wird nur noch versteckt angedeutet
in den Worten *nova nupta* (V.394). Von der Existenz der Kinder erfahren wir

---

[71] Medea wird hier nur noch als hinterlistige Zauberin gesehen; ihre Gefühle und Beweggründe finden keine Beachtung mehr; im Mittelpunkt des Interesses steht die äußere Handlung, vgl. o. S.124ff.
[72] Von dieser 'Innendarstellung' wurde die gesamte Kolchis-Handlung beherrscht, vgl. o.
S.23-100.
[73] Die Verjüngung des Aeson (V.159-263) wird zwar überzeugend psychologisch motiviert
(vgl. o. S.105f), die eigentliche Durchführung des Verjüngungszaubers wird jedoch beherrscht von der Darstellung äußerer Handlung (vgl. o. S.110ff).
[74] Der Gedanke, daß nicht nur die Königstochter und ihr Vater in dem Feuer umkommen,
sondern der ganze Palast niederbrennt (V.395: *flagrantemque domum regis*) taucht zum ersten Mal hier bei Ovid auf. Bei Seneca, der dieses Motiv offenbar von Ovid übernimmt,
droht das Feuer sogar, auf die Stadt überzugreifen; vgl. dazu Friedrich, Medeas Rache, 96.
[75] Vgl. o. S.37ff.

erst im Augenblick ihres Todes. Dabei findet das schon mehrfach variierte Motiv der *pietas* auch Eingang in die paraphrasierte Korinth-Handlung. Noch einmal erweist sich Medea als *impia*: Diesmal ist es jedoch nicht die *pietas* der Tochter, sondern die der Mutter (V.397: *mater*) gegenüber ihren Kindern, die von Medea auf die denkbar grausamste Art verletzt wird (V.396: *impius ensis*)[76].

Ausdrücklich betont wird am Ende des kurzen Berichts der Gesichtspunkt, daß Medea nach ihrem Racheakt wiederum gezwungen ist zu fliehen (V.397: *effugit*). Wie schon die dichte Reihung der aufgezählten Verwandlungssagen (V.352-393) bringt auch die extreme Raffung der in diese Aufzählung integrierten Korinth-Handlung vor allem die Rastlosigkeit der umhergetriebenen Mörderin zum Ausdruck: das Motiv der Flucht steht zunehmend im Vordergrund.

Mit ganz ähnlicher Wirkung wie hier die euripideische Tragödie faßt Ovid an anderer Stelle den Inhalt der gleichermaßen berühmten "Didotragödie"[77], also des zentralen 4. Buches der Aeneis, in nur vier Versen zusammen (Met. 14,78-82)[78]:

> *excipit Aenean illic animoque domoque*
> *non bene discidium Phrygii latura mariti*
> *Sidonis; inque pyra sacri sub imagine facta*
> *incubuit ferro, deceptaque decipit omnes.*
> *rursus...fugiens...*

Auch hier beschränkt sich der Erzähler darauf, allgemein Bekanntes kurz anzudeuten. Die geraffte Darstellung dient dabei entsprechend ihrer Funktion in der Medea-Handlung vor allem dazu, das Umhergetrieben-Sein der fliehenden Aeneaden durch die Aufzählung ihrer zahlreichen Aufenthaltsorte zu verdeutlichen (Met. 14,82: *rursus ... fugiens*). Auch Karthago wird also, wie hier Korinth, in erster Linie zu einer weiteren Station einer scheinbar endlosen Flucht.

---

[76] Über die Medea-Episode hinaus wird damit eine Verbindung zu der vorausgehenden Sageneinheit geknüpft. Auch dort bringt eine Mutter, nämlich Procne, ihre eigenen Kinder um, wird also *impia*, um so deren Vater zu strafen (Met. 6,424-625), vgl. o. S.19ff.

[77] So Wlosok 228 u.ö.

[78] Guthmüller 82 stellt fest, daß Ovid der Aeneis auch sonst "meist nur in kurzen Rahmenstücken [sc. folgt], seine eigentliche Absicht ist in den eingeschalteten Erzählungen zu suchen."; ders. 81: "Er bringt das erhabene virgilische Geschehen in provozierender Kürze ...". Vgl. auch M.Stitz, Ovid und Vergils Aeneis, Diss. Freiburg 1962; Bernbeck 12f.16f.33f u. passim.

5.4 Medea in Athen

In der Tragödie des Euripides wird bereits während der Handlung in Korinth auf Medeas nächsten Zufluchtsort, Athen, vorverwiesen: Medea trifft vor
der Ermordung ihrer Nebenbuhlerin mit Aigeus zusammen (Eur. Med. 663ff).
Nachdem sie ihm die Untreue Iasons geschildert hat, bringt sie den Athener-
könig dazu, ihr seine Gastfreundschaft anzubieten und unter Eid zu versichern,
daß er sie niemals ihren Feinden ausliefern werde (Eur. Med.746ff). Als Ge-
genleistung verspricht Medea, Aigeus von seiner Kinderlosigkeit zu befreien
(Eur. Med.716-722). Nach dem Kindermord schließlich verkündigt sie bereits
vom Drachenwagen aus die Absicht, nach Athen zu fliegen, um bei Aigeus zu
wohnen (Eur. Med.1384f). Die inhaltliche Fortsetzung der Medea-Tragödie
schafft Euripides mit einem heute verlorenen Aigeus-Drama, das von der Ehe
zwischen Aigeus und Medea und dem mißglückten Mordversuch an Theseus
handelt[79].

Ovid nimmt diesen Handlungsfaden auf und läßt Medea nach der Flucht aus
Korinth zu der Burg der Pallas in Athen gelangen (V.399), ohne allerdings
Aigeus zuvor erwähnt zu haben. In Athen genießt Medea nicht nur die Gastfreundschaft des Königs, sondern wird auch dessen Frau (V.402f). Die Motive, die sie zu dieser Ehe veranlassen, haben dabei für Ovid keine Bedeutung.

Mehr Interesse gilt Aigeus, dessen Einführung durch einen auffälligen auktorialen Eingriff gekennzeichnet ist (V.402):

> *excipit hanc Aegeus facto damnandus in uno.*

Bei dieser Bemerkung handelt es sich, ähnlich wie oben V.85: *posses
ignoscere amanti*[80], um eine nüchterne, emotionslose Aussage des Erzählers
darüber, wie das Handeln der jeweiligen Person seiner Ansicht nach moralisch
zu bewerten ist. Durch derartige Äußerungen setzt sich Ovid deutlich von entsprechenden auktorialen Eingriffen seiner epischen Vorgänger ab. Denn
sowohl bei Apollonios als auch bei Vergil tritt die ohnehin nur selten durch-
scheinende Subjektivität[81] vor allem in pathetischen Apostrophen oder emotionalen Zwischenrufen hervor, die persönliche Anteilnahme ausdrücken. So äus-
sert Apollonios seine Abscheu hinsichtlich des Gattenmordes der Lemnierinnen

---

[79] Vgl. Schol. Hom 11,741 mit der Hypothesis zu diesem Drama nach Krates. Der Aufenthalt Medeas in Athen und der Versuch, sich des Theseus zu entledigen, ist sowohl als Bestandteil der Medeasagen als auch der Theseussagen durch verschiedene Überlieferungen
belegt; dazu neben Bömer ad loc. auch Seeliger, Art. Medea, Roscher 2496f u. Lesky,
Art. Medea, RE 46.

[80] Vgl. dazu o.S.70ff.

[81] Vgl. Effe, Objektivität 179.183, der darauf hinweist, daß gerade bei Apollonios emotio-
nale Subjektivität nur sehr sporadisch vorkommt und auch Vergil im wesentlichen um die
Wahrung epischer Objektivität bemüht ist. Zu einem ähnlichen Ergebnis kommt bereits
Heinze, Virgil 370ff.

mit den Worten ὣ μέλεαι (Apoll. Rhod. Arg. 1,616)[82]; Vergil läßt durch häufiges *infelix* (Aen. 1,712.716; 4,68.450.529) sein Mitleid mit Dido erahnen[83]. Ovid dagegen scheint mit seiner Äußerung weder verstecktem Mitgefühl noch innerer Entrüstung Ausdruck zu verleihen - indem er etwa sagt " Aigeus, der Unselige, nahm diese bei sich auf" -, sondern gibt eine sachliche Bewertung des Aigeus, der, nach Meinung des Erzählers, einen untadeligen Lebenswandel hat und nur mit der Aufnahme Medeas einen schweren Fehler begeht.

Von besonderer Bedeutung ist vor allem, daß diese ungewöhnliche auktoriale Wertung nicht der eigentlichen Hauptfigur, nämlich Medea gilt. Die Aufmerksamkeit des Lesers wird damit zunächst ausdrücklich auf die Person des Aigeus gelenkt, so daß Medea zunehmend an die Peripherie des Geschehens gerät.

Entsprechend folgt, nach einem unbestimmten Zeitsprung, ohne daß sich der Erzähler noch einmal Medea zugewendet hat, mit besonderer Betonung der Auftritt des Theseus (V.404: *aderat Theseus*). Dabei wird zum erstenmal innerhalb der Medeaepisode bei der Einführung einer neuen Figur die eigentliche Narration unterbrochen, um in einem erklärenden Rückgriff den Leser über die Vorgeschichte zu informieren. Die Person des Theseus bekommt damit von Anfang an eine besondere Bedeutung. Allerdings baut Ovid auch hier auf die Vorkenntnisse seines Publikums (V.405):

et virtute sua bimarem pacaverat Isthmon.

Die für die Handlung sehr viel wichtigere Erklärung, warum Theseus seinem eigenen Vater unbekannt ist (V.404: *proles ignara parenti*), erfolgt nicht, obgleich dieser Umstand die Voraussetzung für den Giftmordversuch an Theseus bildet, durch den die Verbindung zwischen der Theseus- und der Medeahandlung hergestellt wird.

Bei der anschließenden kurzen Schilderung dieses Mordversuches fehlt jede Klärung der Gründe und Motive. Ja, die Darstellung der eigentlichen Haupthandlung (V. 419-423) wird entschieden in den Hintergrund gedrängt von der sehr viel umfangreicheren Beschreibung der verwendeten Giftkräuter (V. 407-419), deren Beschaffung jedoch nicht, wie in der Aeson-Verjüngung, zu einem Teil der Narration wird[84]. Vielmehr ist das Gift zum Zeitpunkt der Handlung bereits vorhanden[85]. Ovid erwähnt lediglich, daß Medea es von der skythischen Küste mitgebracht hat, und schließt dann einen längeren aitiologischen

---

[82] Weitere Belege s. Gummert 117ff.

[83] Entsprechend etwa *fortunati ambo!* (Verg. Aen. 9,446), vgl. Heinze, Virgil 371f. Vgl. insgesamt zur Apostrophe bei Vergil im Gegensatz zu Ovid o. S.92f.

[84] Vgl. o. S.128f.

[85] Auch das Zaubermittel, das Iason schützen soll, ist vorhanden, als es gebraucht wird. vgl. o. S.64.

Exkurs über die Entstehung des Giftes aus dem Speichel des von Hercules ent-
führten Cerberus an.

Apollonios, der die Entstehung eines Zauberkrautes aus dem Blut des Prometheus ebenfalls in einem aitiologischen Exkurs darlegt (Apoll. Rhod. Arg.
3,845-857), fügt seinem Aition die Beschreibung der magischen Riten hinzu,
mit deren Hilfe Medea den eigentlichen Zaubersaft herstellt. Aition und Zauberritus werden dabei durch die Bemerkung, daß Prometheus vor Schmerzen
stöhnt, als Medea die Zauberwurzel herausschneidet, inhaltlich eng miteinander verknüpft (Apoll. Rhod. Arg. 3,865f)[86]. Bei Ovid dagegen ist der aitiologische Exkurs von der Haupthandlung völlig isoliert[87] und bietet die Gelegenheit
zur Einfügung einer weiteren Metamorphose, nämlich der Verwandlung des
Blutes in Giftkraut. Nur indirekt wird durch dieses betonte Hervorheben des
Zaubermittels noch einmal die Erinnerung an die mächtige Zauberin der Aeson-Verjüngung, die sich mit ihrem Drachenwagen Zugang zu Zauberkräutern
an den entlegensten Orten verschafft, geweckt. Aktiv in den Vordergrund tritt
Medea selbst jedoch nicht mehr.

Den Anfang des Exkurses bildet eine Topothesie, die den Ort des Geschehens beschreibt (V.410: *specus est ...*) und in dieser Form zu den traditionellen Mitteln epischen Erzählens gehört[88]. Während jedoch solche Ortsbeschreibungen hochepischen Stils bei Vergil dazu dienen, zentrale Handlungsorte
besonders hervorzuheben (z.B. Aen. 1,12: Beschreibung Karthagos)[89], steht
die ovidische Ortsekphrasis außerhalb der eigentlichen Haupthandlung in einem Einschub. Erneut wird damit ein typisches Element des Epos seines ursprünglichen Zweckes enthoben[90] und dient dazu, die ovidische Darstellungsweise besonders zu akzentuieren. In diesem Fall entsteht durch die betont epische Ortsbeschreibung ein starker Kontrast zu den meist kurzen oder sogar
ganz fehlenden Ortsangaben in der Haupthandlung.

Diese ausführliche szenischen Darstellung setzt sich innerhalb des Exkurses
(V.407-419) weiter fort und bildet einen deutlichen Kontrast zu dem knappen

---

[86] Die Pflanze aus dem Blut des Prometheus wird somit gleichgesetzt mit dem herausgeris-
senen Fleisch, vgl. dazu Fränkel, Noten, ad loc.

[87] Der Erzähler beruft sich bei der Darstellung nach hellenistischer Manier auf seine Quellen: *memorant* (V.408); *putant* (V.416); *agrestes vocant* (V.419), und macht so die
Erzählsituation deutlich bewußt. Vgl. Apoll. Rhod. Arg. 1,59.123; 2,500.528; 4,984 u.ö.
und dazu Fränkel, Noten 45 Anm. 53. Auch Vergil flicht bei mythischen Erzählungen, die
nichts mit der eigentlichen Handlung zu tun haben, Hinweise auf andere Quellen ein, z.B.
Aen. 7, 734: *fertur*; 6,14: *ut fama est*; 9, 82 u.ö.: vgl. Heinze, Virgil 241f.

[88] Vgl. G. Williams, Tradition and Originality in Roman Poetry, Oxford 1968, 652f zur *est
locus*-Formel. Vgl. auch E.W.Leach, Ekphrasis and the Theme of Artistic Failure in Ovid's
Metamorphoses, Ramus 3, 1974, 102-142.

[89] Vgl. dazu Austin, Komm. ad. loc.

[90] Vgl. die Ausführungen zu dem epischen Handlungsbeginn mit *iam* S.23f; zu den epischen Zeitumschreibungen o. S.76f; zu epischen Kampfschilderungen o. S.84f.

Bericht der eigentlichen Handlung: Sehr anschaulich wird der vom Sonnenlicht geblendete, sich gegen die Ketten sträubende Höllenhund beschrieben (V.411-414) und ebenso deutlich vor Augen steht den Lesern die Verwandlung seines Speichels in eine Pflanze (V.415-419). Den gescheiterten Mordversuch selbst und das Wiedererkennen von Aigeus und Theseus schildert Ovid dagegen in gedrängter Kürze (V.421-423). An der Figur der Medea, die in den vorausgehenden 400 Versen im Zentrum der Handlung stand, verliert Ovid scheinbar zunehmend das Interesse. Ihre Motive und die Methode, nach der sie Aigeus auf ähnlich raffinierte Weise wie zuvor die Peliaden fast zum Mord verführt, werden völlig übergangen. Die knappe Szene wird beherrscht von der Anagnorisis zwischen Vater und Sohn. Wiederum wird also das Motiv der *pietas* variiert und damit eine motivische Verknüpfung mit dem Vorausgehenden geschaffen. Der Aspekt Eltern/Kinder wird hierbei sprachlich deutlich hervorgehoben: *proles ignara parenti* (V.404); *parens Aegeus nato porrexit ut hosti* (V.420). Wie in der vorausgehenden Handlungseinheit Procne (6,412-674) und in unserem Abschnitt Medea ihre eigenen Kinder ermordet haben, steht auch Aigeus davor, seinen eigenen Sohn zu töten, allerdings, ebenso wie die Vatermörderinnen, die Peliaden, als Opfer einer bewußten List, ohne zu erkennen, was er tut.

Allerdings trägt im letzten Moment die *pietas* den Sieg davon (V.425-427)[91]:

> *at genitor, quamquam laetatur sospite nato*
> *attonitus tamen est ingens discrimine parvo*
> *committi potuisse nefas.*

Nachdem sich so ohne einen Bruch im Erzählfluß die Medeahandlung ganz allmählich in die Theseus-Handlung 'verwandelt' hat, verschwindet auch Medea selbst fast unmerklich aus der Erzählung (V.424):

> *effugit illa necem nebulis per carmina motis.*

Ihr unauffälliges Entgleiten aus der Handlung und das Fehlen eines eigentlichen Schlußes, etwa durch eine Metamorphose Medeas, unterscheidet sich deutlich von den vorhergehenden, stark pointierten Szenenabschlüssen innerhalb der Medea-Handlung selbst[92], bildet jedoch auf den ersten Blick auch einen Gegensatz zu vielen anderen Episoden des Gesamtwerkes, die häufig mit

---

[91] Diese *pietas* zwischen Vater und Sohn nimmt auch in den folgenden Episoden eine wichtige Rolle ein. So ist der Krieg des Minos gegen Athen motiviert durch den gerechten Zorn des Vaters über die Ermordung seines Sohnes: *...patria tamen est firmissimus ira...* (V.457); *arma...pro gnato sumpta piaeque ...militiae* (V.482). Die Medea-Episode ist damit motivisch durchaus in den sie umgebenden Text eingebunden.

[92] Vgl. etwa die Metamorphose Aesons (V.292f), dazu o. S.122; zu der Zerstückelung des Pelias (V.348f) o. S.134f.

einem deutlichen Schlußakzent in Form einer Metamorphose enden: So wird z.B. auch das Schicksal von Skylla (Met. 8,6ff), Byblis (Met. 9,454ff) und Myrrha (Met. 10,300ff), Heroinen, die häufig in einem Atemzug mit Medea genannt werden, durch eine Verwandlung besiegelt[93]. Andererseits finden sich aber in Ovids Epos durchaus noch weitere Episoden, in denen die Hauptfigur keine Metamorphose durchmacht: So werden weder Phaethon (Met. 2,1-400) noch Pyramus und Thisbe (Met. 4,36-166), weder Daedalus und Icarus (Met. 8,183-235) noch Orpheus (Met. 10,1-11,84) oder Achill (Met. 12,580-628) am Ende verwandelt. In allen diesen Episoden kommen zwar Verwandlungen vor, jedoch betreffen sie, wie in der Medea-Sage, nur Nebenfiguren bzw. Nebenhandlungen[94].

Eine Ursache für das Fehlen einer Metamorphose der berühmten Hauptfiguren ist wohl der folgende Umstand: Der Inhalt dieser Sagen war zur Zeit Ovids bereits entscheidend durch die Überlieferungen, im Fall der Medea-Episode durch Euripides und Apollonios, geprägt und hatte in den Vorstellungen der Leser feste Umrisse angenommen. Die zusätzliche Erfindung einer bisher nicht überlieferten Metamorphose z.B. der Medea würde eine auffällige Abweichung von der Mythentradition bedeuten, die der Dichter hier offenbar vermeiden will.

Bei näherem Hinsehen lassen sich jedoch auch am Ende der Medea-Episode Gemeinsamkeiten mit solchen Episoden, die mit einer Metamorphose enden, feststellen:

Nach der zum Schluß hin immer gedrängteren Aufzählung von Medeas Greueltaten, die jeweils in die Flucht münden (V.351: *fugit*; V.397: *effugit*), befindet sich Medea auch am Ende der Erzählung weiter auf der Flucht (V.424: *effugit*). Ovid erweckt so den Eindruck, daß sich die Aneinanderreihung von Gewalttat und Flucht noch endlos fortsetzen ließe und daß somit Medea niemals zur Ruhe komme. Bei vielen anderen seiner Episoden entsteht,

---

[93] Alle diese Frauengestalten äußern ihre zwiespältigen Gefühle in einem Monolog (Met. 8,44-80: Skylla; 9,474-516: Byblis; 10,320-355: Myrrha) und begehen schließlich ein Unrecht, indem sie der Liebe folgen. Skylla wird schließlich in einen Vogel (8,150f), Byblis in eine Quelle (9,663ff), Myrrha in einen Baum (10,489ff) verwandelt. Vor allem ihre Monologe werden häufig vergleichend nebeneinander gestellt, so von Heinze, O. el. Erz. 359ff; Hehrlein passim; Offermann 28ff. Vgl. auch o. Kap. III 2.1.

[94] In der Phaethon-Episode werden dessen trauernde Schwestern verwandelt (2,340-366); bei Pyramus und Thisbe verwandelt sich die Farbe des Maulbeerbaumes (4,125f); Perdix, der Neffe des Icarus, wird in einen Vogel verwandelt (8,236ff); eine Schlange, die nach dem Kopf des toten Orpheus trachtet, wird zu Stein (11,54). In der Medea-Episode ist die erste Metamorphose die der Drachenzähne in Krieger (7,123ff), es folgen die verschiedenen Verjüngungen (7,236f. 280f. 287ff. 317ff), der eingefügte Sagenkatalog (7,352-393) sowie das Aition des Giftkrautes (7,419ff). Alle diese Verwandlungen rechtfertigen zwar die Aufnahme der jeweiligen Sage in das Metamorphosenepos, sind für die eigentliche Haupthandlung jedoch meist von untergeordneter Bedeutung.

auch wenn sie durch eine Metamorphose enden und damit sehr wohl zu einem erzählerischen Abschluß gelangen, ebenfalls häufig das Gefühl, daß sich ein entscheidender Aspekt der an einem bestimmten Punkt verlassenen Handlung ins Unendliche fortsetzen ließe bzw. sich immer aufs neue wiederholt: Die Pieriden bleiben als Elstern geschwätzig (5,677); Arachne übt ihre Webkunst weiter aus (6,144f); Tereus verfolgt auch als Vogel die beiden Mörderinnen seines Sohnes (6,671ff); Daedalion wütet noch als Habicht gegen andere Vögel (11,344ff); Ceyx und Alcyone verlängern als Vögel ihren Ehebund auf ewig (11,743ff); Myrrha vergießt noch als Baum (10,499ff) wie Niobe als Stein (6,310ff) immer weiter ihre Tränen; und noch als Hündin gibt Hecuba in unendlicher Trauer ihr Heulen von sich (13,570f.). Der für die Verwandlung entscheidende Bestandteil ihres vorherigen Daseins bleibt den Verwandelten auch in der neuen, ewig bleibenden Gestalt erhalten[95].

Obwohl Medea selbst keine solche Metamorphose erfährt, wird doch angedeutet, daß sie, im gleichen Sinne wie die Verwandelten weiterhin trauern, hassen usw., immer weiter mordet und flieht - ihr Dasein sich auf eine endlose Flucht reduziert. Der Erzähler folgt ihr an einem bestimmten Punkt der Handlung nicht mehr weiter, sondern bleibt gleichsam zurück und wendet sich einer anderen Figur und damit einer neuen Thematik zu. Ovid verzichtet somit auf einen Schluß im aristotelischen Sinne als Endpunkt einer Entwicklung und erweckt auf spielerische Art den Anschein von Endlosigkeit anstelle von Geschlossenheit.

---

[95] Für den Umstand, daß nach der Metamorphose eine bestimmte Eigenschaft bzw. ein Gefühl oder eine Fähigkeit auch in der neuen Gestalt erhalten bleibt, ließen sich noch zahlreiche weitere Beispiele anführen; vgl. dazu auch Anderson, Multiple Change, 24f; Pöschl, Erzählkunst, 273 und E.A.Schmidt 58: "Immer bewahrt die neue Gestalt etwas von der alten Gestalt und ihrer Geschichte: sie verewigt Wesenskern und Geschick der verwandelten Gestalt."

V. Auswertung und Fazit

Das Ziel der vorangegangenen Untersuchung war es, anhand der Medea-Episode exemplarisch die Besonderheiten ovidischer Erzähl- und Darstellungsweise aufzuzeigen und mit Hilfe einer detaillierten textchronologischen Interpretation Erkenntnisse über die dichterische Intention und die inhaltliche Strukturierung innerhalb dieses Abschnittes zu gewinnen. Als Grundlage dafür dienten vor allem der direkte Vergleich mit dem hellenistischen Epos des Apollonios Rhodios sowie die Gegenüberstellung mit Vergil, dessen Ausführung des Dido-Themas im vierten Aeneisbuch zahlreiche Parallelen zum Medea-Mythos aufweist.

Ovid setzt sich in seiner Darstellung dieses Mythos jedoch nicht nur mit den beiden epischen Vorlagen auseinander: Die konkrete Untersuchung des für die Metamorphosen häufig konstatierten Phänomens der Vermischung literarischer Genera zeigt, daß auch der Einfluß des euripideischen Medea-Dramas, der bereits bei Vergil spürbar ist, bei Ovid stark in den Vordergrund tritt.

Vor der Folie der älteren Epiker wird bereits am Aufbau der Medea-Episode deutlich erkennbar, daß Ovid erzählerisch völlig andersartige Intentionen verfolgt. Die einzelnen Handlungsabschnitte werden nicht durch ein übergeordnetes *telos* zusammengehalten; d.h. es gibt kein gemeinsames, in allen Teilen der Episode greifbares Ziel, auf das die Handlung zustrebt. Auch verzichtet Ovid vollständig auf die für Apollonios und Vergil so wichtige Nachrechenbarkeit von Handlungszeiträumen und die Darstellung der Bewegung von einem Schauplatz zum nächsten. Es fehlt somit sowohl die zeitliche als auch die räumliche Kontinuität der Handlung. Nach Kausalzusammenhängen zwischen den Szenen, durch die ein Ereignis logisch zwingend aus dem vorhergehenden folgt, sucht man ebenfalls häufig vergebens. Die Episode besteht vielmehr aus chronologisch und thematisch weitgehend eigenständigen Einzelhandlungen, die lose aneinandergefügt werden. Sie spiegelt damit die Struktur der gesamten Metamorphosen wider, die ja auch aus einer Aneinanderreihung inhaltlich selbständiger Episoden bzw. Metamorphosen bestehen.

Anders als das Gesamtwerk erhält jedoch die Medea-Episode ihre Geschlossenheit durch die Einheit der Person, nämlich der Medea, die in allen Handlungsteilen im Mittelpunkt steht. Zugunsten der Konzentration auf diese Hauptfigur verzichtet Ovid soweit wie möglich auf Nebenfiguren, selbst wenn sie durch die Tradition vorgegeben sind, und vermeidet auch das für das Epos typische Nebeneinander von verschiedenen Handlungssträngen. Der Standort Medeas ist immer auch Erzählerstandort.

Dabei will Ovid aber keineswegs eine einheitliche und konsequente Persönlichkeitsentwicklung Medeas aufzeigen. Stattdessen betrachtet er seine Heldin unter verschiedenen entgegengesetzten Aspekten: Medea wird nacheinander gleichsam in unterschiedlichen Rollen dargestellt; sie ist Liebende, Tochter, Zauberin und Mörderin. Im ersten Teil steht das Gefühlsleben der verliebten Medea und somit gleichsam das "innere Geschehen" im Mittelpunkt. Das Hauptthema, der Konflikt zwischen Liebe und Vernunft, findet seinen Ausdruck in einem Monolog, in dem Medea selbst über ihre Gefühle reflektiert. Erst im zweiten Teil gilt das Interesse ihrem Handeln, also dem äußeren Geschehen. Erreicht wird diese "Aufteilung" durch die jeweils unterschiedliche Erzählperspektive. Die liebende Medea schildert Ovid mit Hilfe der Innensicht, durch die der Erzähler direkten Einblick in ihre Gefühle und Gedanken gewinnt. Die äußere Handlung wird dabei auf ein notwendiges Minimum reduziert oder durch die personale Sichtweise Medeas stark subjektiviert dargestellt. Als Hexe und Mörderin dagegen wird Medea aus der genau entgegengesetzten Erzählperspektive betrachtet. Die ungewöhnlichen Aktivitäten Medeas werden jetzt anschaulich und genau beschrieben, die Gefühle und Motive der Protagonistin bleiben demgegenüber unerwähnt. An die Stelle der Innensicht tritt damit im zweiten Teil, komplementär dazu, die Außensicht.

Erst durch die Zusammenstellung dieser beiden, sich ergänzenden Teile erhält das Medeabild Geschlossenheit. Eine isolierte Betrachtung der Kolchishandlung, wie sie mehrfach erfolgt ist, ist demnach verfehlt.

Wie die unterschiedliche Erzählperspektive wird auch die Verwendung gattungsspezifischer Darstellungselemente ganz gezielt auf den jeweils dominierenden erzählerischen Aspekt abgestimmt. So werden die Gefühle Medeas mit Hilfe zahlreicher elegischer Motive veranschaulicht, z.B. durch den Vergleich ihrer Liebe mit einer Krankheit oder mit Feuer. Darüber hinaus kann ganz allgemein die Art der direkten Darstellung innerer Konflikte unter Zurücktreten jeder äußeren Handlung, die ihren Höhepunkt in Medeas Monolog erfährt, als typisches Moment elegischer Dichtung gelten. Deutlich wird dabei der Kontrast zu Vergil, der im Gegensatz zu Ovid bemüht ist, jede Gefühlsbewegung Didos auf eine äußere Form epischer Handlung zu projizieren. Während Ovid sich darauf beschränkt, die innere Zerrissenheit Medeas direkt zu schildern, beschreibt Vergil z.B., wie Dido infolge ihrer Liebe einer Rasenden gleich in der Stadt umherirrt (Aen. 4,68-73), und läßt von dort auf ihre seelische Verstörtheit schließen.

Die tragische Zuspitzung des seelischen Konfliktes im ersten Teil wird von Ovid zudem verdeutlicht durch die Übernahme typischer euripideischer Monologtechniken wie z.B. der Selbstanrede. Zugleich dienen aber im zweiten Teil der Episode dramatische Darstellungsmittel der Veranschaulichung äußerer Handlung z.B. durch eine betont inszenierte Darstellung, in der für den Leser eine fiktive Bühnenkulisse entworfen wird oder die Protagonisten innerhalb der direkten Rede auf Szenerieveränderungen hinweisen.

Die durchaus zahlreich verwendeten spezifisch epischen Stilelemente werden aufgrund der fehlenden Handlungseinheit und der geradezu "unepischen" Erzählweise Ovids häufig ihrer eigentlichen Funktion enthoben oder verfremdet und so den andersartigen Intentionen Ovids zunutze gemacht. So werden z.B. epische Umschreibungen der Tageszeit für eine chronologische Einordnung wertlos. Was wie eine traditionelle epische Kampfschilderung beginnt, endet mit der direkten Beschreibung von Medeas Gefühlen. Auch die auf den ersten Blick typisch epischen Elemente dienen also zur Hervorhebung der Person Medeas in ihrer jeweiligen Rolle.

Mit Hilfe ungewöhnlicher Erzähltechniken werden auch im zweiten Teil, in dem die äußere Handlung dominiert, weitere Facetten der Gestalt der handelnden Medea herausgearbeitet. So wird die Ambivalenz der Zauberin, die ihre Kräfte einmal für ein gutes Werk, die Verjüngung, dann jedoch für einen Mord einsetzt, geschickt ins Bewußtsein des Lesers gerückt, indem Ovid in einer vordergründig parallelen Darstellung beider Szenen, z.T. sogar mit Selbstzitaten und wörtlichen Wiederholungen, den durchaus unterschiedliche Abschluß auf makabre Weise pointiert - die zweite Szene endet mit einem an Grausamkeit kaum zu überbietenden Mord.

Die durch die mehrfache Abfolge von Verbrechen und Fliehen schier endlos wirkende Flucht der umhergetriebenen Mörderin manifestiert sich in dem immer schneller werden Erzähltempo. Die Orte, die Medea dabei überfliegt, sind zugleich Schauplätze für kleinere Verwandlungssagen, deren knappe, über Andeutungen kaum hinausgehende Aufzählung geradezu hektisch wirkt. Die katalogartige Aufzählung solcher Sagen, die in den Metamorphosen häufiger begegnet, ist demnach nicht nur ein Vorwand für den *poeta doctus*, seine Mythenkenntnis unter Beweis zu stellen, sondern hat durchaus inhaltliche Funktion.

Ein Verbindungsglied zwischen den einzelnen Szenen über die Figur der Medea hinaus ist in dem Motiv der *pietas* zwischen Eltern und Kindern zu erkennen. Auch dieses Motiv jedoch wird nicht etwa gradlinig entwickelt, sondern auf jede denkbare Weise variiert und unter völlig unterschiedlichen Aspekten betrachtet. Zunächst verletzt Medea die *pietas* gegenüber ihrem Vater durch den Verrat; Iason dagegen erweist sich als *pius*, indem er seinem Vater von seinen eigenen Lebensjahren einige schenken will; die Peliastöchter werden durch dieselbe *pietas* unbeabsichtigt zu Vatermörderinnen, und auch in dem Katalog von Einzelsagen klingt das Motiv auf immer wieder andere Weise an. Noch einmal zeigt sich damit also, was bereits bei der Darstellung der Medeafigur deutlich geworden ist: Ovid liegt an der möglichst vollständigen Erfassung eines Themas: Erst durch die Zusammenstellung der verschiedenartigen, sich ergänzenden Betrachtungsweisen der Medeafigur, bei der nacheinander sowohl ihre Gefühle als auch ihr Handeln Mittelpunkt des Interesses sind, entwirft er ein vollständiges, geschlossenes Bild seiner Heldin und verleiht damit auch der gesamten Szene eine Geschlossenheit, die freilich von einem originellen Einheitsbegriff geprägt ist, der sich deutlich von dem des Aristoteles unterscheidet.

Hierin öffnet sich ein möglicher Weg auch für die Betrachtung der Gesamtmetamorphosen, in denen Ovid z.B. das Motiv der Verwandlung ebenfalls in allen denkbaren Konstellationen unter möglichst vielen verschiedenen Aspekten immer wieder anders ausführt. Es wäre zu prüfen, ob nicht auch hier in dem Streben nach Universalität und Vollständigkeit eine erzählerische Eigenart Ovids hervortritt, die nicht an den Normen des Aristoteles zu messen ist, sondern mit anderen und originellen Mitteln arbeitet.

VI. Literaturverzeichnis

1.Ausgaben, Übersetzungen, Kommentare

P.Ovidii Nasonis Metamorphoses, rec. **W.S.ANDERSON**, Leipzig 1977.

P.Ovidii Nasonis Metamorphoseon libri XV, rec. **H.MAGNUS**, Berlin 1914.

Ovid's Metamorphoses, Books 6-10, ed. with introd. and comm. by **W.S.ANDERSON**, Norman 1972.

P.Ovidius Naso, Metamorphosen, Kommentar v. **F.BÖMER**, 7 Bde, Heidelberg 1969-86.

P.Ovidius Naso, Metamorphosen, Text u.Kommentar v. **M.HAUPT / R.EHWALD**, korr. u. bibliogr. erg. v. **M.V.ALBRECHT**, 2 Bde, Zürich 1966.

P.Ovidii Nasonis Amores, Medicamina Faciei Femineae, Ars Amatoria, Remedia Amores, rec. et instr. **E.J.KENNEY**, Oxford 1973.

P.Ovidii Nasonis Heroides, rec. et ed. **R.GIORNINI**, 2 Bde, Rom 1957-1965.

Apollonii Rhodii Argonautica, hrsg. v. **H.FRÄNKEL**, Oxford 1961.

Apollonios Rhodios, Die Argonauten, übers. v. **TH.V. SCHEFFER**, Wiesbaden 1940.

Euripides Medea, hrsg. u. komm. v. **D.S. PAGE**, Oxford 1938.

Euripides Medea, hrsg. u. übers. v. **K.H. ELLER**, Stuttgart 1983.

Homeri Opera, hrsg. v. **D.MONRO / T.ALLEN**, Oxford 1902-1912.

Homer, Ilias, übertr. v. **H.RUPE**, München 9 1989.

Homer, Odyssee, übertr. v. **A.WEIHER**, München 9 1990.

P.Vergili Maronis Opera, rec. et instr. **R.A.B.MYNORS**, Oxford 1969.

P.Vergili Maronis Aeneidos Liber Quartus, ed. et comm. by **A.S.PEASE**, Darmstadt 1967 (zuerst 1935).

2. Sekundärliteratur

ALBERT, W., Das mimetische Gedicht in der Antike, Diss. München 1988.

ALBRECHT, M.V. / ZINN, E. (Hrsg.), Ovid, Wege der Forschung (WdF) 92, Darmstadt 1968.

ALBRECHT, M.V., Die Parenthese in Ovids Metamorphosen und ihre dichterische Funktion, Würzburg 1963.

ALBRECHT, M.V., Mythos und römische Realität in Ovids Metamorphosen, ANRW II 32,4 1981, 2328-2343.

ALBRECHT, M.V., Ovids Metamorphosen, in: E.Burck (Hrsg.), Das römische Epos, Darmstadt 1979, 120-150.

ALBRECHT, M.V., Zur Funktion der Gleichnisse in Ovids Metamorphosen, in: H.Görgemanns / E.A.Schmidt (Hrsg.) Studien zum antiken Epos, Meisenheim a.G. 1976, 280-290. [zit.: v.Albrecht, Gleichnisse].

ANDERSON, W.S., Multiple Change in the Metamorphoses, TAPhA 94, 1963, 1-27.

BARTENBACH, A., Motiv- u. Erzählstruktur in Ovids Metamorphosen, Diss. Frankfurt a. M. 1990.

BERNBECK, E.J., Beobachtungen zur Darstellungsart in Ovids Metamorphosen, München 1967 (Zetamata 43).

BETTEN, A.M., Naturbilder in Ovids Metamorphosen, Erlangen 1968.

BOLTE, H., Der Konflikt zwischen Willen und Sein in Ovids Metamorphosen, Diss. Freiburg 1956,

BÖMER, F., Ovid und die Sprache Vergils, Gymn. 66, 1959, 269-289 (jetzt in: WdF 92, 173-202).

BURCK, E., Iasons Kämpfe in Kolchis bei Apollonios Rhodius und C.Valerius Flaccus, in: K.Vourveris / A.Skiadas (Hrsg.), Dorema (FS Diller), Athen 1975, 11-43 (zit.: Burck, Iasons Kämpfe).

BÜCHNER, K., Ovids Metamorphosen, in: M.v.Albrecht (Hrsg.), Ovid, Darmstadt 1968 (WdF 92), 384-392.

CAMPBELL, M., Studies in the Third Book of Apollonios Rhodius' Argonautica, Hildesheim 1983.

DILLER, H., Die dichterische Eigenart von Ovids Metamorphosen, Hum. Gymn. 45, 1934, 25-37 (jetzt in: WdF 92, 322-339).

DIPPEL, M., Die Darstellung des trojanischen Krieges in Ovids Metamorphosen, (Diss. Gießen 1988) Frankfurt a. M. 1988.

DOBLHOFER, E., Ovidius urbanus, Philol. 104, 1960, 63-91 / 223-235.

DÖPP, S., Vergilischer Einfluß im Werke Ovids, Diss. München 1968.

DÖSCHER, TH., Ovidius narrans. Studien zur Erzählkunst Ovids in den Metamorphosen, Diss. Heidelberg 1971.

DUE, O.ST., Changing Forms, Studies in the Metamorphoses of Ovid, Diss. Copenhagen 1974.

EFFE, B., Entstehung und Funktion personaler Erzählweisen in der Erzählliteratur der Antike, Poetica 7, 1975, 135-157.

EFFE, B., Epische Objektivität und auktoriales Erzählen, Gymn. 90, 1983, 171-186 (zit.: Effe, Ep. Objektivität).

EIGLER, U., Monologische Redeformen bei Val. Flaccus, Frankfurt a. M. 1988.

EITREM, S., La Magie comme motif littéraire chez les Grecs et les Romains, SO 21, 1941, 39-86.

ENDT, J., Der Gebrauch der Apostrophe bei den lateinischen Epikern, WS 27, 1905. 106-115.

FRÄNKEL, H. Noten zu den Argonautika des Apollonios Rhodios, München 1968.

FRÄNKEL, H., Die Homerischen Gleichnisse, Göttingen 1921.

FRÄNKEL, H., Ovid, ein Dichter zwischen zwei Welten, Darmstadt 1970.

FRIEDRICH, W.H., Der Kosmos Ovids, FS für F. Kornseiff, Leipzig 1953, 94-110, (jetzt in: WdF 92, 362-383).

FRIEDRICH, W.H., Medeas Rache, SB Göttingen, Phil.-hist. Kl. 4, 1966, 67-111.

FRITZ, K.V., Die Entwicklung der Jason-Medea-Sage und die Medea des Euripides, A&A 8, 1959, 33-106.

FUHRMANN, M., Einführung in die antike Dichtungstheorie, Darmstadt 1973.

GALINSKY, G.K., Ovid's Metamorphoses, Oxford 1975.

GAßNER, J., Kataloge im römischen Epos. Vergil - Ovid - Lukan, Diss. München 1972.

GRANTZ, F.H., Studien zur Datstellungskunst Ovids in den Heroides, Diss. Kiel 1955.

GUMMERT, P.H., Die Erzählstruktur in den Argonautika des Apollonios Rhodios, (Diss. Gießen 1992) Frankfurt a.M. 1992.

GUTHMÜLLER, B., Beobachtungen zum Aufbau der Metamorphosen Ovids, Diss. Marburg 1964.

HÄNDEL, P., Beobachtungen zur epischen Technik des Apollonios Rhodios, München 1954 (Zetemata 7).

HEFTBERGER, A., Bemerkungen zur Bildersprache Ovids, in: R.Muth (Hrsg.), Serta Philologica Aenipontana II, Innsbruck 1972, 107-150.

HEHRLEIN, E., Die pathetische Darstellung in Ovids Methamorphosen, Diss. Heidelberg 1960.

HEINZE, R., Ovids elegische Erzählungen, SB Leipzig 71.7, 1919, jetzt in: E.Burck (Hrsg.), R.Heinze: Vom Geist des Römertums, Darmstadt 1960, 308-403 (zit.: Heinze, O. el. Erz.).

HEINZE, R., Virgils epische Technik, Darmstadt [5]1965 (zuerst Berlin 1902; zit.: Heinze, Virgil).

HERTER, H., Ovids Kunstprinzip in den Metamorphosen, AJPh 69, 1948, 129-48 (jetzt in: WdF 92, 340-361).

HIGHAM, T.F., Ovid and Rhetorik, in: N.I. Herescu (Hrsg.), Ovidiana, Paris 1958, 32-48.

HOLZBERG, N., Die römische Liebeselegie, Darmstadt 1990 (zit.: Holzberg, Elegie).

HOLZBERG, N., Einführung zu: P.Ovidius Naso, Metamorphosen in dt. Hexameter übertr. u. hrsg. v. E.Rösch, München 1988, 712-734.

HROSS, H., Die Klagen der verlassenen Heroiden, Diss. München 1958.

HÜBSCHER, P.A., Die Charakteristik der Personen in Apollonios' Argonautika, Diss Freiburg 1936/1940.

KEUL, M., Liebe im Widerstreit. Interpretationen zu Ovids Amores und ihrem literarischen Hintergrund, (Diss. Gießen 1989) Frankfurt a.M. 1989.

KOSTER, S., Antike Eposttheorien, Wiesbaden 1970.

KÖLBLINGER, G., Einige Topoi bei den lateinischen Liebesdichtern, Diss. Graz 1970.

KRISCHER, T., Formale Konventionen der Homerischen Epik, München 1971 (Zetemata 56).

KÜPPERS, J., *Tantarum causas irarum*. Untersuchungen zur einleitenden Bücherdyade der Punica des Silius Italicus, Berlin 1986.

LANDFESTER, M., Funktion und Tradition bildlicher Rede in den Tragödien Senecas, Poetica 6, 1974, 179-204.

LATACZ, J., Ovids Metamorphosen als Spiel mit der Tradition, WJbb N.F. 5, 1979, 133-155.

LAUSBERG, H., Handbuch der literarsichen Rhetorik, München 1960.

LÄMMERT, E., Bauformen des Erzählens, Stuttgart 1955.

LENOIR, G., La fuite de Medée (Ov. Métamorphoses, VII 350-392), Caesarodunum 17, 1982, 51-55.

LEO, F., Der Monolog im Drama, Abhandl. d. kgl. Ges. d. Wiss., Phil.-hist. Kl., N.F. 10, Berlin 1908

LESKY, A., Art. Medeia, RE XV.1, Sp. 29-64.

LUCK, G., Hexen und Zauberei in der Römischen Dichtung, Zürich 1962.

LUDWIG, W., Struktur und Einheit der Metamorphosen Ovids, Berlin 1965.

MEHMEL, F., Virgil und Apollonios Rhodius, Hamburg 1940.

MENDNER, S., Der Text der Metamorphosen Ovids, Diss. Bochum 1939.

MÜLLER, R., Motivkatalog der römischen Elegie, Diss. Zürich 1952.

OFFERMANN, H.W., Monologe im antiken Epos, Diss. München 1968.

OPPEL, W., Ovids Heroides. Studien zur inneren Form und zur Motivation, Diss. Erlangen 1968.

OTIS, B., Ovid as an Epic Poet, Cambridge 1966 (zit.: Otis, Ovid)

PARRY, H., Ovid's Metamorphoses. Violence in a Pastoral Landscape, TAPhA 1964, 268-282.

PETERSEN, J.H., Kategorien des Erzählens, Poetica 9, 1977, 167-195.

PFISTER, M., Das Drama, München 1977.

PICHON, R., De sermone amatorio apud Latinos elegiarum scriptores, Paris 1902.

POESCHL, V., Die Erzählkunst Ovids in den Metamorphosen, in: W.L. Liebermann (Hrsg.), Abhandlungen und Aufsätze zur römischen Poesie, Heidelberg 1979, 268-276.

RIEKS, R., Affekte und Strukturen. Pathos als ein Form- und Wirkungsprinzp von Vergils Aeneis, München 1989 (Zetemata 86).

RIEKS, R., Die Gleichnisse Vergils, ANRW II 31,2, 1011-1110.

ROSNER-SIEGEL, J.A., Amor, Metamorphosis and Magic. Ovids Medea (Met. 7,1-424), CJ 77, 1982, 231-243.

SCHADEWALDT, W., Monolog und Selbstgespräch. Untersuchungen zur Formgeschichte der griechischen Tragödie, Berlin 1926.

SCHMIDT, E.A., Ovids poetische Menschenwelt. Die Metamorphosen als Metapher und Symphonie, SB Heidelberg, Phil.-hist. Kl. 2, 1991.

SCHMIDT, R., Die Übergangstechnik in den Metamorphosen des Ovid, Diss. Breslau 1938.

SCHUBERT, W., Medeas Flucht aus Iolcos (Ov. met. 7,350-93), WJbb 15, 1989, 175-181.

SCHWINGE, E.-R., Künstlichkeit von Kunst, München 1986 (Zetemata 84).

SEELIGER, K., Art. Medeia, in: H.Roscher (Hrsg.), Lexikon der griechischen und römischen Mythologie, Bd. II 2, Sp. 2482-2515.

SPOTH, F., Ovids Heroides als Elegien, München 1992 (Zetemata 89).

STANZEL, F.K., Theorie des Erzählens, Göttingen [2]1982.

TRÄNKLE, H., Elegisches in Ovids Metamorphosen, Hermes 91, 1963, 459-476.

TUPET, A.-M., Didon magicienne, REL 48, 1970, 229-258.

TUPET, A.-M., La magie dans la poesie latine, Lille 1976 (zit.: Tupet, Magie).

VIARRE, S., L'originalité de la magie d'Ovide dans les Metamorphoses, ACO, Rom 1959, 328-338.

WETZEL, S., Die Gestalt der Medea bei Val. Flaccus, Diss. Kiel 1957.

WILAMOWITZ-MOELLENDORFF, U.V., Hellenistische Dichtung in der Zeit des Kallimachos, 2 Bde, Berlin 1924.

WILKINS, E.G., A Classification of the Similes in the Argonautica of Apollonios Rhodios, CW 14, 1921, 162-166.

WILKINS, E.G., A Classification of the Similes in Vergils Aeneid and Georgics, CW 14, 1920/21, 170-174.

WILKINS, E.G., A Classification of the Similes of Homer, CW 13, 1920/21, 147-150 u. 154-159.

WILKINS, E.G., A Classification of the Similes of Ovid, CW 25, 1932, 73-77 u. 81-86.

WISE, V., Ovid's Medea and the Magic of Language, Ramus 11, 1982, 16-25.

WLOSOK, A., Vergils Didotragödie, in: H.Görgemanns / E.A.Schmidt (Hrsg.), Studien zum antiken Epos, Meisenheim 1976, 228-250.

ZIELINSKI, TH., Die Behandlung gleichzeitiger Ereignisse im antiken Epos I, Philol. Suppl. 8, Berlin 1901, 405-450.

VII. Register

1. Stellen (Apollonios, Euripides, Ovid, Vergil)

Apoll. Rhod.

Arg. 1, 5ff: *S.124* - 415-419: *104* - 607-910: *140* - 616: *147*

Arg. 2, 178-499: *24* - 946ff: *138* - 1000f: *138*Arg. 3, 1 - 4,211: *21*

Arg. 3, 15: *49* - 25-29: *70* - 196-442: *25* - 235-258: *32* - 250-252: *61* - 275-286: *26* - 287-298: *26* - 291ff: *67* - 299-438: *45* - 443f: *46* - 449ff: *32* - 464-470: *31* - 475: *46* - 478: *47* - 492: *49* - 528-533: *114* - 528-533: *47* - 532: *98* - 613: *49* - 628f: *44* - 636-644: *31* - 639f: *52* - 738: *61* - 738: *71* - 751-819: *59* - 771-801: *31* - 779f: *47* - 792: *40* - 819-824: *59* - 828-835: *59* - 828ff: *111* - 828ff: *76* - 844-868: *59* - 845-857: *148* - 845-866: *101, 118* - 845-867: *75* - 865f: *148* - 867: *71* - 870-888: *59* - 870-888: *59* - 888: *60* - 890-911: *59* - 891-911: *62* - 896ff: *60* - 912-947: *62* - 922f: *70* - 924f: *70* - 927: *60* - 948-953: *59* - 948-955: *62* - 975-1005: *71* - 992ff: *51* - 1006-1062: *71* - 1025-1062: *75* - 1029-1040: *101* - 1032ff: *54* - 1063-1076: *71* - 1064f: *72* - 1064ff: *72* - 1077: *71* - 1078-1117: *71* - 1118: *72* - 1120-1130: *71* - 1134ff: *124* - 1146ff: *71* - 1163ff: *65* - 1165-1172: *76* - 1172-1190: *76* - 1172: *76* - 1193: *76* - 1194-1223: *76* - 1223f: *76* - 1225-1245: *76* - 1225-1277: *78* - 1229f: *79* - 1246-1275: *76* - 1265ff: *81* - 1270: *79* - 1271-1277: *79* - 1275: *79* - 1277: *79* - 1278f: *84* - 1283: *84* - 1293: *88* - 1295-1300: *81* - 1306-1319: *85* - 1314: *88* - 1321-1345: *85* - 1322ff: *81* - 1328f: *81* - 1340: *85* - 1351ff: *81* - 1354-1362: *83* - 1359ff: *81* -

1365-1369: *86* - 1373-1402: *83* - 1375ff: *81* - 1377-1399: *85* - 1396ff: *81* - 1399ff: *81* - 1407: *76*

Arg. 4, 11-25: *96* - 26-91: *96* - 95-99: *96* - 111: *96* - 112-144: *96* - 124ff: *97* - 145-161: *96, 101* - 152: *98* - 162-182: *96* - 210-1781: *51* - 242f: *124* - 246-252: *101* - 303-481: *128* - 352-354: *128* - 364ff: *54* - 388f: *54* - 410-420: *128* - 421-470: *128* - 436-441: *128* - 456: *128* - 650ff: *138* - 700-717: *101* - 763ff: *52* - 924: *51* - 1128ff: *99* - 1130ff: *51* - 1321f: *116* - 1659-1688: *101* - 1781: *101*

Euripides

Med. 9f: *124* - 256: *99* - 350: *72* - 364-409: *34* - 395f: *73* - 401ff: *42* - 403: *42* - 475-519: *46, 54* - 495: *54* - 502-503: *50* - 518f: *53* - 536: *50* - 548ff: *74* - 663ff: *146* - 716-722: *146* - 746ff: *146* -866ff: *132* - 901f: *132* - 954f: *73* - 1019-1080: *34* - 1040-1080: *20* - 1048f: *43* - 1055f: *43* - 1056: *42* - 1078f: *40* - 1136-1230: *63* - 1156-1221: *144* - 1321f: *73* - 1384f: *146*

Ovid

Am. 2, 16,23-26: *39* - 19,15: *66*

Am. 3, 11: *30*

Her. 12, 21: *54* - 68: *61* - 89f: *74* - 92: *71*

2. Personen und Sachen